ESPORTE E DIREITOS HUMANOS: Uma Análise da Promoção da Igualdade nas Relações Desportivas

Alessandra Christine Bittencourt Ambrogi de Moura
Advogada. Mestre em Direito pela Pontifícia Universidade Católica de São Paulo. Pesquisadora no Grupo de Estudos Trabalho além do Direito do Trabalho da Universidade de São Paulo. Sócia do AAM Advogados. Vice-Presidente da Associação dos Advogados Trabalhistas de São Paulo (2023-2024). Conselheira Seccional OAB/SP (2022-2024). Corregedora do Tribunal de Ética e Disciplina OABSP (2022-2024). Auditora da 3ª Comissão Disciplinar do TJD do Futebol de São Paulo (2020-2024).

ESPORTE E DIREITOS HUMANOS: Uma Análise da Promoção da Igualdade nas Relações Desportivas

LACIER

LACIER
Lacier Livraria e Editora
www.livrarialacier.com.br

Rua Doutor Quirino, 808 – Centro
CEP 13015-081 – Campinas, SP – Brasil

Maio, 2024

Diretor: *Lacier José de Rezende*
Coordenação editorial: *Peter Fritz Strotbek*
Projeto de capa: *Fabio Giglio*
Projeto gráfico e editoração eletrônica: *The Best Page*

Ficha Catalográfica

Dados Internacionais de Catalogação na Publicação (CIP)
(Câmara Brasileira do Livro, SP, Brasil)

M929e Moura, Alessandra Christine Bittencourt Ambrogi de. Esporte e direitos humanos : uma análise da promoção da igualdade nas relações desportivas / Alessandra Christine Bittencourt Ambrogi de Moura. — 1. ed. — Campinas, SP : Lacier Editora, 2024.
196 p. ; 17 x 24 cm.

ISBN 978-65-88805-91-6

1. Direito humanos. 2. Esporte — Legislação. 3. Esporte — Discriminação (Leis). 4. Esporte — Aspectos morais. I. Título.

CDU 342.7:796

Índices para catálogo sistemático:
Direitos humanos no Esporte
Angela Schmidt da Rosa – Bibliotecária – CRB-14/1171

Livro baseado na Dissertação apresentada a banca examinadora do Programa de Pós-Graduação em Direito, da Pontifícia Universidade Católica de São Paulo, como exigência parcial para obtenção do título de Mestre em Direito, sob orientação do Professor Wagner Balera.

Dedico esta Dissertação a Deus.

Consagre ao Senhor tudo o que você faz,
e os seus planos serão bem-sucedidos.

Pr 16,3

ALESSANDRA CHRISTINE BITTENCOURT AMBROGI DE MOURA: se destaca onde passa, dedicada às causas dos vulneráveis, que luta pelo melhor do ser humano, exemplo de advogada combatível!

Iniciamos com a seguinte frase: "A Deus não peço mais nada, pois Ele já me deu tudo quando fez de você nossa filha!".

Advogada, coautora de 16 obras, filha, esposa mãe e combatente as causas dos menos favorecidos.

Alessandra Christine vêm trilhando e contando sua história desde o outono de 1990, quando nasceu na cidade de São Paulo, bairro do Alto da Lapa, terceira filha de 4 filhos, que começou a falar desde muito nova e espantava com vasto vocabulário, diferencial para um bebê da sua idade.

Desde novinha muito observadora e cuidadosa com seus irmãos, defendia-os perante nós, seus pais, com voz imponente e determinante, sem medo de falar e lutar, independente das broncas que levasse por eles.

O que falar da nossa filha que, aos 2 anos de idade, entregou sua chupeta e seu predileto brinquedo a uma criança moradora de rua, para deixá-la feliz? Desde cedo preocupada com os mais vulneráveis numa sociedade que carece de seus direitos, tanto que aos 8 anos passou a querer acompanhar seu pai aos fóruns estaduais, com pretexto de observar o se fazia, e posteriormente reproduzir. Narrava e expressava, com seus pretensos atendimentos, a vontade de ajudar ao próximo.

Aos finais de semana, ao lado de seus irmãos e pais, expunha os ocorridos da semana com a leitura final a demonstrar que futura e promissora ADVOGADA se tornaria, e tornou.

Destacou-se nos esportes, desde nova na ginastica olímpica, basquete, futebol americano, skate, surf e corrida, não por acaso seu interesse pelo direito desportivo. Na escola e faculdade sempre se destacou como representante, componente de diretório e centros, e não se importava pelas jornadas e cobranças extras, fazia destes a forma de auxiliar e defender os que precisavam e não parou mais em querer progredir.

Seguiu para carreira do Direito do Trabalho e Desportivo, retratando exatamente suas preferências diferentes de seus pais. Esta é a história de uma advogada formada pela Faculdade Damásio de Jesus, hoje Mestre pela PUCSP, Pesquisadora na USP e aluna especial de Doutorado, que vem se destacando pelos direitos dos trabalhadores e direito desportivo. Hoje, Vice-Presidente da AATSP (Associação dos Advogados de São Paulo), Conselheira Estadual da OAB/SP, Corregedora da OAB/SP, Auditora no Tribunal de Justiça Desportiva da Federação Paulista de Futebol, Escritora, Professora, Palestrante, inclusive internacionalmente.

Adora ler, viajar, dançar, rir, política, romper fronteiras e, não precisa dizer, amante do Direito e lutadora pela valorização efetiva do Advogado.

Casada com o engenheiro civil Alexandre Homem de Bittencourt Hyppólito, companheiro e incentivador no progresso e sucesso profissional de sua esposa que tem uma princesinha chamada Maria Luiza com 2 anos.

Amigos de trajetória descrevem Alessandra como batalhadora, combativa pelo direito dos hipossuficientes, solidária, defensora dos seus pares e concretizadora com maestria.

Constituiu com sua mãe Ana Lúcia, seu escritório em 2010, AAM ADVOGADOS, localizado a Avenida Paulista onde se dedicou na sua carreira profissional, *venia permissa*, com muito sucesso e destaque no âmbito jurídico e pessoal. Com lema "o trabalhador precisa estar bem no seu todo, tendo seus direitos reconhecidos e aplicados" para construção de uma sociedade pautada no ser humano, sendo mais participativa e competitiva em sua plenitude.

Querida e amada filha, nós sempre temos e teríamos muitas coisas para lhe falar, mas hoje quero registrar o meu amor e agradecer por você ser a filha que se encaixa em todas as nossas expectativas. Seu olhar é o texto que leio todos os dias. Ele é notícia que nutre, ele nos diz tudo. Seu toque é o calor que personifica as nossas emoções, é movimento, doçura e acolhimento para os nossos braços. Seu sorriso encanta e fala, não há nada mais belo que vê-la sorrir. Ele é mágico, é ternura. Sua voz, suas palavras, suas frases, suas conclusões são aprendizados para todos os momentos da nossa rotina. Seu sono é paz, é nele que me inspiramos para aquietar o coração em todos os momentos.

Ah, filha! Você é vida que faz a diferença. Você move vidas com sua luta pelos direitos das pessoas. Você é energia em procurar o melhor de cada um ao seu redor conhecido ou não. Você é alegria que vive em todos que tem os seus direitos reconhecidos. Você nos torna os seres mais completos a cada momento. Você nos faz PAIS! E ser PAIS é estar em estado de graça, é pensar no improvável, é lutar por causas impossíveis, é verdadeiramente ter um coração pulsando fora do peito. Você faz de nós pessoas melhores. Você cuida de nos, acredita em nos e está ao meu lado nos melhores e nos piores momentos. Obrigado por tudo que de maravilhoso trouxe à nossa vida. Não existem limites para todo amor que sentimos por você.

Continue fazendo a diferença, lute pelos direitos das pessoas mais vulneráveis, voe, voe o mais alto que a vida te proporcionar, vá buscar o impossível quando se tem possibilidade, não tenha medo de ser você, continua brilhando pois ninguém tira o brilho de quem nasceu para brilhar.

Lembre sempre da ORAÇÃO DO PARAQUEDISTA: "Dai-me senhor, meu Deus, o que vos resta: aquilo que ninguém vos pede",... "Dai-me, Senhor, o que vos resta, dai-me aquilo que os outros não querem. mas dai-me, também, a coragem, a força e a fé" (soldado desconhecido).

Luiz Eduardo de Moura e *Ana Lúcia Bittencourt Ambrogi de Moura.*

Agradecimentos

Foi necessário sonhar, acreditar, agir, frustrar, parar, planejar, recomeçar, insistir, abster e superar.

Em meio a um ano em que mais de cinco milhões de pessoas em todo o mundo perderam suas vidas, incluindo mais de quatrocentas mil no Brasil, passamos muitos dias sem o contato e os abraços das pessoas que mais amamos. No entanto, foi nesse período que recebi o maior presente de Deus: minha filha. Com a chegada dela veio também a descoberta das vacinas como medida preventiva, trazendo esperança à humanidade. Com esse ânimo renovado e o espírito fraterno, retomei meus estudos e a escrita desta dissertação. Embora tenha havido momentos em que ela ocupou o espaço dos abraços e encontros diários que eu não pude ter com as pessoas que amo, sei que a luta contra a pandemia nos trouxe lições valiosas sobre resiliência e solidariedade.

Com esta singela homenagem, com lágrimas nos olhos, utilizo estes agradecimentos para trazer os abraços, beijos e as minhas escusas a todos que contribuíram e me acompanharam nesta jornada acadêmica.

Fica difícil, ao final de um trabalho de quase três anos, não mencionar uma lista extensa de anjos que contribuíram para que eu chegasse até este momento de realização plena.

À Pontifícia Universidade Católica de São Paulo e ao Programa de Pós-Graduação, por terem me acolhido como aluna do curso de Mestrado, e aos funcionários, por todo o atendimento e auxílio durante esta jornada.

Àqueles que fizeram esta dissertação tomar corpo e possível, palavras seriam insuficientes para dimensionar a importância imprescindível do meu orientador, Professor Doutor Wagner Balera, e do meu Professor e amigo, Dr. Paulo Feuz. Sem dúvidas, no âmbito acadêmico e profissional, foram os responsáveis diretos pelos estímulos necessários para a escrita e conclusão desta dissertação. E digo mais, muito mais do que apenas orientadores, eles me ouviram, acreditaram e me motivaram a transformar uma simples ideia baseada em estudo em uma dissertação.

Professor Wagner, pesquisador, doutrinador e escritor sensível e apaixonado, com um vigor intelectual invejável, e com um senso crítico apuradíssimo. Essas características permitiram que ele transformasse meu texto em uma versão muito mais acurada do que ele fora antes de chegar em suas mãos.

Professor Feuz, minha vida acadêmica no stricto sensu da PUCSP foi trilhada ao lado desse brilhante professor, a quem sempre me inspirei. Espero, um dia, poder compartilhar um pouco do vasto conhecimento que adquiri com ele.

Agradeço também a um grupo de professores que, em momentos diferentes da minha vida, foram responsáveis por direcionar boa parte das escolhas pessoais e acadêmicas que fiz, além de compartilhar grande parte de seus conhecimentos e biblioteca: Samantha Meyer, Clever Vasconcelos, Willis Santiago Guerra Filho, Eduardo Dias, Rafael Fachada, Jean Nicolau, Roberto Barracco, Roberta Silva e Ester Vieira.

Ao Eduardo Dias, mais uma vez, e ao professor Dr. Danilo de Oliveira, que gentilmente aceitaram compor a banca de qualificação e de defesa desta tese, cujos preciosos comentários trouxeram novos olhares sobre a minha pesquisa. Obrigada pela leitura cautelosa e instigante dos senhores.

Agradeço a todos os meus amigos e amigas (Sarah, Andrei, Paulo, Diogo, André, Filipe, Matheus, Helen, Giuliano, Gustavo, Valentina, Pablo, Tiago e Patrícia) pelo apoio, ensinamentos, compartilhamento profissional e suporte emocional. Obrigada por me ampararem em uma das fases mais difíceis da minha vida, ofertando conselhos e consolo nos momentos de angústia. Sem vocês ao meu lado, os meus dias não teriam o mesmo colorido, e a minha conquista não seria completa.

Agradecimento agora, ansiosa e com o coração pulsando rapidamente, a toda a minha família que, iniciando pelos meus pais, Luiz Eduardo e Ana Lucia, não mediram esforços para que eu tivesse uma formação, e abdicaram de suas especializações em prol dos seus filhos.

Minha mãe, uma entusiasta por natureza, herdou essa característica dos meus avós, Antônio Mario e Haylet. Ela sempre soube que a educação poderia mudar o mundo, especialmente o meu mundo. Em 2019, quando expressei meu desejo de concorrer a uma vaga no Mestrado, ela me apoiou de todas as formas possíveis e compartilhou o sonho comigo, mesmo quando eu achava que não seria possível. Ela enfrentou as consequências das minhas escolhas acadêmicas e dos meus posicionamentos públicos em defesa intransigente dos menos favorecidos, que tiveram impactos em nosso escritório na época. Minha mãe é minha heroína: bela, delicada e incrivelmente forte. Meus agradecimentos, muitas vezes desajeitados, demonstram que, para mim, ela ainda é a mesma mulher importante e elegante que descia a rampa da escola para resolver os problemas dos filhos.

Meu pai, amante do Direito, defensor intransigível da justiça, meu exemplo de Advogado. Além de sonhar, travou batalhas para que eu continuasse a concretizar o meu sonho. Orgulhoso e tímido ao mesmo tempo, aplaude minhas conquistas e critica minhas posições. Ah, Pai, se você soubesse como muitas das minhas escolhas foram inspiradas no desejo de me parecer com você!

Meus avós, *in memoriam*, Lineu e Consuelo, preencheram minha infância e pré-adolescência com amor, alegria e segurança. Queria ter tido mais, muito mais tempo com vocês. Meu avô, com seu terno e simpatia, foi meu primeiro cliente e me introduziu ao mundo do atendimento aos mais vulneráveis. Com um coração generoso e brilho nos olhos, ele sabia que eu me tornaria uma advogada. Minha avó, forte e brava, ao mesmo tempo que me brindava com sua companhia e cuidado, também me apresentou ao relógio-ponto. Talvez ela soubesse que eu passaria a ver e falar sobre esse pequeno dispositivo todos os dias.

Ah, Antônio Mario, que nos deixou neste final de consolidação, um dos meus maiores entusiastas, meu jornal diário e meus maiores papos políticos e jurídicos. O economista mais advogado que eu conheço. Sonhou, sim, com este momento, e já me chamava de Mestre. Quanta sabedoria e doçura. Muito obrigada por tanto, muito obrigada pelo sempre.

Haylet, você rezou por este momento. Sua experiência, amor e carinho são meus alicerces. Sua disponibilidade, que para muitos são raras, para você é plenitude em um abraço longo e apertado. Sua oração por este momento me preenche de modo que não sei explicar a tranquilidade, me transfere a Deus. Superei a mim mesma, Vozinha, dando mais um passo m direção a ser uma Professora como você: dedicada e comprometida com um mundo melhor.

Alyne, Paulo e Anna Beatriz, vocês partilham desta ideia e experiência há anos. Sempre falei que chegaria aqui e além. Sou muito melhor e mais feliz com vocês ao meu lado. Vocês nunca duvidaram, sempre me zombaram a dizer que sou capaz. A frase: "E aí, quando acaba?" finalmente chegou para este objetivo. Estarei bem mais presente e atenta para que juntos possamos continuar proporcionando orgulho e honra aos nossos Pais. Carrego parte de vocês, e isso me traz uma gratidão enorme a Deus. Junto com o nosso amor de irmãos, eternizo nestas folhas um pensamento crítico que nasceu com nosso convívio. Amo vocês e suas famílias.

Duda, Isa, Bela e Tontom, vocês são o nosso mundo melhor, e a Titia tem certeza de que serão instrumento de justiça, equidade e paz.

É com muito orgulho que serei a primeira mestre da família. O amor e a compreensão de vocês foram essenciais para que eu não esmorecesse nesta jornada.

Ao meu marido, Alexandre, que é, sim, o amor da minha vida, e cuja habilidade em se adaptar a todas as mudanças é verdadeiramente admirável. Seu entusiasmo, paciência, abnegação, disposição para ouvir e apoio incondicional em todos os meus projetos foram fundamentais para que eu conseguisse enfrentar o turbilhão de emoções e desafios que surgiram ao longo da redação desta Dissertação. A sua compreensão e o respeito para com os meus momentos solitários, sobretudo na gestação de nossa recém-nascida filha, foram essenciais para me blindar dos entraves e banalidades que apareceram em todas as ocasiões. Os seus perspicazes comentários e sugestões, depois de horas me ouvindo falar sobre a declaração de direitos humanos ao longo dos últimos anos, das regras desportivas, do seu Santos, tiveram grande impacto, não só na Dissertação, mas no planejamento do meu presente e futuro profissional e pessoal.

Quero destacar que sua generosidade em colocar meus planos profissionais à frente dos seus, em muitos momentos, são reflexos do cuidado de Deus em minha vida. Obrigada por me ensinar tanto da vida e por me dar tanto amor. Somos mais que trocas, somos cumplicidade. Prepara que agora é sua vez!

À minha princesa, minha filha Maria Luiza, lágrimas escorrem ainda mais neste momento, obrigada por dividir tantas aulas, estudos e escritas, enquanto estava em minha barriga. Você me dá a certeza de que construímos um mundo melhor, mais justo, igualitário e com paz. Sua tranquilidade diante dos mais diversos desafios acadêmicos me tornou forte e resistente. Se hoje me vejo concretizando um grande objetivo é porque você tem me ensinado muito que sempre podemos e devemos fazer o melhor ao próximo. Sua adaptação, desde o primeiro dia de vida, com a minha rotina bem corrida e imprevisível me motiva a seguir em frente, por mim, por você e por nós. Amor que transcende e ascende. Seja sempre luz, filha!

E agora, me encho da gratidão mais plena que somente a fé em Deus pode proporcionar. Agradeço ao meu Pai do Céu, agradeço Àquele que já preparou a minha vitória e que consagrou a minha vida eterna. Obrigada, Senhor Deus!

A todos vocês, meu muito obrigada e oração para que continuem sendo anjos nas vidas daqueles que os cercam!

Sumário

Lista de Abreviações e Siglas

CBF.................... Confederação Brasileira de Futebol

CBJD .... Código Brasileiro de Justiça Desportiva

CEDH .... Corte Europeia de Direitos Humanos

CF .... Constituição Federal

CLT .... Consolidação das Leis do Trabalho

COI .... Comitê Olímpico Internacional

COB .... Comitê Olímpico Brasileiro

DH .... Direitos Humanos

DUDH.............. Declaração Universal de Direitos Humanos

FIFA................... Federação Internacional de Futebol

FINA.................. Federação Internacional de Natação

FPF .... Federação Paulista de Futebol

ODM .... Objetivo do Desenvolvimento do Milênio

ODS .... Objetivo do Desenvolvimento Sustentável

OEA................... Corte Interamericana de Direitos Humanos

OIT .... Organização Internacional do Trabalho

ONU .... Organização das Nações Unidas

PIDESC............ Pacto Internacional de Direitos Econômicos, Sociais e Culturais

PIDCP .... Pacto Internacional dos Direitos Civis e Políticos

PNUD	Programa das Nações Unidas para o Desenvolvimento
STJ	Superior Tribunal de Justiça
STJD	Superior Tribunal de Justiça Desportiva
STF	Supremo Tribunal Federal
TAS	Tribunal Arbitral do Esporte
TJD	Tribunal de Justiça Desportiva
WADA	Agência Mundial Antidoping
UNESCO	Organização das Nações Unidas para a Educação
UNICEF	Fundo das Nações Unidas para a Infância
UE	União Europeia

Apresentações

O Direito Desportivo, que se destacou há pouco mais de vinte anos, apresenta vasta produção intelectual de maneira muito mais intensa que as demais áreas da ciência jurídica apresentou em seus primórdios. Este é um excelente trabalho que vem enriquecer ainda mais a doutrina jus desportiva.

Domingos Sávio Zainaghi

Pós-doutorado em Direito do Trabalho, presidente honorário do Instituto Iberoamericano de Derecho Deportivo. Membro da Sociedade Brasileira de Direito Desportivo; da Academia Nacional de Direito Desportivo e do Instituto Brasileiro de Direito Desportivo. Presidente da Comissão de Direito Desportivo da ABA.

Obra de profundo impacto. Dra. Alessandra revela um tema ainda pouco explorado no âmbito desportivo e nele desenvolve brilhantemente um debate que se faz mais que necessário.

A promoção de relação de igualdade dos direitos humanos em um setor em que somente se prestigia àqueles que obtêm os melhores resultados desportivos, um segmento cujo os olhares se direcionam ao personagem e se esquece do ser humano, ganha importância vital, ainda mais nesse ambiente em que os interesses financeiros vem ganhando cada vez mais relevo.

Nunca é demais lembrar que a Copa do Mundo de 2022 foi disputada em um país em que o valor da mulher inexiste, que muitos trabalhadores estrangeiros morreram nas edificações dos estádios, entre outras tantas violações, país cuja escolha foi feita em condições nada ortodoxas em que se privilegiou os petrodólares. Escolha que originou, inclusive, o maior escândalo do mundo do futebol cujas repercussões se estendem até os dias de hoje.

Lembrar ainda que a FIFA somente autorizou a parada para hidratação nos jogos realizados, às 13 e 15h, nas regiões norte e mordeste do Brasil por obra de uma ação proposta pelo Sindicato de Atletas SP.

Não se pode esquecer que os jogos olímpicos de 2008 foram disputados na China.

Problema que se pulveriza em todas as modalidades e competições, mas de pouco ou nenhuma divulgação. Torneios de tênis jogados em condições desumanas; "lutas marciais" em que se expõe os atletas ao risco de morte; jogos de voleibol, de basquetebol, organizados em ginásios que são verdadeiras "panela de pressão" de tão quente. Fiquemos com esses.

Também não é demais lembrar que o mundo do desporto, tal qual o artístico, tem como base a valorização do talento individual, mesmo em disputas de modalidades coletivas. E a valorização do talento se torna moeda de troca e de análise extremamente enviesada por ser extremamente intangível e imponderável.

Mundo desportivo, diriam alguns, quem se valoriza o faz de acordo com o que gera de recurso financeiros.

Afirmação de difícil contestação.

O enorme desafio que se apresenta diz respeito ao fato de que nenhuma geração de recurso financeiro pode se sobrepor ao valor humano. Exatamente aí que a promoção dos direitos humanos pode nos trazer respostas.

Também é nesse ponto que Dra. Alessandra nos traz luz e escancara a necessidade de tratarmos da importância do esporte sem desvinculá-lo da importância do ser humano.

Dra. Alessandra, em sua obra, traz um olhar aguçado cuja reflexão outrora já havia nos trazido Arthur Schopenhauer quando afirmava que "a única alegria do rebanho é quando o lobo come a ovelha do lado".

Dra. Alessandra nos mostra que a alegria verdadeira reina quando todos têm seus direitos respeitados, mostra que os direitos humanos somente se efetivam quando o cidadão, antes dele, respeita e valoriza o direito do seu vizinho.

Obra imperdível e extremamente necessária no âmbito desportivo.

Rinaldo Martorelli

Mestre em Direitos Fundamentais e Doutorando
em Direito Desportivo pela PUC/SP.

Prefácio

O grande desafio que os Direitos Humanos enfrentam na atualidade é o da inclusão. Sem inclusão não há Direitos Humanos. E, no particular fenômeno do Esporte, a inclusão se revela como essência da atividade convivial. É a estruturação de um Direito Desportivo que nos permite esperar que a vertente cultural dos Direitos Humanos, sobretudo a partir da inclusão do Pacto dos Direitos Econômicos, Sociais e Culturais no ordenamento jurídico positivo brasileiro opere a inclusão. O desafio é enorme porque, como temos visto na hora que passa, ainda o ambiente desportivo se revela por vezes hostil ao respeito aos Direitos Humanos e ao dever de inclusão. O texto que agora é publicado pela advogada e professora Alessandra Ambrogi Moura da' passos concretos em favor da igualdade — dogma dos Direitos Humanos e primeira dimensão a dessa categoria de pensamento — sobretudo nas relações desportivas. A tarefa de construção — porque é disso que se trata neste momento histórico — de um Direito Humano Cultural Desportivo ganha algumas camadas com este trabalho, produzido no ambiente acadêmico, e que se projetará na doutrina que, a partir do pioneiro Núcleo de Direito Desportivo do Programa de Pós-Graduação em Direito da nossa Pontifícia Universidade Católica de São Paulo, tão bem conduzido pelo eminente Professor Doutor Paulo Feuz, já traz aqui um dos seus promissores frutos. É um privilégio me agregar a essa empreitada acadêmica.

Wagner Balera
Professor Titular de Direitos Humanos
da Faculdade de Direito da PUC-SP.

Introdução

Ano de comemoração de uma década do Dia Internacional do Esporte para o Desenvolvimento e a Paz, ano de Copa do Mundo Feminina com número recorde de seleções, visibilidade e investimento, e ano de Campeonato Mundial de Atletismo Paralímpico: 2023 está marcado pelo assunto esporte, o qual se faz presente desde as rodas de conversas de famílias até as mesas de grandes negócios e objetivos políticos. Porém, há, ainda, notícias de casos de intolerância, racismo, violência e crise ética.

A notícia que noutra hora surgia como esperança e sorriso no rosto, hoje revela uma faceta do esporte longe do que foi idealizado por Barão de Coubertin, o que demonstra que vivemos em um tempo de contradições. Ao passo que o Brasil compõe a elite mundial do esporte, também figura nos rankings de exclusão de acesso a direitos econômicos, sociais e culturais, além do baixo índice de desenvolvimento humano.

Essa complexidade e comportamentos paradoxais também se revelam em matéria de direitos humanos na sociedade mundial, isso porque são verificadas, diariamente, afirmações, reafirmações e declarações, por Estados e seus poderes representantes, dos direitos humanos de maneira incisiva, no entanto, por outro lado, crescem as notícias de violações e ineficiência dos Estados e de toda a comunidade internacional em promover e garantir os direitos humanos.

A história revela que a conquista, o reconhecimento e a declaração de tais direitos são resultados de um processo histórico marcado por guerras e revoluções, as quais se deram a custo de muitas vidas. Esses eventos são de extrema importância para a análise do referido tema de pesquisa, mas uma revisão historiográfica não é o objetivo da presente dissertação, de modo que esta não possui a pretensão de remontar à história dos direitos humanos, que tem por início as civilizações gregas e romanas, e cujo desenvolvimento ainda está acontecendo.

O estudo proposto inicia-se apresentando os aspectos dos direitos humanos que os tornaram reconhecidos e que são necessários para sua atual composição. O estudo inicial tem como tema central os aspectos filosóficos, teológicos e jurídicos da igualdade, com o fito de verificar como, atualmente, o direito humano da igualdade é utilizado para assegurar a paz mundial.

A reflexão teórica se faz necessária para a correlação entre a pessoa, na sua individualidade, e a sociedade, o que é entendido, segundo Miguel Reale (2000), como vetor de implicação e pluralidade, pois, ao mesmo tempo em que se tem uma implicação necessária entre as pessoas, há uma polaridade que as distingue, o que gera a reflexão filosófica dos direitos humanos.

Nesse sentido, o valor do homem na sociedade atual é o mesmo que na projeção histórica que essa pessoa terá na sociedade, desde o presente até o futuro, de modo que a historicidade reafirma os direitos humanos. Assim, o homem de hoje, cuja individualidade ética é atemporal, não está situado no tempo e no espaço, mas nos valores que devem ser considerados pelo intérprete dos direitos humanos, já que sim, os valores são éticos.

O estudo da igualdade como direito humano social, inserido na programática de direitos de segunda dimensão, indica que esta não pode ser superada e deve ser implementada, observada e garantida em todas as gerações de direitos, assim como em todas as ações humanas e estatais.

A igualdade foi verificada, inicialmente e de forma expressa, na Declaração de Direitos do Bom Povo da Virgínia em 1776, ao ser citado que todos nascem igualmente livres e independentes, têm direitos certos, essenciais e naturais, que não podem ser privados; na Constituição dos Estados Unidos, em 1787; na Declaração Universal dos Direitos do Homem, em 1789, quando nos arts. 1º e 7º destacou-se que os homens nascem livres e iguais em direitos e que todos são iguais perante a lei, possuindo igual proteção na lei e igual proteção contra qualquer discriminação; e na Constituição Francesa de 1791; mas somente com a Declaração Universal dos Direitos Humanos, em 1948, ela alcançou dimensão universal por meio dos seguintes termos: "Art. 1º Todos os seres humanos nascem livres e iguais em dignidade e em direitos. Dotados de razão e de consciência, devem agir uns para com os outros em espírito de fraternidade".

Posteriormente, com o Pacto Internacional sobre Direitos Civis e Políticos e com o Pacto Internacional de Direitos Econômicos, Sociais e Culturais, reforçou-se que os Estados signatários conferissem ordem prioritária e programática de suas ações em prol da promoção da dignidade da pessoa humana a todos os povos do mundo.

É fato que a ordem mundial não encerrou seus documentos com a Carta Internacional dos Direitos Humanos, uma vez que, após os referidos episódios, documentos internacionais globais, como a Convenção sobre a Eliminação de Todas as Formas de Discriminação contra a Mulher, de 1979, e a Convenção Internacional sobre os Direitos das Pessoas com Deficiência, entre outros, e documentos de abrangência regional, como a Convenção Americana de Direitos Humanos: Pacto de São José da Costa Rica, de 1969, por exemplo, reafirmam a igualdade como índice primordial para o alcance da justiça social e da paz.

É importante destacar que os Direitos Humanos possuem observância obrigatória, apesar de sua origem na Declaração Universal dos Direitos Humanos de 1948 ter tido natureza jurídica de recomendação. Ademais, os Pactos Internacionais de 1966 — a saber, o Pacto Internacional dos Direitos Civis e Políticos (direitos de primeira dimensão), e o Pacto Internacional dos Direitos Econômicos, Sociais e Culturais (direitos de segunda dimensão) —, frutos da mesma resolução, a 2.200-A de 16 de dezembro de 1966, são considerados, juntamente a Declaração Universal dos Direitos Humanos, a carta mais abrangente de direitos humanos até o momento.

O Brasil ratificou em 24 de janeiro de 1992, e promulgou em 6 de julho do mesmo ano, os citados pactos internacionais, através dos decretos 591 e 592, respectivamente. Isso definiu caráter obrigacional em relação aos compromissos estabelecidos na Declaração Universal de Direitos Humanos, o que implica que a violação dos direitos consagrados nos pactos por parte do Estado o torna passivo de responsabilização internacional.

Não à toa, o Brasil, na Constituição de 1988, traz como um de seus fundamentos a dignidade da pessoa humana, de modo que a igualdade dos direitos humanos se torna consubstancial à dignidade da pessoa humana. Nossa história revela a necessidade da proteção e do efetivo regulamento para a manutenção dessas instâncias, de modo similar ao que se nota nos direitos fundamentais do homem.

Esses direitos também podem ser definidos como situações jurídicas, objetivas e subjetivas, definidas no direito positivo, formado por diretrizes impostas a todo o ordenamento jurídico, e que devem conferir sentido e direção à atuação de todas as esferas da sociedade civil, sejam elas públicas ou privadas, incluindo as empresas.

Quanto à análise da igualdade sob a perspectiva jurídica interna dos Estados, o princípio da igualdade, que postula "que todos são iguais perante a lei", pode ser encontrado nas Constituições modernas. Nesse sentido, em *A Era dos Direitos*, Norberto Bobbio cita a mudança de estruturação das proteções individuais contra o poder do Estado e discute como o fato de os Direitos Humanos estarem inscritos em Constituições estabelece uma hierarquia, uma evolução, na qual as normas constitucionais são superiores à legislação ordinária.

Assim, o conceito de igualdade proposto nesta dissertação supera a visão cartesiana que ainda é utilizada para descrever o ordenamento jurídico. Toma-se, neste estudo, a perspectiva de que a igualdade que se almeja é capaz de transformar as pessoas para que ascendam à conscientização da coletividade e de si próprias. Nesse sentido, essa perspectiva se encontra de acordo com as noções do Direito de que a igualdade é um instrumento adequado para estimular condutas positivas em sociedade, bem como um agente essencial para combater a manutenção de garantia de privilégios para uma minoria.

Por que falar em igualdade se as pessoas não são iguais? Por que falar em igualdade se há, na linguagem do Direito, normativos que igualam os sujeitos em direitos e obrigações? Por que os direitos e as obrigações não abrangem todos igualmente?

Os questionamentos levantados dão início à presente dissertação, que, no primeiro capítulo, após analisar os pilares dos direitos humanos, enfatiza o estudo em torno da igualdade — considerando, para tanto, panoramas normativos e institucionais dos sistemas internacional e nacional — como mola propulsora de alcance da dignidade da pessoa humana e mecanismo de proteção, enquanto direito fundamental, capaz de proteger a justiça, a equidade e a isonomia.

Superada a questão sobre a fundamentação para a igualdade como algo essencial para que se alcance a paz no mundo, no segundo capítulo da pesquisa é desenvolvida uma análise sobre o esporte como fenômeno de origem cultural e social que pode ser considerado vetor de grande propulsão para salvaguardar e dar efetividade aos direitos humanos. Neste capítulo, a incursão também se inicia com o enquadramento do esporte como direito humano e, depois, o toma como elemento da dignidade humana.

O esporte, segundo tema central do trabalho, tem como origem etimológica uma adaptação do termo inglês "*sport*", o qual é derivado do francês "*deportase*". Assim, a palavra retoma a noção de lazer, e, por meio dos recursos da linguagem disponíveis, pode-se considerar que o vocábulo com significados primitivos proporciona, hoje, novas dimensões.

Nota-se ainda que, embora o poder econômico tenha suplantado o poder político e o âmbito cultural, ele ainda se faz expresso no mundo do esporte, que conta com corporações empresariais multinacionais, as quais deixam de lado intermediários políticos para redirecionar o mundo, mas atribuem ao Estado papel decisivo nas políticas sociais, sobretudo aquelas com recursos limitados.

O aprofundamento do tema decorre de maneira similar à do capítulo anterior, isto é, demarcando a evolução do fenômeno e dos fatos históricos, sem a intenção de esgotar o tema, afinal, esses elementos são muito similares, uma vez que decorrem da cultura humana.

Nesse aspecto, o direito como normatividade não é transversal, cabendo à cultura este atributo, a qual, para a teoria geral do Direito — especificamente para a Teoria Tridimensional do Direito —, é um valor em que os princípios são diretrizes para o objetivo de dar sentido às normas, que, por sua vez, somente ganham relevância para o Direito quando normatizadas. Assim, o esporte, um elemento que se encontrava na fenomenologia, no mundo dos valores, e que não implicava diretamente o Direito, com as normas que lhe atribuíram *status* jurídico passou a ser um fato jurídico de análise e estudo. Nesse aspecto, tanto as normas internacionais quanto a nova Lei Geral do Esporte do Brasil estão inseridas no sistema jurídico e são objetos de estudo pelo Direito.

O esporte é um direito humano, e o direito ao esporte é um direito fundamental que amplia as potencialidades da pessoa, assim como promove o desenvolvimento social. Tendo isso em vista, a primeira parte do Capítulo 2 é designada a estudar as formas de manifestação do esporte, tais como lazer, saúde, educação e trabalho, previstas no Pacto Internacional dos Direitos Econômicos, Sociais e Culturais. Feitas essas considerações, aprofunda-se o tópico do esporte como direito fundamental e fator de inclusão social para que seja entendido seu real papel diante dos cenários mundial e nacional.

O esporte, direito social e de aspecto coletivo, previsto como direito fundamental na Constituição Federal de 1988, seja no seu viés de lazer, saúde, educação ou trabalho, quando entendido no âmbito do esporte de alto rendimento, deve ser respeitado de acordo com as regras de Direito do Trabalho.

Nessa linha, o esporte como direito fundamental, previsto no art. 217 da Constituição Federal, deve ser fomentado não apenas pelo Estado, mas também pelos entes privados. Isso porque as associações, as empresas e os órgãos desportivos possuem o papel fundamental de fomentar, nas sociedades, ações antirracistas, antimachistas, anti-homofóbicas, entre outras condutas que podem ser consideradas antidesportivas, em especial quando verifica-se o aumento de violações aos direitos humanos mediante justificativa de que tais ocorrências são estruturais em nosso país.

Torna-se, portanto, inevitável, ao estudar o esporte de alto rendimento, falarmos em Direitos Humanos, que são o conjunto de normas e procedimentos que possibilitam uma pessoa ter direitos considerados inalienáveis, positivados no plano internacional em tratados e convenções.

A justificativa do estudo do aproveitamento do esporte para a garantia da dignidade humana de todos os envolvidos, desde os atletas, colaboradores, consumidores, até patrocinadores, dentre outras categorias, ressalta a dimensão da igualdade a que pertencem esses direitos. Nessa perspectiva, estudar os desdobramentos dos princípios conflitantes da *lex sportiva* e da *lex publica,* bem como sua tutela e sua resolução pelo Estado, se faz necessário, sobretudo em matéria altamente globalizada e de repercussão imensurável que foram os últimos grandes eventos da sociedade esportista mundial, como os Jogos Olímpicos de Tóquio de 2020 e a Copa do Mundo de 2022.

O Movimento Olímpico trata do esporte por excelência, em especial daquele praticado para o alcance, em regra, do alto rendimento, isto porque a cadeia associativa pode ser aplicada à formação desportiva e à iniciação desportiva, considerando o caráter vinculativo da prática desportiva em relação às suas respectivas federações.

Desta forma, pode-se dizer que a *lex sportiva* é aplicada para o esporte como manifestação que abrange o treinamento sistemático direcionado à formação de atletas em busca de alto rendimento em diferentes modalidades esportivas, sejam elas de ordem olímpica ou paralímpica.

Essa manifestação esportiva, por essência, é segregativa. A habilidade natural desenvolvida pelo atleta de alto rendimento não permite eleger formas de proteção de igualdade entre os atletas, salvo na igualdade de condições de participação, uma vez que a Lei Geral do Esporte, destacou que a prática esportiva no nível da excelência esportiva não prejudicam a conformidade com o princípio da igualdade de condições entre os competidores.

Dessa forma, a última parte do capítulo destaca o estudo da *lex sportiva*, da autonomia desportiva e da *lex publica* como estabelecimento de uma nova ordem jurídica internacional, passando pelo estudo da globalização e do direito ao desenvolvimento.

Assim, diante do panorama delimitado, com avanços trazidos pelo esporte e as rusgas juntos às ordens Estatais, consegue-se verificar a inefetividade dos direitos humanos nas relações do esporte sob a perspectiva da igualdade, tanto que, nos capítulos terceiro e quarto, são discutidos alguns estudos da *lex sportiva* e *lex publica* acerca de vulneráveis e os casos de discriminação do esporte que surtiram efeitos para o sistema jurídico autônomo do esporte.

Diante do objetivo de encontrar meios para promover a efetividade do direito humano da igualdade nas relações esportivas, de forma a cumprir com o desenvolvimento e a paz mundial, o último capítulo analisa decisões da Corte Europeia de Direitos Humanos em matérias de esporte e inclusão, tendo-se como norma, para o intérprete dos direitos humanos, a perspectiva jurídica de pessoa humana participante da sociedade humana, o que confere sentido à existência humana.

A base essencial da construção normativa, portanto, é elaborada a partir da noção da existência da pessoa humana, a qual ensejou a Constituição Federal de 1988 a considerar a prevalência dos direitos humanos, baseados na promoção da pessoa humana a uma cidadania global, e a construção da noção de esporte como um direito da pessoa humana na sociedade global.

É imbuído desse espírito em que o Direito regula os comportamentos humanos segundo os três modais deônticos — a saber, obrigatórios, permitidos e proibidos —, que o artigo XXXIV da Declaração Universal dos Direitos Humanos introduz o imperativo ético no ordenamento como imperativo do desenvolvimento integral, com o compromisso histórico e ético de destacar que a igualdade de oportunidades é o mesmo que os indivíduos terem o direito de estarem em todos os lugares de maneira equitativa. Portanto, espera-se que a participação e a democracia desempenhem um papel fundamental na promoção de uma globalização equitativa e desenvolvida.

Portanto, o presente estudo, centrado na análise da relação do esporte com a efetivação da dimensão da igualdade dos direitos humanos, tem por embasamento a análise e a interpretação dos principais instrumentos, em âmbitos internacional e nacional, referentes à igualdade e ao esporte, tendo como ênfase a conjunção da igualdade com o esporte para efetivação dos primados dos direitos humanos e a consequente conquista da igualdade como mecanismo fundamental para uma sociedade justa e comprometida com a paz.

A base teórica para a resolução das questões levantadas será a aplicação do princípio da igualdade e do princípio da integridade das competições. A pesquisa realizada para compor a presente dissertação é classificada como bibliográfica e documental, por coletar informações de livros, artigos, revistas, jornais, julgados, atas e demais materiais científicos para estudo e embasamento do assunto em questão.

A metodologia utilizada, por sua vez, tem caráter dedutivo, tendo em vista o tema ser oriundo de novidade legislativa, não estar pacificamente consolidado, apresentar impactos sociais e econômicos expressivos e ser de grande repercussão midiática, o que permite o aprofundamento da matéria positivada. Dessa forma, adotou-se os procedimentos de observação direta e indireta.

Diante de todas as delimitações, discute-se a viabilidade do retorno à ética esportiva e o estabelecimento de condições igualitárias que garantam a efetividade dos direitos humanos para consequente alcance do desenvolvimento e da paz. Feito isso, é possível reanalisar a concepção de justiça hoje empregada dentro do sistema desportivo, perspectiva segundo a qual a lógica da igualdade de participação unicamente aplicada no sistema desportivo revela-se antiética e injusta para os vulneráveis.

O discurso do esporte para o desenvolvimento e a paz não pode ficar apenas em uma data.

Capítulo 1

Igualdade

A igualdade é complexa e dinâmica, bem como desperta tipos de linguagem[(1)] com desiguais significados, o que demonstra a necessidade do estudo dos impactos de seus desdobramentos em sociedade.

Seu signo, como instrumento de comunicação[(2)], carrega valor no palco de discursos políticos ao longo da história que montam e remontam profundas transformações. A partir de sua interpretação semântica, pode ser entendida como identidade de condições, como aquilo que não tem diferença e que indica conformidade.[(3)]

No entanto, isso não é suficiente para compreender, em totalidade, a igualdade definida como objeto do presente estudo, até porque, na linguagem da ciência do Direito, que analisa a ótica do "ser" em nível de metalinguagem, ou até mesmo na ótica do "dever-ser" da linguagem do Direito Positivo, a igualdade perpassa valores internos e externos que se apresentam à sociedade.

Nesse sentido, em princípio, o significado atribuído de maneira literal ao termo não é capaz de compreender fenômenos históricos, sociais, econômicos, culturais, políticos e jurídicos que envolvem o valor de igualdade, isso porque a ideia da igualdade, na ótica do ser humano em sociedade, evoluiu através da mudança de paradigma acerca da característica natural da desigualdade.

Posteriormente, o contrassenso de entender que a desigualdade entre os seres humanos nunca foi natural, mas que a essência do ser humano era a igualdade por natureza, foi capaz de mudar completamente o propósito do Estado.

Essas transformações de conceitos levaram a diversas concepções de igualdade, tais como elemento essencial básico — tanto em relação à conformidade quanto à

---

(1) Paulo de Barros Carvalho traz em sua obra *Direito tributário, linguagem e método* (2015) tipos de linguagem que se diferenciam por suas características e revelam dimensões sintáticas e semânticas.

(2) Segundo Paulo de Barros Carvalho (2015, p. 31): "o sistema de signos, em vigor numa determinada comunidade social, cumprindo o papel de instrumento de comunicação entre seus membros".

(3) Conforme o Dicionário Brasileiro de língua portuguesa *Michaelis,* dentre os significados está a qualidade de conformidade da expressão igualdade. Disponível em: https://michaelis.uol.com.br/busca?id=OKoqn. Acesso em: 12 maio 2023.

quantidade —, tópico essencial da justiça, linguagem política de significado emotivo positivo, equidade, ética, pluralidade, entre outras concepções.

Dessa forma, diante de várias vertentes do objeto em análise, denota-se que há dificuldade de estabelecer o significado descritivo por sua indeterminação. Por esse motivo, escolheu-se estudar a igualdade a partir dos aspectos filosóficos, teológicos e jurídicos que a compõem.

1.1. Aspecto filosófico

"É a própria essência da justiça, como assinalou Aristóteles. O homem justo é aquele que viola o princípio da igualdade, pois injusto disse comumente, do que é desigual."[4]

A escolha do ponto de partida pela filosofia se dá pelo fato de que esta propicia a construção interpretativa do termo conduzindo críticas sob a ótica de cada pensador. Foi Platão, quando da análise da desigualdade natural dos seres humanos, o primeiro grande filósofo e estudioso a levar a público a concepção da igualdade como problemática concernente ao homem em sociedade, destacando, nesse contexto, a absoluta igualdade de votos e de palavras que tinha todo cidadão ateniense.[5]

Neste aspecto, verifica-se que, desde a Antiguidade, a igualdade somente é analisada e investigada quando junto do ser humano social, ou seja, quando o ser humano está inserido em sociedade, haja vista que, nesse cenário, forma-se uma relação entre entes. Nessa linha, Norberto Bobbio define igualdade como "modo de estabelecer um determinado tipo de relação entre os entes de uma totalidade, mesmo quando a única característica comum desses entes seja o fato de serem livres".[6]

A virtude, entendida como um conhecimento estudado por Platão e, posteriormente, por Aristóteles, para justificar que naturalmente algumas pessoas nasciam para comandar e outras para obedecer, revelou que a igualdade dos seres humanos estava posta em debate na época.

Aristóteles, em sua obra *Ética a Nicômaco*, afirma que, se as pessoas não são iguais, não receberão coisas iguais, e, justamente por esse motivo, originam-se as disputas e as queixas[7], o que se mostra evidente pelo fato de que as distribuições devem ser feitas "de acordo com o mérito de cada um".

(4) Comparato, 2006, p. 558.

(5) *Ibidem*, p. 568.

(6) Bobbio, 1997, p. 13.

(7) Como quando iguais recebem partes desiguais, ou quando desiguais recebem partes desiguais.

Nota-se, através da concepção trazida por Aristóteles acerca da desigualdade, que é possível distinguir a ascensão de estudos acerca da igualdade e, consequentemente, da desigualdade. Neste sentindo, Rui Barbosa[(8)] comenta:

> A regra da igualdade não consiste senão em quinhoar desigualmente aos desiguais, na medida em que se desigualam. Nesta desigualdade social, proporcionada à desigualdade natural, é que se acha a verdadeira lei da igualdade. O mais são desvarios da inveja, do orgulho, ou da loucura. Tratar com desigualdade a iguais, ou a desiguais com igualdade, seria desigualdade flagrante, e não igualdade real. Os apetites humanos conceberam inverter a norma universal da criação, pretendendo, não dar a cada um, na razão do que vale, mas atribuir o mesmo a todos, como se todos se equivalessem.

No entanto, os filósofos e estudiosos estoicos, bem como os cristãos, romperam com o pensamento de Platão e Aristóteles[(9)] acerca da desigualdade natural entre os seres humanos, pois entendiam que não havia igualdade mais real do que a igualdade entre os humanos no estado de natureza, já que, nesse contexto, todos têm a mesma origem e são regidos pelo mesmo princípio. Acerca da tradição grega, nos ensina Celso Lafer:

> Na vertente grega da tradição cabe mencionar o estoicismo, que na época helenística, com o fim da democracia e das cidades-estado, atribuiu ao indivíduo que tinha perdido a qualidade de cidadão, para se converter em súdito das grandes monarquias, uma nova dignidade. Esta nova dignidade resultou do significado filosófico conferido ao universalismo de Alexandre. O mundo é uma única cidade — cosmopolis — da qual todos participam como amigos e iguais. À comunidade universal do gênero humano corresponde também um direito universal, fundado num patrimônio racional comum, daí derivando um dos precedentes da teoria cristã da *lex aeterna* e da *lex naturalis*, igualmente inspiradora dos direitos humanos.[(10)]

---

(8) Barbosa, 1999, p. 26.

(9) A base Aristotélica do direito natural não podia mais prevalecer, segundo Norberto Bobbio, por isso foi necessário ao estado anterior a organização da sociedade, para surgir um estado civil que substituiu o natural. Nesse sentido: "A negação do direito natural, finalmente, encontra sua mais radical expressão no positivismo jurídico, que é a doutrina dominante entre os juristas desde a primeira metade do século passado até o fim da Segunda Guerra Mundial; concordam com essa doutrina, diga-se de passagem, os dois maiores juristas alemães da primeira metade do século, embora eles sejam habitualmente considerados como representantes de duas visões antitéticas do direito e da política, Hans Kelsen e Carl Schmitt. Para o positivismo jurídico, os supostos direitos naturais não são mais do que direitos públicos subjetivos, 'direitos reflexos' do poder do Estado, que não constituem um limite ao poder do Estado, anterior ao nascimento do próprio Estado, mas são uma conseqüência [*sic*] — pelo menos na conhecida e célebre doutrina de Jellinek — da limitação que o Estado impõe a si mesmo" (Bobbio, 2004, p. 55).

(10) Lafer, 1988, p. 119.

Acerca da afirmação cristã da pessoa humana, afirma Fábio Comparato:

> De qualquer forma, a mensagem evangélica postulava, no plano divino, uma igualdade de todos os seres humanos, apesar de suas múltiplas diferenças individuais e grupais. Competia, portanto, aos teólogos aprofundar a ideia de uma natureza comum a todos os homens, o que acabou sendo feito a partir dos conceitos desenvolvidos pela filosofia grega.(11)

Em 1755, Jean-Jacques Rousseau escreveu a obra *O discurso sobre a origem e os fundamentos da desigualdade entre os homens*, cujo texto constitui a resposta do filósofo a uma pergunta proposta pela academia de Dijon sobre os fundamentos da desigualdade. Nele, o autor, mesmo considerado um jusnaturalista e contratualista, faz duras críticas aos autores do direito natural e ao contrato social, mostrando que esses conceitos foram utilizados para fundar na razão uma impostura e uma escravidão, originando-se, assim, a desigualdade.(12)

Para Jean-Jacques Rousseau, os contratualistas anteriores a ele sustentavam que o homem era selvagem, assemelhando-o ao descrito por Thomas Hobbes, e, por tal falto, enalteciam o homem civil. Para ilustrar, tem-se:

> Após mais de cem anos da divulgação dos conceitos de Thomas Hobbes e algumas décadas depois da exposição das ideias de John Locke, conduzido pela situação da sociedade de sua época, Jean-Jacques Rousseau igualmente trouxe à baila a controversa questão da desigualdade entre os indivíduos em comunidade. Em suas obras denominadas "Discurso Sobre a Origem e os Fundamentos da Desigualdade Entre os Homens" e "O Contrato Social" denota-se o cuidado em discriminar o indivíduo natural e o indivíduo inserido em sociedade. Inclusive, foi por meio do contrato social que Rousseau investigou a igualdade jurídica entre os indivíduos.(13)

Diante desse cenário, entende-se importante distinguir o que há de natural e de social no ser humano de acordo com a visão de Jean-Jacques Rousseau para melhor compreensão da origem da sociedade, do Estado e das desigualdades.

---

(11) Comparato, 2004, p. 19.

(12) Segundo ele, a filosofia política foi conivente com os poderosos, e, para romper com essa tradição, ele tenta resolver o problema da desigualdade, interrogando-se não somente sobre as suas origens, mas também sobre os seus fundamentos.

(13) GONZAGA, 2017 sp. Disponível em: https://enciclopediajuridica.pucsp.br/verbete/536/edicao-1/igualdade:-fundamentos-filosoficos. Acesso em: 22 jun. 2022.

Há três pontos de destaque na obra de Jean-Jacques Rousseau para o estudo do tema proposto. O primeiro destaque se dá na negação da desigualdade no estado de natureza. Esse entendimento se faz necessário porque, para os autores contratualistas, o Estado civil e político surge por meio de um contrato social, que é promotor da saída de um estado de natureza. Portanto, não há que se confundir o estado de natureza, o contrato social e o Estado civil político.(14)

O segundo destaque trata do progresso técnico que origina a desigualdade entre pobres e ricos. Para o filósofo, os primeiros agrupamentos sociais fizeram nascer a razão e a linguagem, assim como a comparação e o amor-próprio. E, nesta mesma escala, surge a dependência e a desigualdade, ao mesmo tempo em que irrompe a metalurgia e aprimorou-se a agricultura.

Essas descobertas acarretaram uma nova relação do homem com o tempo, o aparecimento do trabalho, o investimento do tempo e, também, uma nova relação com os outros, dado que as trocas se tornaram necessárias. Esse conjunto ensejou o nascimento da propriedade.(15)

Por fim, o terceiro destaque de Jean-Jacques Rousseau no tocante à origem das desigualdades é o surgimento das leis. A propriedade privada, motivo de desigualdade, para este filósofo, não tem o mesmo fundamento que para John Locke, o qual ressaltou que a propriedade e o trabalho não são justificativas para a origem da desigualdade, uma vez que, para ele, a propriedade privada é um direito natural, além da vida e da liberdade.(16)

---

(14) É por meio do contrato que o ser humano sai do estado de natureza, pré-político e se estabelece em um estado político, chamado de estado civil político. Naturalmente, afirma Jean-Jacques Rousseau, não há entre os homens, senão diferença. Eles não têm relações suficientemente regulares para que se instaure a desigualdades. Os filósofos falando sobre desigualdade natural, riqueza, desejos de dominação e propriedade acabam não estudamos a natureza humana, segundo Rousseau, apenas o estado social. O ser humano é um animal limitado, sem linguagem, sem razão, movido pelo amor de si, pelo instinto de conservação, pela impiedade e repugnância de ver alguém sofrendo. O que o distingue do resto dos animais é a perfectibilidade. Parafraseando Jean-Jacques Rousseau, sobre a perfectibilidade, ele coloca que: o fato de nem todas as suas qualidades serem inatas, instintivas, o ser humano é dotado de uma faculdade de aperfeiçoar -se, de adquirir novas capacidades, como a linguagem, a razão ou o Desenvolvimento de novas paixões, como o amor-próprio, mas esses progressos não tem só consequências positivas, eles acarretam perturbações que podem levar o ser humano a sua perda. Então a perfectibilidade aparentemente é positiva, mas, segundo Jean-Jacques Rousseau, ela pode gerar o aspecto negativo, como diz ele: podem levar o ser humano a sua perda. A perfectibilidade faz com que o ser humano não seja inteiramente determinado. E que ele possa progredir, tanto para o bem como também, para o mal.

(15) Então essas descobertas acarretaram uma nova relação com o tempo, com os outros e com as coisas.

(16) Já para Jean-Jacques Rousseau, a propriedade privada é a geradora da desigualdade, e, além da propriedade, também a perfectibilidade pode gerar essa desigualdade. Então, para Jean-Jacques Rousseau, surge no estado civil político; ela naturalmente não existe no estado de natureza, ela surge após o contrato social e é produto da perfectibilidade e da propriedade privada.

Nesse sentido, Norberto Bobbio[(17)] comenta:

> No estado de natureza de Locke, que foi o grande inspirador das Declarações de Direitos do Homem, os homens são todos iguais, onde por "igualdade" se entende que são iguais no gozo da liberdade, no sentido de que nenhum indivíduo pode ter mais liberdade do que outro. Esse tipo de igualdade é o que aparece enunciado, por exemplo, no art. 1º da Declaração Universal, na afirmação de que "todos os homens nascem iguais em liberdade e direitos".

No tocante ao trabalho e à propriedade privada, Jean-Jacques Rousseau, por sua vez, entendeu que a propriedade não se justifica para o trabalho, pois deveria existir um consentimento expresso e unânime entre as pessoas para que houvesse a apropriação de algo em função da existência comum, o que vai além da mera necessidade.

Cabe perceber que, no entendimento de Jean-Jacques Rousseau, as diferenças causadas pela riqueza ensejam inveja, roubo e violência. Assim, o homem se encontraria em um estado de guerra permanente, diferentemente do entendimento de Thomas Hobbes[(18)], que destaca que o estado de guerra era o estado de natureza do homem, e que a desigualdade era fruto do contrato celebrado entre a sociedade e o Estado.

> Para o estudioso inglês Thomas Hobbes, exemplificativamente, a desigualdade fruto do contrato celebrado entre a sociedade e o Estado, retratado metaforicamente sob a figura do monstro Leviatã, é genuína. Isto porque a desigualdade seria o custo a ser despendido pelo ser humano em troca da convicção de gozar uma comodidade pacífica. Assim, tendo como pressuposto a definição de que os indivíduos são naturalmente todos iguais, entendeu-se que a partir do pacto social a desigualdade entre eles seria uma

(17) Bobbio, 2004, p. 39.

(18) Segundo Hobbes, os homens compreenderam que a instituição de um poder comum era necessária para entravar as relações de forças que regem o estado de natureza. Um contrato é, portanto, aquilo a que os seres humanos se comprometem ao transferir seus poderes para um soberano, com o objetivo de proteger suas vidas e propriedades. Jean-Jacques Rousseau se opunha a essa teoria sobre a gênese do Estado. Por outro lado, Thomas Hobbes enfatizava a vida e a preservação da vida como um direito natural primordial, do qual derivam novas leis particulares. Para Hobbes, a vida é o elemento central dos direitos naturais. Ele via o estado de natureza como um estado de guerra permanente, argumentando que o homem é o lobo do homem. Para Jean-Jacques Rousseau, não, no estado de natureza o homem é bom, e é na sociedade civil política que ele se corrompe por meio, novamente, da perfectibilidade e da propriedade. Os ricos tinham tudo a perder e, por isso, eles recorrem a um projeto ponderado. Qual projeto? O do contrato, que institui leis e um estado para fazer respeitá-las.

consequência válida, afinal competia a cada um procurar por suas oportunidades, seus ambientes e suas conquistas em sociedade. Tal concepção pode ser entendia como proêmio do que se entende por igualdade formal.(19)

Seguindo os entendimentos de Jean-Jacques Rousseau, as leis e os contratos nasceram, portanto, sob os grandes pretextos de justiça, de igualdade e de interesse geral, graças a uma força comum, com o objetivo de conferir a propriedade a alguns.

No raciocínio de Jean-Jacques Rousseau, o contrato chamado social instituiu chancelas aos pobres e novas forças aos ricos, o que reforçou a desigualdade(20), de modo que a instituição do Estado passa a se apresentar como necessária para regulação das relações que se mostram desiguais.

Foi a partir da análise do contexto histórico da Revolução Industrial, cujo cenário de abismo social provocado pelas desigualdades, e em meio à concepção posterior de igualdade de Jean-Jacques Rousseau, denominada como *igualdade civil*(21), que as ideias da obra *O discurso sobre a origem e os fundamentos da desigualdade entre os homens* deixaram de trazer respostas aos anseios da sociedade, já que o conceito estabelecido não acompanhou as características apresentadas na nova forma de organização em sociedade do século XIX.

Nesse novo âmbito, difunde-se a concepção da igualdade segundo Karl Marx. A contradição entre classes sociais e econômicas, consubstanciada, principalmente, pela exploração exacerbada da mão de obra, fez com Karl Marx enxergasse que, para a emancipação de um segmento social, era necessária a opressão de outro. Com base nessa perspectiva, ele elabora sua teoria com o fito de eliminar a desigualdade.

Dessa forma, a existência de diferentes classes sociais é consequência direta da desigualdade material entre a classe burguesa e a classe proletária, cuja alienação se consubstancia ao trabalho do homem. Assim, para o pensamento marxista, a efetivação da igualdade somente será possível com erradicação da desigualdade.

---

(19) GONZAGA, 2017 sp. Disponível em: https://enciclopediajuridica.pucsp.br/verbete/536/edicao-1/igualdade:-fundamentos-filosoficos. Acesso em: 22 jun. 2022.

(20) Para Jean-Jacques Rousseau, as desigualdades não têm nada de natural, nada de necessário. O livro *Discurso sobre a origem dos fundamentos das desigualdades entre os homens* deixa claro que a desigualdade é quase nula no estado natural. Na verdade, ela tira sua força e o seu crescimento do desenvolvimento de nossas faculdades e dos progressos do espírito humano, tornando-se estável e legítima pelo estabelecimento da propriedade e das leis.

(21) Destaca-se que a igualdade civil, puramente formal por apenas enxergar as pessoas em suas características humanas e não se ater a seus deveres e direitos perante o contexto em que está inserido, abriu espaço para o estudo da igualdade material, econômica e social entre as pessoas.

Em outra vertente, tem-se a desigualdade social(22) quando, numa determinada sociedade, alguns grupos sociais se encontram em situações julgadas mais vantajosas do que outras. Nesse sentido, portanto, a desigualdade também pode ser definida pela diferença a que indivíduos e grupos sociais atribuem segundo escalas de valor.

Ao associar igualdade a valor, Bobbio entende que "a igualdade consiste apenas numa relação: o que dá a essa relação um valor, o que faz dela uma meta humanamente desejável, é o fato de ser justa"(23), sendo que por justa se entende a relação que se pauta em instituir, ou restituir, a harmonia das partes como um todo, havendo, assim, possibilidade de duração. Bobbio entende essa harmonia do todo como "equilíbrio interno de um sistema que mereça o nome de justo".(24)

São Tomás de Aquino, por sua vez, propagou, no século XIII, que a igualdade é a essência da justiça, sendo o meio termo entre o excesso e a falta dessa virtude.(25) Montoro(26) afirma, então, que "em qualquer caso, a justiça procura realizar uma igualdade nas relações entre os homens" e que "é a igualdade essencial de todos os homens". Assim, é exatamente porque todos os homens possuem a mesma natureza e dignidade fundamentais que nenhum homem pode ser utilizado como instrumento, sendo a finalidade da justiça assegurar a igualdade pessoal dos homens.

Nesse sentido, entende-se que a verdadeira noção de justiça só tornou forma com o Cristianismo, que promoveu a igualdade fundamental e a universal fraternidade de todos os homens, de qualquer raça, sexo e condição.

1.2. Aspecto teleológico

"Então disse Deus: Façamos o homem à nossa imagem, conforme a nossa semelhança." (Gn 1,26)

---

(22) Rousseau e Marx viram na propriedade a origem da desigualdade, enquanto, para Durkheim, é a divisão do trabalho que a origina. Para Durkheim, nas condições modernas, a igualdade de oportunidade é, assim, crucial para que a divisão do trabalho social seja fonte de coesão e não de insatisfação. A instituição da herança, ao instaurar condições iniciais desiguais na busca pelas ocupações mais valorizadas, condições desiguais que não refletem o mérito do indivíduo, seria um arranjo institucional contrário aos valores da sociedade moderna. Há vários pressupostos complicados nesse raciocínio de Durkheim. A ideia de desigualdades naturais, que nada deveriam aos processos de socialização, é um deles, mas não o único nem o mais duvidoso. A crença no caráter consensual da classificação social parece desconsiderar a possibilidade de os valores que presidem essa classificação não serem mais do que a expressão de preconceitos de classe. Cabe perguntar ainda se Durkheim não desconsiderou o conflito potencial entre as tendências igualitárias que atribuiu à sociedade moderna e a proliferação de posições desiguais e distinções de prestígio alavancada pelo avanço da divisão do trabalho.

(23) Bobbio, 1997, p. 15.

(24) *Ibidem*, p. 16.

(25) SÃO TOMÁS. Cuestiones acerca de la justicia, II, q. 58, a. 10; Vermeersch, p. 36-37; Faidherbe, La justice distributive, Cap. IV.

(26) Montoro, 2005, p. 175.

Na Bíblia, fonte para os cristãos interpretarem a vida, a morte e as relações sociais, Jesus Cristo afirma que todas as pessoas foram criadas à imagem e semelhança de Deus, o que demonstra, em outras palavras, que todos são iguais em sua origem.(27)

As 275 Encíclicas Papais(28) que formam a Doutrina Social da Igreja trazem grandes fundamentos sobre a dignidade humana e acerca do bem comum na vida em sociedade, baseados, quando de sua origem, nas considerações de Santo Agostinho e de São Tomás de Aquino, bem como nos preceitos bíblicos e ensinamentos apostólicos à luz da dimensão social.

As orientações filosóficas e teológicas como diretrizes éticas para melhor organização econômica, social e política dos povos foram desenvolvidas desde os primeiros anos do Cristianismo, mas tiveram seu marco inaugural com a edição, pelo Papa Leão XIII, em 1981, da Encíclica *Rerum Novarum*.

É inegável que a Igreja Católica lutou, juntamente a sociedade, pelos ideais igualitários, utilizando o trabalho humano como elemento que diminuiria as desigualdades sociais e como grande ferramenta para transmissão da união e dos valores para as comunidades.

A doutrina social da Igreja possui alguns princípios, entre os quais cinco apresentam especial destaque. O primeiro diz respeito ao princípio da destinação universal dos bens, o qual postula que, a partir da criação do Gênesis, o acesso aos meios de subsistência é, por direito natural, comum a todos, dado que, nesse sentido, em Gênesis 2:15, tem-se: "O senhor Deus tomou o homem e colocou no Jardim do Éden, para que o cultivasse e guardasse". Segundo Santo Ambrósio, tem-se: "A natureza produziu seus bens em profusão, oferecendo-os em comum a todos. Deus ordenou que tudo fosse produzido gerado de maneira a servir de alimento como um a todos e a Terra fosse propriedade comum".(29)

De acordo com o princípio da subsidiariedade, Deus criou o homem com uma capacidade criativa e, por isso, não se deve limitar ou retirar sua liberdade de se valer da sua força de trabalho. Já o princípio da solidariedade destaca o importante papel do Estado, da Igreja, da caridade privada e de todos os indivíduos para o alcance da justiça social como instrumento de solidariedade.

Outro princípio é o do bem comum, que se refere à perspectiva de todos poderem progredir em qualidade de vida espiritual, social e material. Por fim, o princípio da

---

(27) Nesse sentido, "Não há judeu nem grego, escravo nem livre, homem nem mulher; pois todos são um em Cristo Jesus" (Gl 3,28).

(28) Desde 1.800, com o pontificado de Pio VII, até 2023, os papas, juntos, escreveram mais de 200 encíclicas com enfoque social.

(29) SANTO AMBRÓSIO. *De officii*, 1.1, c. 28.

dignidade intrínseca da pessoa humana é alicerce de todos os princípios porque destaca que o homem, enquanto pessoa, possui alma imortal e personalidade única, sendo, então, superior ao Estado, de tal maneira que este não pode violar o corpo, a família e a vida de qualquer pessoa de maneira arbitrária.

Destaca-se, acerca do aspecto teológico da dimensão igualdade que a primeira encíclica, *Rerum Novarum*(30), publicada pelo Pontífice Papa Leão XIII, em 1981, trouxe os primeiros ensinamentos sociais da Igreja, de modo que chamou os cristãos às práticas de caridade, e demonstrou ao Estado a suma importância em diminuir a miséria e salvaguardar os interesses da classe operária, ressaltando os princípios igualitários e de cidadania, bem como as leis da justiça distributiva.

As encíclicas *Pacem in Terris*(31) e *Laborem Exercens* também merecem destaques acerca desta temática, uma vez que, aquela, publicada após as Guerras Mundiais, em

---

(30) *Rerum Novarum*, "Das Coisas Novas", trata de questões levantadas durante a revolução industrial e as sociedades democráticas. A encíclica critica fortemente a falta de princípios éticos e valores morais na sociedade progressivamente laicizada de seu tempo, uma das grandes causas dos problemas sociais. O documento papal refere alguns princípios que deveriam ser usados na procura de justiça na vida social, económica e industrial, como por exemplo a melhor distribuição de riqueza, a intervenção do Estado na economia a favor dos mais pobres e desprotegidos e a caridade do patronato à classe operária. O Pontífice convidou os cristãos a práticas mais efetivas e frequentes da caridade e destacou a importância do Estado para dirimir a miséria e a indigência salvaguardando os interesses da classe operária, apontando princípios igualitários, de cidadania e destacando que "os pobres, com o mesmo título que os ricos, são, por direito natural, cidadãos; isto é, pertencem ao número das partes vivas de que se compõe, por intermédio das famílias, o corpo inteiro da Nação." Acerca da Igualdade, citou São Tomás de Aquino convocando os governos a tratar igualitariamente seus cidadãos, observando rigorosamente as leis da justiça distributiva. O contexto histórico em que esta Encíclica foi publicada era de efervescência na luta pelos ideais igualitários e libertários. A Lei Áurea tinha sido assinada apenas três anos antes, em 1888, e a população ainda tinha muito arraigada a cultura escravagista e de exploração máxima da força laboral. Este documento conclamou os fiéis católicos a abandonar os costumes entronizados no seio da sociedade e participar ativamente da promoção dos ideais de Liberdade, Igualdade e Fraternidade a exemplo do movimento que já se consolidara por toda a Europa. Disponível em: https://pt.wikipedia.org/wiki/Rerum_Novarum. Acesso em: 28 nov. 2021.

(31) Em plena Era Kennedy, que seria morto ao final do ano, com a luta pelos direitos civis dos negros americanos ganhando as ruas, inflamados pelos discursos de Martin Luther King. Em primeiro lugar, conclamou a união entre os povos e novamente lembrou a humanidade que todo o ser humano é pessoa, sujeito de direitos e deveres. "E, ao nos dispormos a tratar dos direitos do homem, advertimos, de início, que o ser humano tem direito à existência, à integridade física, aos recursos correspondentes a um digno padrão de vida: tais são especialmente o alimento, o vestuário, a moradia, o repouso, a assistência sanitária, os serviços sociais indispensáveis. Segue-se daí que a pessoa tem também o direito de ser amparada em caso de doença, de invalidez, de viuvez, de velhice, de desemprego forçado, e em qualquer outro caso de privação dos meios de sustento por circunstâncias independentes de sua vontade." O Pontífice lançou na Encíclica um novo olhar sobre as atividades econômicas, convidando os cristãos a exercê-las com responsabilidade, garantindo a seus empregados salários condizentes com o exercício de suas funções. Os bens acumulados com o exercício da profissão e da exploração da atividade econômica somente seriam abençoados se fossem adquiridos por meio do labor honesto, sendo instrumento indispensável para a diminuição das diferenças de renda e distribuição de riqueza. Face à segregação evidente da população negra americana que lutava por direitos mais básicos como salários, educação, acesso a empregos dignos, corajosamente lembrou a todos a raiz comum como filhos de Deus; "Abandonai a mentira e falai a verdade cada um ao seu próximo, porque somos

1963, por Papa João XXIII, abordava a temática da paz para a promoção do bem-estar social.

O mundo vivia lutas pelos direitos civis dos negros, sobretudo nos Estados Unidos. Então, o Pontífice relembrou a humanidade não apenas que todo ser humano é pessoa sujeita de direitos e deveres, como também que os povos deviam se unir pela paz social, assim como pelo fim da discriminação e das desigualdades de gênero, raça, fé e classe social.

> O movimento rumo à identificação e a proclamação dos direitos do homem é um dos mais relevantes esforços para responder de modo eficaz às exigências imprescindíveis da dignidade humana.[32]

Já a encíclica publicada pelo Papa João Paulo II, em 1981[33], revive a primeira encíclica publicada, mas, desta vez, atualiza o documento para as inovações tecnológicas

---

membros uns dos outros", citando Efésios 4:25 e recordando que "ao invés, universalmente prevalece hoje a opinião de que todos os seres humanos são iguais entre si por dignidade de natureza. As discriminações raciais não encontram nenhuma justificação, pelo menos no plano doutrinal." A situação da mulher no mundo e a necessidade de adoção de políticas igualitárias eram medidas que segundo o texto urgiam e o mundo cristão não poderia mais admitir que ninguém fosse discriminado em razão de raça, sexo, classe social ou fé. Pediu especial atenção dos governos na promoção do desenvolvimento humano das minorias raciais condenando qualquer ação tendente a reprimir a energia vital de alguma minoria, e muito mais se tais maquinações intentam exterminá-la (João XXIII, 1963, sp).

(32) Compêndio da Doutrina Social da Igreja. Concílio Vaticano II, Declaração Dignitatis Humanae, 1. In: *AAS 58*, 1966, p. 929-930. Disponível em: https://www.vatican.va/roman_curia/pontifical_councils/justpeace/. Acesso em: 10 jul. 2022.

(33) Começou a ser escrito antes do atentado sofrido pelo Sumo Pontífice e finalizado após a sua recuperação, é permeado por um sentimento de dignificação dos esforços laborais e das práticas da comunhão fraterna e da liberdade como instrumento de aproximação do humano com o divino. A figura extremamente carismática que arrastava e emocionava multidões por onde passava e dedicou até a última de suas forças ao trabalho missionário iniciou o texto, antes mesmo da sua introdução demonstrando o seu entendimento sobre a impossibilidade de dissociar o labor da fraternidade entre os irmãos proclamando celebrando o nonagésimo aniversário da *Rerum Novarum*, pretendeu lançar uma visão atualizada frente as inovações tecnológicas, sem perder de vista o cuidado com a proteção dos direitos fundamentais e promoção da sociedade justa e fraterna. O ideal contido na *Rerum Novarum* foi expandido, não era mais a preocupação com a classe dos pobres e trabalhadores, os esforços deveriam se concentrar em toda a humanidade irmanada. Destacou João Paulo II que "se em tempos passados se punha em relevo no centro de tal questão sobretudo o problema da classe, em época mais recente é posto em primeiro plano o problema do mundo." Não havia mais razão para a preocupação com desigualdades pontuais, "mas o âmbito mundial das desigualdades e das injustiças", conclamando os povos a se unirem na promoção da Justiça mundialmente. A visão era revolucionária, pois o fenômeno da globalização era embrionário e a determinação papal de união de esforços para a construção de "justiça na terra, não encobrindo com isso as estruturas injustas, mas demandando a revisão e a transformação das mesmas numa dimensão mais universal" já antevia a queda das barreiras continentais que viria pela globalização. Os apelos aos cristãos contidos na *Rerum Novarum* produziram frutos como a questão operária ou proletária que deram origem, segundo análise do Pontífice à reação social que irrompeu um grande movimento de solidariedade entre os homens do trabalho e entre os homens da indústria, "sobretudo

e demais formas de trabalho, bem como considera a promoção dos direitos fundamentais e de uma sociedade globalizada mais justa e fraterna.

Como visto, os preceitos da Doutrina Social da Igreja são diretamente relacionados aos Ordenamentos de Proteção dos Direitos Humanos, porém a visão da Igreja, após a postura assumida na *Rerum Novarum*, pautou-se na fraternidade, que prevê a conquista dos direitos por meio das práticas humanitárias e da convivência harmônica baseada nos ensinamentos de Jesus Cristo, sem oposição violenta, valorizando o trabalho como principal instrumento de promoção de desenvolvimento e diminuição de desigualdades sociais.

1.3. Aspectos jurídicos

Dentro do raciocínio jurídico, o direito possui categorias que formam a Teoria Geral do Direito, categorias essas primordiais para a análise do tema proposto.

Sinteticamente, o Direito, à luz da Teoria Pura do Direito, enfrenta duas realidades: a norma jurídica e a relação jurídica. Nessa feita, a norma jurídica possui uma estrutura que conduz às relações jurídicas, de maneira que estas nascem para o mundo fenomênico.

Assim, Hans Kelsen postula que a norma é uma hipótese ("se") que estrutura hipoteticamente quanto à ocorrência de um fato no mundo fenomênico, o qual gera, como consequência, a instauração de uma relação jurídica, na qual alguém terá o direito de exigir de outrem um objeto.(34) Nesse entendimento, pensa-se a igualdade dentro da fenomenologia do Direito, ou seja, considera-se como estrutura normativa do fenômeno hipotético um fato jurídico.

> Todo objeto, pois, resulta do ato de pôr entre parênteses, mediante critérios seletivos, alguns aspectos, ficando em evidência outros, mas, todos eles, aspectos constituintes da coisa mesma. Assim, o objeto não está já delineado, feito como algo tão patente que basta abrir os olhos. Não é evidente: é construído.(35)

---

aos do trabalho sectorial, monótono e despersonalizante nas grandes instalações industriais." Não era possível mais conviver com o trabalho degradante e a exploração da mão de obra subcontratada, era necessário convergir numa comunidade solidária. As evoluções tecnológicas e sociais trouxeram à tona novas formas de desigualdades que precisavam ser combatidas além das fronteiras nacionais, com o acesso ao estudo e especialização do trabalho e à proteção do direito ao justo salário. Disponível em: https://pt.wikipedia.org/wiki/Laborem_Exercens. Acesso em: 28 nov. 2021. E na encíclica *Laborem Exercens* (João Paulo II, 198, sp).

(34) Assim, Hans Kelsen afirma que a norma é uma hipótese (se) estrutura, isto é, a norma é a previsão da ocorrência e o fato. É como se, na linguagem da hipotética lógica formal, o "se" acontecer tal fato, "então" surge uma consequência.

(35) Vilanova, 1981, p. 102.

O direito qualifica os fatos pensando os fenômenos no plano abstrato, de modo que a ocorrência acontece num determinado momento e num determinado lugar, possuindo, assim, aspectos materiais, temporais e espaciais do fato em si.

O fato, portanto, se torna jurídico quando há sua incidência automática sobre uma norma de maneira quântica, porque os fatos ocorrem a todo momento, e as normas de direitos humanos trabalham a multidimensionalidade de proteção do ser humano.

Nesse sentido, o direito prevê um fato ao descrever este fato normativamente, que é o aspecto material da norma, sobre a qual ocorrerá a incidência, ou seja, o fato materialmente descrito é que sofrerá a incidência, que, por sua vez, é o fenômeno de um fato configurar, rigorosamente, a hipótese. Lourival Vilanova[36] apresenta que:

> O propósito kelseniano é juridicizar o factum da revolução. E para tanto é mister qualificar normativamente o fato, tomar o fato através de norma Jurídica. O conhecimento especificamente jurídico não alcança fato nenhum sem a mediação de uma norma (geral ou individual, abstrata ou concreta, consuetudinária ou escrita, pouco importando nisso o âmbito de incidência, ou a fonte da norma). Se norma inexiste na Constituição, o conhecimento especificamente jurídico parte de hipótese.

O aspecto temporal, por sua vez, concretiza quando o fato possui relevância jurídica, de modo que é o direito quem determinará quando o fato terá relevância para si, criando sua própria realidade, conhecida como realidade jurídica. Essa instância não se confunde com a realidade do "mundo fenomênico", motivo pelo qual pode-se dizer que o tempo é o vetor para a compreensão do fato.

Já o aspecto espacial é o âmbito de incidência. Ele se reporta à qualidade constitucional do emissor da norma de maneira a prescrever a competência de seu emissor. Nesse âmbito, em que os aspectos se configuram concretamente, ocorre o fenômeno da incidência, também chamada de *subsunção*. Dessa forma, quando o fato jurídico nasce, a norma, necessariamente, subjudica ao fato, gerando os efeitos jurídicos objetivados pelo legislador.

O suporte fático concreto, após essa incidência, sofre transformação em sua essência. Pontes de Miranda aponta que "à lei é essencial colorir fatos, tornando-os fatos do mundo jurídico e determinando-lhes os efeitos (eficácia deles)".[37] Assim, tem-se que o fato jurídico instaurará, como consequência, uma relação jurídica entre sujeitos e objetos, na qual o sujeito ativo (credor) exerce poder sobre o sujeito passivo (devedor) em decorrência de um objeto (fato).

---

(36) *Ibidem*, p. 96.

(37) Miranda, p. 52-53.

Portanto, pode-se afirmar que o sujeito ativo tem um poder, e o sujeito passivo um dever, ambos frente ao objeto (fato com os aspectos materiais, temporais e espaciais) no âmbito fenomênico. A consequência direta desse sistema são os efeitos queridos pelo emissor competente da norma.

A título de exemplo, tem-se como a igualdade, dentro da visão do "ser" e do "dever--ser", explicaria esse fato jurídico:[(38)]

> Hoje não temos nada para comer. Queria convidar os filhos para suicidar--nos. Desisti. Olhei meus filhos e fiquei com dó. Eles estão cheios de vida. Quem vive, precisa comer. Fiquei nervosa, pensando: será que Deus esqueceu--me? Será que ele ficou de mal comigo?[(39)]
>
> São direitos sociais a educação, a saúde, a alimentação, o trabalho, a moradia, o transporte, o lazer, a segurança, a previdência social, a proteção à maternidade e à infância, a assistência aos desamparados, na forma desta Constituição.[(40)]

Em 2015, comemorou-se o reconhecimento da alimentação como direito social, como cláusula pétrea. Seis anos depois, em 2021, 14,5 milhões de famílias brasileiras sofreram pela ausência de alimentos decorrente da extrema pobreza[(41)], de modo que o Brasil voltou ao mapa da fome. Como explicar a triste realidade dos mais vulneráveis, tal como foram retratados por Carolina Maria de Jesus, e os direitos e as garantias fundamentais garantidos a todos pela Constituição Federal de 1988? Somos todos iguais?

Nesse paralelo, a igualdade é uma obrigação a ser perseguida pelo homem desde 1948, quando a Declaração Universal dos Direitos Humanos considerou, em seu preâmbulo[(42)], que o reconhecimento da dignidade de todos os membros da família humana tem como pilar de sustentação a igualdade de direitos, trazendo em seu corpo os arts. 1º[(43)] e

(38) Sem pretensões de exaurir o tema e com recorte da matéria em estudo: a Igualdade.

(39) Essas palavras foram escritas por Carolina Maria de Jesus no livro *Quarto de Despejo*, obra lançada em 1960.

(40) Integra do art. 6º da Constituição Federal Brasileira vigente, que introduziu, em 2015, com a Emenda Constitucional 90, a alimentação como direito social.

(41) O número de famílias na miséria registrado em abril de 2021 é o maior da série histórica do Ministério da Cidadania, iniciada em agosto de 2012. Antes da pandemia, em fevereiro de 2020, já havia 13,4 milhões de famílias nesta situação. É considerada situação de extrema pobreza quando a renda *per capita* é de até R$ 89 mensais, de acordo com o Governo Federal.

(42) "Considerando que o reconhecimento da dignidade inerente a todos os membros da família humana e dos seus direitos iguais e inalienáveis constitui o fundamento da liberdade, da justiça e da paz no mundo;"

(43) "**Art. 1º** Todos os seres humanos nascem livres e iguais em dignidade e em direitos. Dotados de razão e de consciência, devem agir uns para com os outros em espírito de fraternidade."

7º[44], que declaram que todos os seres humanos nascem iguais em dignidade e direitos, de maneira que são iguais perante a lei, com proteção igual contra qualquer discriminação.

Nesse mesmo sentido, Celso Lafer postula que a transformação dos Direitos Humanos em normas jurídicas significa o respeito a um processo de generalização que simboliza o reconhecimento da igualdade de todos perante a lei ao mesmo tempo em que convive com um processo de especificidade que reconhece a necessidade de tratamento jurídico específico a grupos mais vulneráveis.

Dentro da prescrição do Direito, havendo fato fenomênico de discriminação de direitos e/ou ausência de participação igualitária perante a lei, estamos diante de um fato jurídico que, incidente sobre a norma, cria uma relação jurídica entre os sujeitos envolvidos, sobretudo de obrigação. Nesse cenário, devem ser analisadas suas consequências e seus efeitos, pois, segundo a eficácia, o credor (ser humano) tem o poder de exigir a igualdade (objeto) de seu devedor (sujeito passivo), que pode ser o Estado (pessoas físicas ou jurídicas), mesmo que com eficácia mínima.

O direito é um aparelho coator porque, caso não seja respeitada a obrigação, esta gerará consequências. Assim, a ordem normativa é um aparelho de coação, o direito subjudica consequências ao descumprimento de uma norma.

Pontes de Miranda, em sua obra *Tratado de Direito Privado*, traz outras categorias do Direito que se afastam das ciências empíricas, reservando ao campo da teoria a análise da existência, bem como a validade e a eficácia do Direito. Isso porque, segundo o estudioso, "a incidência das regras jurídicas não falha; o que falha é o atendimento a ela"[45], de maneira que o fenômeno da incidência sempre vai existir, independentemente do homem. O conceito é, portanto, mutável.

Dentro desse entendimento, a incidência se dá pela regra jurídica (suporte fático hipotético e preceito abstrato) que se manifesta nos três planos, e não pelo fato jurídico. Assim, uma norma jurídica vigente tem a possibilidade de incidir, e não a obrigatoriedade, haja vista a evolução dos conceitos fundamentais, que são mutáveis e podem mudar a realidade fática. Assim, declara-se:

> Os fenômenos que o Direito estuda são naturais: transformam-se, evoluem, como o próprio homem. Não há dois homens absolutamente iguais; não há ninguém que em momentos sucessivos seja absolutamente igual ao que era. As diferenças infinitesimais não são menos diferenças de que as grandes e visíveis, as gritantes e mensuráveis. Hoje, o artigo tal do Código A pode

(44) "**Art. 7º** Todos são iguais perante a lei e, sem distinção, têm direito a igual proteção da lei. Todos têm direito a proteção igual contra qualquer discriminação que viole a presente Declaração e contra qualquer incitamento a tal discriminação."

(45) Miranda, 1999, p. 58.

> não exprimir, exatamente, o que no ano passado, exprimia; porque não diz ele o que está nas palavras, mas algo de mutável que as palavras tentaram dizer. Toda a codificação é o pródomo de um fracasso: pretende fixar, parar, fotografar, não no espaço, mas no tempo; e muda o próprio objeto, de modo que há de olhar a realidade de hoje, que é adulta, e o retrato de outrora, para descobrir, não mais a imagem exata, e sim os traços que indiquem identidade.(46)

Pontes de Miranda, em sua obra *Tratado de Direito Privado*, entende que o mundo jurídico constituído se manifesta da seguinte forma: plano da existência, no qual se verifica a incidência da lei sobre os suportes fáticos; plano da validade, em que se tem o momento de verificação do suporte fático quanto à suficiência e eficiência; e plano da eficácia, reservado aos fatos jurídicos para que produzam seus efeitos.

Desta forma, pode-se dizer que, no plano da existência, há os fatos jurídicos lícitos e os ilícitos, e que, no plano da validade, somente serão considerados os atos jurídicos e o negócio jurídico, enquanto que, no plano da eficácia, é verificado o efeito dos fatos jurídicos.

Tomando a perspectiva de Pontes de Miranda, o objeto jurídico de estudo, a igualdade, tem sua existência, como será analisado a seguir, atrelada à edição da Carta de Direitos Humanos, composta pelos Estados componentes da Organização das Nações Unidas e, quantitativamente, pela Constituição Federal de 1988, que valida no ordenamento jurídico brasileiro sua adesão aos tratados internacionais de direitos humanos e, sobretudo, a validade formal e material reafirmada pela Constituição Federal em seu art. 5º, § 2º, e pelos fundamentos da justiça, igualdade e dignidade da pessoa humana.

Além de ser válido, o princípio da igualdade é um objetivo fundamental em termos de eficácia, pois tanto os tratados internacionais quanto a norma constitucional possuem as condições normativas necessárias para a sua aplicação concreta. Isso ocorre principalmente porque as condições fáticas necessárias para a sua observância pelo Estado e pela sociedade estão presentes de forma espontânea. Vale ressaltar que a proibição do retrocesso representa um avanço significativo como ponto de partida para a comunidade internacional como um todo.

Por fim, é importante destacar que, segundo Hans Kelsen, o direito é estrutura de poder, de tal modo que a Constituição de um Estado é a representação formal deste poder, que foi adjuticado pelo povo.

Assim, pode-se afirmar que a Constituição existe justamente para constituir os direitos fundamentais, e, desde 1948, convencionou-se que os direitos fundamentais,

(46) Miranda, 2000, p. 138.

que são, antes de tudo, direitos humanos, devem constar na norma fundamental que é a Constituição de cada Estado, documento esse que precisa, primeiramente, prever direitos individuais e direitos sociais, para, depois, descrever a estrutura fundamental do Estado. Dessa forma, a Constituição deve postular as diretrizes de como funciona o Estado (conforme entendimento de Montesquieu), conhecidas como as estruturas de poder, e, sobretudo, o arcabouço dos direitos humanos.

Neste sentido, não há que se confundir a natureza jurídica dos direitos humanos com a natureza jurídica dos direitos fundamentais.

1.3.1. Igualdade e Direitos Humanos

Os direitos humanos correspondem modernamente ao Direito Natural admitido pelos povos do planeta, edificado pela consciência universal que os afirma e que não tem mais dúvidas sobre a existência ou a legitimidade dessa instância.

Essa existência, segundo o Direito Natural, sempre acompanhou a humanidade, por se tratar de um direito vivo, proveniente somente de Deus, que fez existir o céu, a terra e o Homem.

No entanto, Immanuel Kant, em 1781, contesta, entre outros elementos, o Direito Natural, abordando, em sua obra *Crítica da razão pura*[(47)], a impossibilidade de uma prova teórica da existência de Deus. Ele destaca, ainda, como a principal característica de que, a priori, a existência é abstrata, a inferência apenas de conceitos e não de experiências.[(48)]

A base para a discussão kantiana é a concepção de existência, pois, segundo o filósofo, a existência é elemento antepredicativo e extraconceitual, de modo que, se fizermos uma abstração da experiência, perdemos de todo a possibilidade de conhecer algo como existente, já que existência não é objeto passível de um conceito. Ademais, indica-se que a relação entre conceito e existência pode ser medida por contraposição àquela tomada pela prova ontológica, a saber, a de que a existência é uma propriedade conceitualmente dada.

Assim, Immanuel Kant contesta a legitimidade da afirmação de existência derivada simplesmente da análise do conceito de Deus, já que a existência não pode estar compreendida sob a realidade conceitual, porque esta é apenas *uma* realidade (como a única realidade que um conceito poderia conter), enquanto que, se formos verificar a existência em relação à efetividade de um determinado objeto, este não de manifesta no conceito, e sim no campo da experiência. Neste sentido, Fábio Comparato coloca que: "Apressa-se, no entanto, em advertir que este postulado da existência de Deus é uma

---

(47) Primeiros escritos foram em 1781 e, posteriormente, em 1788. A nova versão é de 2015.

(48) Immanuel Kant analisou três tipos de prova: a "físico-teológica", a "cosmológica", ambas partindo da experiência, e a "ontológica".

necessidade moral subjetiva, mas não um dever, isto é uma necessidade moral objetiva, pois não é um dever a necessidade de admitir a existência de algo".(49)

A prova ontológica é, portanto, redundante, já que premissa e conclusão repetem, a título de existência indeterminada, o que era posto como possível. Contrário a esse pensamento, Immanuel Kant defende que uma análise do conceito se pensa sempre como existente, mas jamais no conhecimento de que o objeto do conceito existe em ato.

Norberto Bobbio, posteriormente, desvaloriza a existência sob o Direito Natural a até mesmo derivado da própria natureza humana, uma vez que esta, tem sido interpretada de diferentes formas e usada até para justificar sistemas de valores totalmente opostos(50). O autor entende que a mudança de visão sobre o Estado se deu em decorrência do reconhecimento de direitos naturais inerentes ao homem, de modo que, por estes serem consequência histórica da humanidade, ao suprimi-los, ignora-se a democracia.

> Do ponto de vista teórico, sempre defendi — e continuo a defender, fortalecido por novos argumentos — que os direitos do homem, por mais fundamentais que sejam, são direitos históricos, ou seja, nascidos em certas circunstâncias, caracterizadas por lutas em defesa de novas liberdades contra velhos poderes, e nascidos de modo gradual, não todos de uma vez e nem de uma vez por todas.(51)

Destaca-se que, com as guerras mundiais do século XX(52), muitos conceitos foram redefinidos, em especial o conceito de *humanidade*, de *ser humano*. Depois das barbáries que pessoas cometeram contra pessoas, a humanidade voltou-se ao vazio da filosofia, da religião e do Direito, de modo que os conceitos até então apresentados pelo positivismo e idealismo não foram capazes de trazer respostas à compreensão do ser humano, ou seja, da existência humana.

Foi nesta lacuna que o Existencialismo(53) e sua nova concepção de interpretar, ver e, principalmente, ser, atribuiu novo sentido à existência. Segundo tal corrente, a

(49) Comparato, 2006, p. 302.

(50) Lopes, 2011 sp. Disponível em: https://www12.senado.leg.br/ril/edicoes/48/192/ril_v48_n192_p7.pdf. Acesso em: 24 nov. 2021.

(51) Bobbio, 2004, p. 9.

(52) Para Flávia Piovesan se a Segunda Guerra significou a ruptura com os direitos humanos, o pós-guerra deveria significar a reconstrução. Nas palavras de Thomas Buergenthal, o moderno direito Internacional dos direitos humanos é um fenômeno do pós-guerra. Seu desenvolvimento pode ser atribuído as monstruosas violações de direitos humanos da era Hitler é a crença de que parte dessas violações poderiam ser prevenidas se um efetivo sistema de proteção Internacional de direitos humanos existisse (Piovesan, 2008b, p. 58).

(53) Trata-se de uma corrente filosófica que teve seus primeiros ensaios ainda no século XIX, com Soren Kierkegaard, mas que tomou forma com as obras de Heidegger e Sartre. Segundo tal filosofia, a existência humana é o principal objeto de estudo, pensamento e teoria, de modo que a existência humana é suficiente para falar em existência.

existência humana é suficiente para conceituar existência, de forma que o homem existe sem qualquer definição.

Foi por meio da reflexão sobre a própria natureza do ser humano e das definições do humanismo que Martin Heidegger(54) alcançou uma compreensão puramente ontológica(55) da existência, que permeia todas as suas relações com o ser e o homem. Através desse pensamento, ele argumentou que somente o ser humano realmente existe, enquanto os outros podem *estar* e *ser*, mas não têm o mesmo nível de existência.

É possível extrair que, por meio do estudo do ser de Martin Heidegger, muito embora a temática seja estudada desde os primórdios da filosofia, podemos ter uma interpretação de ser (e não uma simples conceituação, muitas vezes deturpada ou incompleta) considerando-se o método fenomenológico. Neste sentido, "[...] o ser não somente não pode ser definido, como também nunca se deixa determinar em seu sentido por outra coisa nem como outra coisa. O ser só pode ser determinado a partir do seu sentido como ele mesmo".(56)

Destaca-se, ainda, que outros expoentes do Existencialismo observam que a existência, que precede a essência, não está inserida em corrente filosófica alguma, e sim na religião.(57) Assim, não bastando conceituar a existência como substantivo ou adjetivo(58), a existência revela a base de todas as outras coisas, inclusive as de ordem jurídica, porque é no plano da existência, primeira da escada Ponteana(59), que se encontra todos os requisitos mínimos de um negócio jurídico, sendo seu primeiro pressuposto o agente.

(54) Neste aspecto, é necessário destacar a diferença entre existência e Ec-sistência, trazida pelo autor, sendo que Ec-sistência não é exigência. "Ec-sistência significa, sob o ponto de vista de seu conteúdo, estar exposto na verdade do ser. Ec-sistência nomeia a determinação daquilo que o homem é no destino da verdade. O homem que ec-siste não responde à pergunta se o homem efetivamente é ou não, mas responde à questão da essência do homem." A essência do homem é ec-sistência. A existência, diferentemente, é a realidade efetiva, diferente da possibilidade, da ideia. Ela permanece o nome para efetivação daquilo que alguma coisa é enquanto se manifesta em sua ideia. Não se pode compreender a essência ec-sistente do homem como se fosse a secularização do pensamento teológico cristão, de cunho personalista, já por sua origem no judaísmo, como também naquela ideologia que com ele se imbrica, a romana, cujo personalismo ao invés de impedir foi verdadeira condição para considerar a outros humanos como coisa, res, e não propriamente humanos, por lhes faltar a personalidade, em maior ou menor grau. A ec-sistência não é uma realização efetiva da essência. Nem a ec- sistência põe ou causa o que é essencial (Guerra Filho; Aquino, 2013, p.).

(55) Parte da filosofia que trata da natureza do ser.

(56) Heidegger, 2005 sp.

(57) Soren Kierkegaard entende que a existência não é vista como um conceito a ser incluído num sistema de Filosofia, mas é concebida a partir de três modos ou estágios: estético, ético e religioso; este último visto como o âmbito da verdadeira relação com o Absoluto. Desta forma, a existência autêntica é unicamente a existência do indivíduo singular perante o Absoluto na dimensão da paradoxalidade da fé.

(58) Quanto à classificação gramatical.

(59) Pontes de Miranda desenvolveu, no Brasil, uma teoria que destaca que o negócio jurídico se divide em três planos: existência, validade e eficácia.

Nesse sentido, Ricardo Sayeg e Wagner Balera destacam que os direitos humanos correspondem aos direitos subjetivos, naturais imanentes, da essência constitutiva do núcleo indissolúvel e irredutível, formando atributos da dignidade de todos os homens e do planeta.(60)

Nota-se que o simples existir do homem já o qualifica a ser sujeito dos direitos humanos. Esses direitos humanos, por sua vez, são construídos e reconstruídos ao longo da história, haja vista os direitos positivados variarem de acordo com as consequências das normas e suas modificações, por necessidade ou interesse, o que nos leva a vários fundamentos para a construção dos direitos humanos.

Fundamentá-los e ressaltar a compreensão histórica dos direitos humanos nos remonta à necessária manutenção e ao aprimoramento destes direitos, isto porque a ausência destes pode nos levar à extinção humana, de modo que, embora o Direito possa ser entendido como sinônimo de poder, ele pode nos levar a fins inimagináveis com legitimidade, como bem destaca Hannah Arendt em sua obra *As origens do totalitarismo*. Neste mesmo sentido, Ignacy Sachs postula:

> [...] não se insistirá nunca o bastante sobre o fato de que a ascensão dos direitos é fruto de lutas, que os direitos são conquistados, às vezes, com barricadas, em um processo histórico cheio de vicissitudes, por meio do qual as necessidades e as aspirações se articulam em reivindicações e em estandarte de luta antes de serem reconhecidos como direitos.(61)

Norberto Bobbio estudou as duas revoluções do século XIX que abordam com destaque os Direitos do Homem, a saber, a Revolução Americana de 1787(62) e a Revolução Francesa de 1789. Embora uma não seja sucessão da outra, pois os constituintes americanos relacionaram os direitos do indivíduo ao bem comum da sociedade, enquanto os constituintes franceses pretendiam afirmar primária e exclusivamente os direitos dos indivíduos, o resultado de ambas foi a Declaração dos Direitos do Homem e do Cidadão(63),

---

(60) BALERA, 2019.

(61) Sachs, 1998, p. 156.

(62) Importante destacar que a Revolução Americana, posterior à Revolução Inglesa que consagrou a soberania do parlamento e Império da lei valendo-se do dos instrumentos como Petition of Right e Bill of Rights, influenciaram sobremaneira a promoção dos direitos humanos, visto que o processo de Independência das colônias britânicas na América do norte, resultaram na declaração de dependência Norte-Americana de 1776 como primeiro documento a afirmar princípios democráticos na história política Moderna, e também a Declaração de Direitos de Virgínia de 1776, demonstra a promoção de direitos humanos como o direito à vida vir à liberdade e à propriedade.

(63) No capítulo "A Revolução Francesa e os Direitos do Homem", o autor traz destaques de testemunhos da época à Revolução Francesa, citando Georges Lefebvre, historiador da Revolução, *"Proclamando a liberdade, a igualdade e a soberania popular, a Declaração foi o atestado de óbito do Antigo Regime, destruído pela Revolução".* (p. 40); Alexis de Tocqueville, escritor político, *"o tempo de juvenil entusiasmo, de orgulho, de*

constituída pela Revolução Francesa sob o ideário da liberdade, igualdade e fraternidade entre os homens, o qual perdurou por cerca duzentos anos como modelo para os combatentes em prol da emancipação e da libertação do próprio povo como direito de resistência.(64) Neste sentido,

> Nosso renovado interesse pelo problema da resistência depende do fato de que, tanto no plano ideológico quanto no institucional, ocorreu uma inversão de tendência com relação à concepção e à práxis política através das quais se foi formando o Estado liberal e democrático do século XIX. (p. 63)
>
> Quando o tipo de Estado que se propôs a absorver o direito à resistência mediante sua constitucionalização entra em crise, é natural que se recoloque o velho problema, bem como que voltem a ecoar, ainda que sob novas vestes, as velhas soluções, as quais, na época, iam desde a obediência passiva até o tiranicídio, enquanto agora vão da desobediência civil à guerrilha. (p. 66)

Pode-se, portanto, dizer que os direitos humanos são o racional da resistência pelo fato de se revelarem em processos intensos de lutas pela dignidade humana, que constroem muros contra a brutalidade humana.

---

paixões generosas e sinceras, tempo do qual, apesar de todos os erros, os homens iriam conservar eterna memória, e que, por muito tempo ainda, perturbará o sono dos que querem subjugar ou corromper os homens" (p. 40); Kant, *"essa revolução de um povo rico de espiritualidade"* (ainda que esse povo tivesse podido acumular *"miséria e crueldade"*) encontrara *"uma participação de aspirações que sabe a entusiasmo"*, só podendo ter como causa *"uma disposição moral da espécie humana"* (p. 40); Hegel, cuja convicção de que a Revolução Francesa ascendia uma nova época da história, para a qual, segundo Bobbio, *"a meta inteiramente política de firmar os direitos naturais, o principal dos quais é a liberdade, seguido pela igualdade diante da lei, enquanto uma sua ulterior determinação"* (p. 41); Thomas Paine, britânico que, antes de ir à França, participou ativamente da Revolução norte-americana com escritos, destacando-se o *"Common Sense"* (1776), em que criticava o poder do rei, clamando a independência dos estados americanos, sob o argumento do liberalismo, haja vista chegado a hora da sociedade civil se emancipar, como visto em *"Nós não nos deixamos esvaziar de nossos sentimentos para nos encher artificialmente, como pássaros embalsamados num museu, de palha, de cinzas e de insípidos fragmentos de papel exaltando os direitos do homem"* (p. 41); Heine, *"Quando em Paris, no grande oceano humano, as ondas da revolução subiam, agitavam-se e se enfureciam tempestuosamente, para além do Reno os corações alemães murmuravam e fremiam"* (p. 43). Mazzini, *"os resultados da era cristã, pondo acima de qualquer dúvida e elevando a dogma político a liberdade conquistada na esfera da ideia pelo mundo greco-romano, a igualdade conquistada pelo mundo cristão, e a fraternidade, que é conseqüência imediata dos dois termos"* (p. 43); Carlo Rosselli, que, em 1930, disse *"[...] o princípio da liberdade, estendido à vida cultural durante os séculos XVII e XVIII, atingirá seu apogeu com a Enciclopédia, "terminando por triunfar politicamente com a Revolução de 1789 e sua Declaração de Direitos"* (p. 43); e Friedrich Nietzsche, *"A nossa hostilidade à Revolução não se refere à farsa cruenta, à imoralidade com que ela se desenvolveu, mas à sua moralidade de rebanho, às 'verdades' com que sempre e ainda continua a operar, a sua imagem contagiosa de 'justiça e liberdade', a qual se enredam todas as almas medíocres, à subversão da autoridade das classes superiores"* (p. 43).

(64) Direito que se erige em defensor do povo, ou da massa, seja ela concebida como uma nação oprimida ou como uma classe explorada, de quem fala em nome do anti-Estado ou do Estado que será.

Na análise filosófica histórica, verificou-se que as normas positivas[65] não foram suficientes para impedir que o próprio homem levasse a humanidade à guerra no século XX, pois a moral foi originariamente considerada sob o ângulo da sociedade e não do indivíduo, já que aos códigos de regras de conduta foi atribuída a função de proteger o grupo em seu conjunto, e não ao indivíduo singular.

Até porque o documento que pode também ser visto como marco inicial da proteção dos direitos do homem, a Magna Carta do século XIII, trouxe uma previsão de manifestação do devido processo legal[66], mas foi apenas com os processos das guerras que se abriram e consolidaram espaços de luta pela dignidade humana através da Declaração Universal dos Direitos Humanos, proclamada pela assembleia geral das Nações Unidas em Paris, em 10 de dezembro de 1948, por meio da resolução 217 A (III) da Assembleia Geral, que inovou gramaticalmente os direitos humanos, que para Wagner Balera[67]:

> A Declaração Universal dos Direitos Humanos é, sem dúvida, o mais relevante documento jurídico da história contemporânea. Conquanto estruturada a fim de obter a adesão plena dos integrantes das Nações Unidas, foi inobstante aprovada por expressiva maioria. A trajetória da Declaração é impressionante! Inúmeros países incorporaram os termos de seu texto às próprias Constituições. No entanto, grande parte dos contemporâneos não se deteve, ainda, a analisar o teor dos trinta artigos da Declaração.

É importante destacar, ainda, que há três importantes marcos históricos, à luz dos entendimentos de Flávia Piovesan[68], que deram origem ao sistema Organização das Nações Unidas de proteção dos direitos humanos na ordem internacional, que são o Direito Humanitário[69], a Liga das Nações[70] e a Organização Internacional do

(65) Além da Magna Carta, a *Petition of Right*, de 1628, reafirmou direitos já contidos na carta do rei João sem Terra, tratou de liberdade como limitação do poder real de tributar e esboçou questões afetas ao devido processo legal. Posteriormente, em 1679, a *Habeas Corpus Act* buscou banir as detenções realizadas de forma arbitrária. Destaca-se também o *Bill of Rights*, de 1689, que foi o primeiro documento de origem parlamentar a limitar o poder da monarquia. Por fim, a *Act of Sttolement*, de 1701, reafirmou o poder do parlamento e do respeito à lei.

(66) É importante destacar este fato histórico, que Fábio Comparato, destaca que a Magna Carta foi um fruto de um acordo entre os barões e o rei João sem Terra, onde ficou acordado Liberdade de garantias das quais se destaca a garantia aos homens livres de um julgamento pelos seus pares (Comparato, 2004. p. 78).

(67) Balera, 2018, sp.

(68) Piovesan, 2011, p. 169.

(69) Constitui o direito humano na hora aí da guerra, onde os estados devem se limitar na atuação que garante direitos fundamentais, sendo certo que havendo conflito bélico os direitos humanos devem ser resguardados.

(70) Foi criada ao final da Primeira Guerra Mundial, em 1919, com a finalidade de assegurar a paz, e é precursora da Organização das Nações Unidas.

Trabalho.(71) Esses marcos demonstram uma flexibilização da soberania dos Estados, algo essencial para que se garanta o sistema de proteção internacional de direitos humanos.

Há que se destacar que as revoluções socialistas(72), com raízes nos movimentos mais radicais da Revolução Francesa na luta pela igualdade de reconhecimento dos direitos sociais, foram fundamentais para a evolução dos direitos humanos, abrindo caminho para o reconhecimento de direitos sociais, tais como o direito à educação, ao trabalho e à saúde.

Assim, os direitos do homem, após as guerras, podem ser vistos sob duas dimensões, o da universalização e o da multiplicação, conforme os ideários de igualdade de John Locke. Por isso, no art. 1º da Declaração Universal, em que consta que "todos os homens nascem iguais em liberdade e direitos", retira-se a legitimidade de qualquer discriminação nos termos no documento, sendo certo, portanto, que os direitos humanos são consequências de fenômenos sociais que impulsionaram a transição dos direitos negativos (direito de liberdade) para os direitos positivos (direitos sociais).

Nota-se que, no primeiro artigo, a declaração estabelece seus parâmetros fundamentais nos ideais de liberdade, igualdade e fraternidade, derivados da tríade francesa que, ao longo da história, formou as chamadas dimensões do direito.

As dimensões dos direitos humanos podem ser divididas, primeiramente(73), em três categorias: liberdade, igualdade e fraternidade. Na primeira delas, a dimensão individual trata dos direitos civis e políticos, tais como os direitos de liberdade, os quais são conhecidos como direitos de prestação negativa do Estado. Os direitos de segunda dimensão, os direitos sociais, se mostram sob o ideal de igualdade e representam a concepção de Estado de bem-estar social(74), possibilitando uma vida digna a todos, de modo que consistem em liberdades positivas em que os direitos subjetivos naturais edificam o exercício das liberdades negativas.

(71) Também instituída em 1919, tem como finalidade estabelecer melhores condições de trabalho, com demonstração de proteção aos direitos humanos que visam a proteção do trabalhador.

(72) Aqui destaco o manifesto do partido comunista de 1848 de Karl Marx e Engels, que trouxeram reivindicações de direitos diversos daqueles de tradição liberal. Ademais a revolução russa de 1917 estimulou avanços na defesa da igualdade e justiça social, gerando a declaração dos direitos do povo trabalhador e explorado de 1900-1818, com direitos sociais dos trabalhadores. Viram de inspiração para vírgula constitucionalmente direitos sociais serem introduzidos nas constituições do México de 1917, da Alemanha de 1919 e do Brasil em 1934.

(73) Há denominações de outras gerações de Direitos Humanos, levando-se em consideração a solidariedade e fraternidade como o desenvolvimento, paz, autodeterminação e direito ao meio ambiente equilibrado. Destacando-se a 4ª dimensão prevendo direitos à informação, democracia e pluralismo político, e a da 5ª geração, que destaca o direito à paz.

(74) Podem ser verificados inicialmente em 1917 na Constituição Mexicana, em 1919 na Constituição Alemã, e em 1936 na Constituição Soviética, que trazem como marco, respectivamente, qualificar os direitos trabalhistas e os direitos fundamentais, juntamente as liberdades individuais e os direitos políticos. Além disso, foram previstos direitos fundamentais que asseguravam a igualdade, a liberdade de expressão e de religião e a proteção de minorias. Acrescentou-se, por fim, o sufrágio universal direto e o direito de trabalhar ao rol dos direitos já garantidos pela Constituição anterior.

No Estado de bem-estar social, verifica-se a ocorrência da justiça social por meio da concretização da igualdade material, ou seja, a concepção de Estado social faz da igualdade e da justiça social postulados de criação e sustentação de um modelo de convivência humana.

A terceira dimensão, a da fraternidade, eleva à categoria de sujeito dos direitos a coletividade através da solidariedade, de modo que o gênero humano passa a ser, de maneira difusa, o centro dos direitos gestados nas dimensões anteriores que serviram como pressupostos de adequação. Para Willis Santiago Guerra Filho[75], tem-se que:

> [...] a primeira geração é aquela em que aparecem as chamadas liberdades públicas, "direitos de Liberdade", que são direitos e garantias dos indivíduos a que o Estado omita se de interferir em sua esfera juridicamente intangível. Com a segunda geração surgem direitos sociais a prestações pelo estado para suprir carências da coletividade. Já na terceira geração concebe se direitos cujo sujeito não é mais o indivíduo nem a coletividade, mas sim o próprio gênero humano como é o caso do direito age desde do meio ambiente e do direito dos povos ao desenvolvimento.

Ele ainda completa sua perspectiva afirmando

> [...] que ao invés de "gerações" é melhor se falar em "dimensões de direitos fundamentais", nesse contexto, não se justifica apenas pelo preciosismo de que as gerações anteriores não desaparecem cursos de mento das mais novas. Mais importante é que os direitos "gestados" em uma geração quando aparecem uma ordem jurídica que já traz direitos da geração sucessiva, assumem uma outra dimensão, pois os direitos de geração mais recente tornam-se um pressuposto para entendê-los de forma mais adequada — e, consequentemente, também para melhor realizá-los. Assim, por exemplo, o direito individual de propriedade num contexto em que se reconhece a segunda dimensão dos direitos fundamentais, só pode ser exercido observando-se sua função social e com o aparecimento da terceira dimensão, observa-se igualmente sua função ambiental.

Dentro do conceito progressivo de direitos humanos, retroceder é vedado, e não se traduz no vocabulário da humanidade, já que o debate a respeito do que são os direitos humanos e como devem ser defendidos é parte e parcela perene da história humana, do passado, do presente e do futuro.

---

(75) Guerra Filho, 2007, p. 43.

E, apesar de a história ser, em sua maior parte, obscura, os clarões existentes, como a afirmação dos Estados pela proteção dos direitos do homem, demonstram a consciência do estado de sofrimento e infelicidade do homem.

Nesse sentido, a concepção moderna de direitos humanos, construída no pós-guerra, junto da Declaração Universal dos Diretos Humanos e da Declaração de Direitos Humanos de Viena de 1993, demonstra que a historicidade dos direitos previstos deve ser seguida como valor para que os direitos humanos sejam integral, universal e indivisivelmente preservados, cabendo a todos o seu direito, o seu domínio, o seu interesse e a sua aplicação, conforme entendimento de Fernanda Linhares Pereira, segundo a qual "antes da promulgação da Declaração o direito internacional era pautado pelas relações entre os próprios Estados, e os indivíduos eram desconsiderados dessa relação jurídica".[(76)]

Nota-se que a questão não é meramente acadêmica: o valor do direito humano é uma construção histórica social que deve ser analisado pela própria essência da pessoa humana, e é deste modo que a Declaração Universal dos Direitos Humanos de 1948 confere lastro axiológico e unidade valorativa ao Direito.

Destaca-se, aqui, o entendimento do tema por parte de Wagner Balera e Ricardo Sayeg: "[...] sob inspiração do tomismo e expressando humanismo integral o direito se sustenta transversalmente nos direitos humanos e não se restringe aos aspectos positivistas, de modo que não há direito sem compromisso de concretização dos direitos humanos"[(77)].

Para tanto, formou-se um sistema internacional de proteção dos direitos humanos, que é integrado por tratados internacionais de proteção humana, cujos Estados-partes invocam o consenso internacional para salvaguardar proteções mínimas. Além desse sistema internacional-global, para complementação, há sistemas regionais de proteção, que trazem os direitos humanos aos planos regionais para inspirar valores e princípios de direitos humanos em benefício dos protegidos.

Deste modo, o sistema global, o sistema regional e o sistema nacional se complementam na proteção dos direitos humanos para proporcionar maior efetividade na tutela e promoção dos direitos fundamentais no âmbito nacional. Veja, portanto, que direitos humanos e direitos fundamentais não se confundem, sendo certo, inclusive, que a Declaração de Direitos Humanos de Viena de 1993 ressalta, em seu art. 5º[(78)], que a

---

(76) Pereira, 2021, p. 309.

(77) Balera, 2019.

(78) "5. Todos os direitos humanos são universais, indivisíveis interdependentes e interrelacionados. A comunidade internacional deve tratar os direitos humanos de forma global, justa e eqüitativa, em pé de igualdade e com a mesma ênfase. Embora particularidades nacionais e regionais devam ser levadas em consideração, assim como diversos contextos históricos, culturais e religiosos, é dever dos Estados promover e proteger todos os direitos humanos e liberdades fundamentais, sejam quais forme seus sistemas políticos, econômicos e culturais."

comunidade internacional deve tratar os direitos humanos globalmente de maneira justa equitativa, em pé de igualdade e com a mesma ênfase, preceito este já trazido pela Declaração Universal dos Direitos Humanos de 1948.

É importante destacar que a Declaração de Direitos Humanos de Viena de 1993 ressalta a conexão e a interdependência entre direitos humanos, democracia e desenvolvimento, sendo esta discutida como igualdade no centro do desenvolvimento sustentável.

Ademais, os direitos humanos devem ser interpretados de modo a impedir que qualquer Estado, membro ou grupo pratique qualquer ato a fim de destruir qualquer direito humano, isso porque o artigo XXX[(79)] da Declaração Universal de Direitos Humanos representa uma cláusula de interpretação que proíbe a utilização da desse documento para eliminar os próprios fins de proteção dos direitos humanos[(80)] devido à indivisibilidade dessas normas que possuem caráter de interdependência.

Por este motivo, a interpretação dos direitos humanos e da Declaração Universal dos Direitos Humanos deve ser realizada de maneira harmônica para evitar contrassensos jurídicos e para regulamentar a regra geral de interpretação de documentos internacionais, que preconiza que os tratados internacionais devem ser interpretados conforme a boa-fé, segundo o sentido comum atribuível aos termos do tratado em seu contexto e à luz de seu objetivo e finalidade.[(81)]

Desta forma, ao falar em Declaração de Direitos Humanos, a interpretação teleológica deve ter ênfase à realização do objeto dessa carta, que é a realização da dignidade da pessoa humana, ficando vedada a violação de qualquer direito que consubstancia a dignidade da pessoa humana, conforme consta em seu preâmbulo.

Nesse aspecto, o preâmbulo, embora seja elemento do texto sem cunho obrigacional, exerce função interpretativa, que, segundo Willis Santiago Guerra Filho[(82)], é "chave hermenêutica que, para além de sua própria normatividade principiológica, constitui reduto irradiador de sentidos à compreensão de preceitos jurídicos da Declaração que lhe sucede".

---

(79) "Nenhuma disposição da presente Declaração pode ser interpretada como o reconhecimento a qualquer Estado, grupo ou pessoa, do direito de exercer qualquer atividade ou praticar qualquer ato destinado à destruição de quaisquer dos direitos e liberdades aqui estabelecidos."

(80) Trata-se de uma cláusula comum em tratados internacionais, que podem ser observados no art. 5º do Pacto Internacional sobre Direitos Civis e Políticos (In: BRASIL, 1992) e art. 29 da Convenção Americana sobre Direitos Humanos (BRASIL, 1992b).

(81) Art. 31.1 da Convenção de Viena sobre o Direito dos Tratados. BRASIL. *Decreto n. 7.030, de 14 de dezembro de 2009*. Promulga a Convenção de Viena sobre o Direito dos Tratados, concluída em 23 de maio de 1969, com reserva aos Arts. 25 e 66. Disponível em: https://www.planalto.gov.br/ccivil_03/_ato2007-2010/2009/decreto/d7030.htm. Acesso em: 13 jun. 2023.

(82) Guerra Filho, In: Balera, 2018, p. 43.

E, dentre os princípios, destaca-se a igualdade de direitos como fundamento da liberdade, da justiça e da paz no mundo, mas é preciso destacar que o movimento igualitário teve seus marcos na Declaração de Direitos do Bom Povo da Virgínia, em 1776[(83)], na Constituição dos Estados Unidos, em 1787, na Declaração Universal dos Direitos do Homem, em 1789[(84)], na Revolução Francesa e até 1948, quando foi reconhecida como direito humano imprescindível a efetivação dos direitos sociais para alcance da justiça social, pois esse índice permeia e estrutura as diretrizes para que todos os demais direitos humanos sejam alcançados.

Da Revolução Francesa pode-se subtrair, ainda, a universalização de direitos sociais, políticos, culturais e econômicos, levados pela força do princípio da igualdade, o qual se tornou um escudo contra a opressão e uma ferramenta para a ampla participação política dos cidadãos.

O art. 7º da Declaração dos Direitos Humanos preconiza que "todos são iguais perante a lei e têm direito, sem qualquer distinção, a igual proteção da lei. Todos têm direito a igual proteção contra qualquer discriminação que viole a presente Declaração e contra qualquer incitamento a tal discriminação" — um importante marco para o corolário da igualdade, que, segundo Flavia Piovesan[(85)], surge como processo de especificação do sujeito de direito, que invoca proteção específica e concreta, bem como transcende a concepção meramente formal e abstrata de igualdade, objetivando a igualdade material por meio da adoção de ações afirmativas com vistas a acelerar um processo de construção de igualdade em prol de grupos socialmente vulneráveis, o que só pode ser realizado mediante políticas públicas destinadas a garantir proteção social a todos, com o fim de que a pessoa tenha nível adequado de vida para si e para a sua família.

Nesse sentido, Wagner Balera destaca que "não existe bem comum sem que para seu alcance concorram todos e cada um dos partícipes da comunidade".[(86)] Assim, para

---

(83) Art. 1º Todos os homens **nascem igualmente livres e independentes, têm direitos certos, essenciais e naturais** dos quais não podem, por nenhum contrato, privar nem despojar sua posteridade: tais são o direito de gozar a vida e a liberdade com os meios de adquirir e possuir propriedades, de procurar obter a felicidade e a segurança.

(84) **Art.1º** Os homens nascem e são livres e iguais em direitos. As distinções sociais só podem fundamentar-se na utilidade comum. **Art. 7.** Todos são iguais perante a lei e têm direito, sem qualquer distinção, a igual proteção da lei. Todos têm direito a igual proteção contra qualquer discriminação que viole a presente Declaração e contra qualquer incitamento a tal discriminação.

(85) Neste ponto a autora destaca que igualdade formal se traduz em igualdade perante a lei, de modo que o Estado assume uma postura neutra. A igualdade material, como sinônimo de justiça social e distributiva, orientada pelo critério econômico, e no sentido de reconhecimento de identidades – orientada pelos critérios de gênero, orientação sexual, idade, raça, etnia e outros.

(86) Balera, 2010, p. 24.

que haja igualdade, é fundamental que todos estejam amparados, protegidos pela lei contra qualquer tipo de discriminação, seja ela direta ou indireta.[87]

Nota-se que o princípio promovido por essa declaração tem, também, como objetivo conter a discricionariedade estatal em relação ao reconhecimento do pluralismo, isso porque a denegação do pluralismo e da valorização da diversidade dos grupos sociais que compõem a sociedade, da aceitação da existência do diferente e da tolerância, gerou a dissociação dos direitos humanos e do direito dos povos, e a prática de atrocidades cometidas durante o nazismo promoveu a descartabilidade do ser humano.

A intolerância consistente na dificuldade em aceitar o "diferente", o "diverso", o que gera o preconceito e promove a discriminação. O juízo de valor sobre o diferente, nos dizeres de Bobbio, atribuindo a uns a condição de superior e a outros a condição de inferior, atenta contra a igualdade. Portanto, pode-se dizer que a igualdade e a discriminação pairam sob o binômio inclusão-exclusão, de forma que "A igualdade pressupõe a inclusão social. Já a discriminação implica violenta exclusão, intolerância à diferença e a diversidade".[88]

Para tanto, os Estados devem respeitar a igualdade, no sentido de não violar o direito de dela dispor, e proibir a discriminação, além de obstarem a violação desses direitos por atores não estatais implementarem os direitos humanos mediante a adoção de medidas necessárias para a plena realização do direito à igualdade. Somente assim transita-se da igualdade formal para a igualdade material.

Ao lado da Declaração Universal de Direitos Humanos, o Pacto Internacional de Direitos Civis e Políticos e o Pacto Internacional de Direitos Econômicos, Sociais e Culturais compõem a primeira fase de proteção dos direitos humanos, caracterizada por uma proteção geral, genérica e abstrata, fundamentada na igualdade formal e na proibição de discriminação. Desse modo, pode-se afirmar que o combate às discriminações é fundamental para que se garanta o pleno exercício dos direitos civis, políticos, sociais, econômicos e culturais, sendo uma medida emergencial para a implementação do direito à igualdade.

Contudo, a proibição de discriminação não se mostra suficiente para propiciar a inclusão. Faz-se necessária, assim, combinar a proibição da discriminação com medidas compensatórias que acelerem a igualdade enquanto processo. Ou seja, para se garantir a

---

(87) A discriminação indireta refere-se à postura neutra do Estado, na qual medidas ou políticas que, aparentemente não são discriminatórias, podem, na prática, manter, agravar ou perpetuar uma situação de discriminação.

(88) "Enquanto a igualdade pressupõe formas de inclusão social, a discriminação implica a violenta exclusão e intolerância à diferença e à diversidade. O que se percebe é que a proibição da exclusão, em si mesma, não resulta automaticamente na inclusão. Logo, não é suficiente proibir a exclusão, quando o que se pretende é garantir a igualdade de fato, com a efetiva inclusão social de grupos que sofreram e sofrem um consistente padrão de violência e discriminação" (Piovesan, 2008a, p. 887).

igualdade, não basta proibir a discriminação mediante legislação repressiva, são necessárias estratégias promocionais capazes de estimular a inserção e a inclusão de grupos socialmente vulneráveis nos espaços sociais, como são os casos das ações afirmativas.(89)

O Pacto Internacional de Direitos Civis e Políticos(90) ressalta a igualdade no gozo de todos os direitos civis e políticos e a igualdade perante a lei, os tribunais e as cortes, conforme arts. 3º(91) e 14º, assim como o Pacto Internacional de Direitos Econômicos, Sociais e Culturais(92) determina, em seu art. 3º(93), que os Estados dele participantes comprometam-se a assegurar a homens e mulheres igualdade no gozo de todos os direitos econômicos, sociais e culturais enumerados, ainda que esses se desenvolvam de maneira progressiva(94) e dependente de previsão orçamentária de cada Estado signatário. De qualquer modo, ambos os Pactos destacam a igualdade como pilar fundamental dos direitos humanos e representam o Direito a serviço da humanidade, uma vez que é por intermédio dos direitos humanos que se permite e viabiliza o exercício de todos os demais direitos. Assim, determina-se que "o Pacto fornece um enquadramento para o fomento de medidas progressivas e imediatas que permitam às mulheres gozar, em condições de igualdade, direitos que frequentemente lhes são negados".(95)

---

(89) As ações afirmativas consistem em medidas especiais e temporárias de proteção ou incentivo a grupos ou indivíduos, com o objetivo de promover sua ascensão na sociedade até alcançar um nível de igualdade com os demais. Elas buscam acelerar o processo de construção da igualdade em prol de grupos socialmente vulneráveis, com um duplo efeito: aliviar e remediar as consequências de um passado discriminatório e fomentar a transformação social, criando uma nova realidade, inspirada no direito material.

(90) O **Pacto Internacional dos Direitos Civis e Políticos** foi adotado e aberto à assinatura, ratificação e adesão pela Resolução n. 2.200-A (XXI) da Assembleia Geral das Nações Unidas, de 19 de dezembro de 1966, e entrou em vigor, internacionalmente, em 1976, quando se atingiu o número mínimo de adesões estipulado, de 35 estados.

(91) **Art. 3** – Os Estados Partes no presente Pacto comprometem-se a assegurar a homens e mulheres igualdade no gozo de todos os direitos civis e políticos enunciados no presente Pacto. **Art. 14** -1. Todas as pessoas são iguais perante os tribunais e as cortes de justiça. [...], **Art. 26** – Todas as pessoas são iguais perante a lei e têm direito, sem discriminação alguma, a igual proteção da Lei. A este respeito, a lei deverá proibir qualquer forma de discriminação e garantir a todas as pessoas proteção igual e eficaz contra qualquer discriminação por motivo de raça, cor, sexo, língua, religião, opinião política ou de outra natureza, origem nacional ou social, situação econômica, nascimento ou qualquer outra situação.

(92) O Pacto Internacional sobre os Direitos Econômicos, Sociais e Culturais foi adotado e aberto à assinatura, ratificação e adesão pela Resolução 2.200-A (XXI) da Assembleia Geral das Nações Unidas, de 16 de dezembro de 1966, e entrou em vigor, internacionalmente, em 3 de Janeiro de 1976.

(93) "Os Estados Partes do presente Pacto comprometem-se a assegurar a homens e mulheres igualdade no gozo de todos os direitos econômicos, sociais e culturais enumerados no presente Pacto."

(94) Muito embora o art. 5º da CF traga a aplicação imediata dos direitos humanos, não necessitando de demais aspectos formais para sua aplicação e eficácia.

(95) ONU. O Comitê dos Direitos Económicos, Sociais e Culturais. Ficha Informativa sobre Direitos Humanos, publicado pelo Alto Comissariado das Nações Unidas para os Direitos Humanos. Delegação das Nações Unidas em Genebra. Disponível em: https://gddc.ministeriopublico.pt/sites/default/files/documentos/pdf/ficha_informativa_16_comite_dir_economicos_sociais.pdf. Acesso em: 08 mar. 2023.

É importante destacar, ainda, que o Pacto Internacional de Direitos Civis e Políticos de 1966 e o Pacto Internacional de Direitos Econômicos, Sociais e Culturais de 1966, juntamente e a partir da Declaração Universal de Direito Humanos, formam a Carta Internacional de Direitos Humanos, que são fundamentos e guias para a Organização das Nações Unidas na promoção, no controle(96) e na proteção dos direitos humanos.

Os instrumentos basilares guiam, portanto, todo o trabalho exercido pela Organização das Nações Unidas com respeito à matéria de direitos humanos, de sorte que, para a elaboração das normas internacionais, convenções e pactos, a Carta Internacional Direitos Humanos direciona as matérias específicas para densificar as regras jurídicas internacionais, que traz como índice fundamental a igualdade.

Dessa forma, é fornecido o enquadramento jurídico mais importante para a proteção dos direitos humanos fundamentais internacionais, destinando-os a garantir a proteção da pessoa humana na sua plenitude, com base na perspectiva de que as pessoas podem gozar, simultaneamente, de direitos, liberdades e justiça social sob manifestação da igualdade.

No entanto, há de se destacar que a eficácia desses instrumentos depende das medidas adotadas pelos governos para efetivar o cumprimento de suas obrigações jurídicas internacionais. Justamente este motivo, a Conferência Mundial sobre Direitos Humanos em Viena, de 25 de Junho de 1993, abordou a fundamental importância dos Estados-Partes editarem leis para a programação do cumprimento (para as programáticas, como o caso do Pacto Internacional de Direitos Econômicos, Sociais e Culturais), bem como recursos judiciais, em caso de inobservância das regras e dos princípios impostos pelos documentos internacionais, conforme art. 27 da Convenção de Viena sobre o Direito dos Tratados.(97)

Assim entende Flávia Piovesan:

> [...] prevê o pacto que os direitos sociais, econômicos e culturais apresentam realização progressiva. Vale dizer, são direitos que estão condicionados à atuação do estado que deve adotar todas as medidas tanto por esforço próprio como pela assistência e cooperação internacionais, principalmente nos planos econômicos e técnicos até a máxima de seus recursos disponíveis,

(96) O controle para verificação da observância, pelos Estados Partes, das obrigações impostas pelo Pacto, assim como o grau de realização, é realizado pelo Comitê dos Direitos Econômicos, Sociais e Culturais, que através de relatórios apresentados periodicamente pelos próprios Estados Partes e, também, por informações prestadas das agências especializadas das Nações Unidas. A função deste Comitê é de estabelecer um diálogo construtivo com os Estados-Partes e, "tenta determinar, por diferentes meios, se as normas consagradas no Pacto estão ou não a ser adequadamente aplicadas nos Estados Partes e de que forma pode ser incrementada a aplicação e realização prática das disposições deste instrumento, a fim de que todas as pessoas com direito ao gozo dos direitos consagrados no Pacto possam efectivamente gozá-los em pleno" (ONU, sa, sp).

(97) "Uma Parte não pode invocar as disposições do seu direito interno para justificar o incumprimento de um tratado."

> com vistas a alcançar progressivamente a completa realização destes direitos (art. 2º, § 1º, do Pacto). O comitê dos direitos econômicos, sociais e culturais, em sua recomendação geral n. 03, a respeito da natureza das obrigações estatais concernentes ao art. 2º, § 1º, do Pacto, afirmou que, se a expressão "realização progressiva" constitui um reconhecimento do fato de que a plena realização dos direitos sociais econômicos e culturais não pode ser alcançada em um curto período de tempo essa expressão deve ser interpretada à luz de seu objetivo central, que é estabelecer claras obrigações aos estados partes, no sentido de adotarem medidas, tão rapidamente quanto possível, para a realização desses direitos. Essas medidas devem ser deliberadas, concreta e focadas o mais claramente possível em direção à satisfação das obrigações contidas no pacto. Da aplicação progressiva dos direitos econômicos, sociais e culturais resulta a cláusula de proibição do retrocesso social em matéria de direitos sociais.[98]

No Plano Regional da Organização dos Estados Americanos[99], os direitos humanos também foram motivados pelo encerramento da Segunda Guerra Mundial, tanto que a Declaração Americana de Direitos e Deveres do Homem foi assinada na cidade de Bogotá em novembro de 1948, na 9ª Conferência Internacional Americana. Destaca-se que, dentre os vários direitos enumerados no referido documento, o direito à igualdade perante a lei, ao bem-estar, aos benefícios da cultura e à justa retribuição receberam ênfase, sendo que esses postulados também perpassam direitos econômicos, sociais e culturais que não estão previstos na Convenção Interamericana de Direitos Humanos de maneira reiterada, haja vista suas menções genéricas apenas no art. 26.[100]

A Convenção Interamericana de Direitos Humanos traz suas previsões acerca da proteção à igualdade perante a lei, no entanto, embora incipiente, o sistema interamericano já possui instrumentos capazes de conferir maior tutela deste direito fundamental internacional a fim de que a sociedade possa evoluir e diminuir as diferenças existentes.

Há que se destacar que no plano regional também há mecanismos de proteção concernentes à verificação do cumprimento dos direitos previstos, tais como relatórios, que devem ser elaborados pelos Estados e encaminhados à Assembleia Geral da Organização

---

(98) Piovesan, In: Rocha, 2008b, p. 66.

(99) "A OEA é uma organização que desde 1948, congrega estados da América do norte central e do sul na defesa dos interesses de todo o continente americano mantendo a paz e apoiando medidas de desenvolvimento social, econômico e cultural. As questões sobre sua maior atenção são a preservação da democracia em todos os estados componentes do grupo, a integração continental, a dinamização comercial, a proteção ambiental e o combate ao narcotráfico e ao terrorismo e a lavagem de dinheiro" (Dallari Júnior, 2010, p. 63).

(100) "Os Estados-Partes comprometem-se a adotar providências tanto no âmbito interno como mediante cooperação Internacional especialmente econômica e técnica a fim de conseguir progressivamente a plena efetividade dos direitos que decorrem das normas econômicas sociais e sobre educação ciência e cultura constantes da carta da organização dos estados americanos reformada pelo protocolo de Buenos Aires, na medida dos recursos disponíveis, por via legislativa ou por outros meios apropriados".

dos Estados Americanos, sobre medidas progressivas adotadas e respeito aos direitos econômicos, sociais e culturais, de maneira correlata à do sistema mundial.

Ademais, a Corte Interamericana de Direitos Humanos já se posicionou ao considerar a Declaração Universal dos Direitos Humanos como um documento de força jurídica.[101] Assim, é indiscutível o caráter normativo de observância imediata pelos Estados-Partes em relação ao direito fundamental da igualdade, sobretudo na questão individual e política.

É notório que, além de válidos, os dispositivos que preveem a igualdade de direitos humanos são eficazes, isso porque a base fática necessita da norma e se faz propícia para a produção dos efeitos concretos de sua aplicabilidade, evitando a ocorrência, por exemplo, de discriminações infundadas, da marginalização de grupos, dentre outros problemas. Ademais, a inobservância, ou o retrocesso, das normas previstas pode levar à responsabilização internacional, de modo que os Estados possuem a obrigatoriedade de implementar o que fora ratificado, uma vez que a norma é eficaz.

É na democracia que se pode exigir materialmente a igualdade, visto que a sobrevivência das pessoas depende do grau de homogeneidade do círculo social, de modo que podemos dizer que só há igualdade de fato nos Estados democráticos, que produzem a expansão da soberania popular para a esfera econômica.

Não por acaso, o Brasil indica, em sua Constituição Cidadã, entre os princípios da ordem econômica, a necessidade de assegurar a todos uma vida digna em seu art. 170, VIII, ou seja, há a vinculação da constitucional econômica a dignidade da pessoa humana, o que será analisado oportunamente.

1.3.1.1. Igualdade e Princípio[102] da Dignidade da Pessoa Humana

> *Não se pode perder de vista que seja no âmbito internacional, seja no âmbito regional ou interno, a dignidade da pessoa humana é princípio que unifica e centraliza todo o sistema normativo de proteção dos Direitos Humanos.*[103]

(101) Neste sentido, parte da Opinião Consultiva n. 10/1989 de 14.07.198 solicitada pela Colômbia.

(102) André Franco Montoro destaca que: "Para as doutrinas de inspiração positivista, princípios gerais do direito são aqueles historicamente contingentes e variáveis, que inspiram a formação de cada legislação concretamente considerada. Para as concepções racionalistas, pelo contrário, a expressão dos princípios gerais do Direito refere-se não a valores historicamente contingentes e variáveis, mas a princípio universais, absolutos e eternos, correspondentes aos princípios do direito natural. Uma visão compreensiva e objetiva da matéria nos leva a concluir que, entre os princípios gerais do direito, devem ser incluídos os valores contingentes e variáveis, a que se refere a concepção positivista, e os princípios universais referidos pelas doutrinas de inspiração racionalista, desde que, uns e outros, estejam devidamente fundamentados" (Montoro, 1995, p. 381). Para Celso Antônio Bandeira de Mello: "Princípio é, por definição, mandamento nuclear do sistema, verdadeiro alicerce dele, disposição fundamental que se irradia sobre diferentes normas compondo-lhes o espírito e servindo de critério para sua exata compreensão e inteligência, exatamente por definir a lógica e a racionalidade do sistema normativo, no que lhe confere a tônica e lhe dá sentido harmônico. É o conhecimento dos princípios que preside a intelecção das diferentes partes componentes do todo unitário que há por nome sistema positivo" (Mello, 2013, p. 545).

(103) Sanches In: Balera, 2013. p. 353.

Com a Declaração Universal de Direitos Humanos, a pessoa humana surge como valor supremo, como merecedora de toda a promoção da sua dignidade, característica essa inerente à sua condição humana, que é anterior a qualquer texto ou normatividade, restando, portanto, ao referido documento apenas reconhecer e declarar o valor supremo da dignidade humana mediante o exercício de princípios básicos como o da liberdade, o da igualdade e o da fraternidade.

Como já mencionado no tópico anterior, desde o preâmbulo da Declaração Universal de Direitos Humanos, a dignidade da pessoa humana é reconhecida a todos os membros da família humana, considerando-se, para tanto, os direitos iguais e inalienáveis dos sujeitos, fundamentais para que se alcance a liberdade, justiça e paz no mundo.(104)

Notório é o fato de que o centro gravitacional dos direitos humanos é a pessoa humana e sua dignidade, motivo pelo qual esta deve ser vista como um vetor axiológico de todo o ordenamento dos sistemas jurídicos internacional, regional e nacional. Nesse sentido, Willis Santiago Guerra Filho(105) comenta:

> [...] o ponto principal a nosso ver, em destaque no preâmbulo é a dignidade humana. O referido princípio impõe o respeito à dignidade da pessoa humana. Tal princípio teve sua formulação clássica na ética kantiana, precisamente na máxima que determina que os homens em suas relações intersubjetivas, não devem jamais agir de molde a que o outro possa ser reduzido a um tratamento instrumental – enquanto objeto, pois -, e não como igualmente um sujeito também. Esse princípio demarcaria o que a doutrina constitucional alemã, considerando a disposição do art. 19, II da lei fundamental, denomina de "núcleo essencial intangível" dos direitos fundamentais, assim considerar igual é anteriormente entronizado nos direitos humanos. Os direitos fundamentais, portanto, estariam consagrados objetivamente em "princípios constitucionais especiais", que seriam a maior "densificação" ou "concretização" daquele "princípio fundamental geral", de respeito à dignidade humana.

Desta forma, pode-se afirmar que a inobservância ou o desrespeito aos direitos humanos se traduz na violação da dignidade humana, porque, antes da Declaração Universal dos Direitos Humanos, os documentos internacionais estavam destinados tão somente aos Estados participantes; após esse episódio, nasce a preocupação internacional com o indivíduo, sendo este o centro das normatividades. Assim, pertinente é o destaque da dignidade da pessoa humana no presente estudo como um princípio geral e fundamental de todo o ordenamento jurídico.

---

(104) Primeiro parágrafo do preâmbulo da Declaração Universal de Direitos Humanos.

(105) Guerra Filho, 2018, p. 46.

Immanuel Kant, em sua obra *Fundamentação da Metafísica dos Costumes*, destacou que:[(106)]

> [...] no Reino dos fins tudo tem um preço ou uma dignidade. Quando uma coisa tem um preço pode-se pôr em vez dela qualquer outra como equivalente; mas quando uma coisa está acima de todo o preço, e, portanto, não permite equivalente, então tem ela dignidade. [...] ora, a moralidade é a única condição que pode fazer de um ser racional um fim em si mesmo pois só Por Ela lhe é possível ser membro legislador no reino dos fins. Portanto, a moralidade e a humanidade enquanto capaz de moralidade, são as únicas coisas que têm dignidade.
>
> Cabe mencionar que a dignidade inclui condições materiais mínimas de existência, de integridade física, de valores morais e de valores espirituais, isso porque o princípio migrou da religião e da filosofia para o direito. Nesse novo cenário, é possível notar que o *ser* significa muito mais do que o *ter*.

Nota-se, ainda, que a dignidade da pessoa humana assegura a todas as pessoas, de maneira igualitária, somente por sua existência no mundo, que todos merecem igual respeito e consideração, e a violação a essa igualdade atinge, simultaneamente, o núcleo da dignidade humana.

Segundo André de Carvalho Ramos[(107)], a dignidade da pessoa humana tem natureza jurídica de princípio geral, uma vez que confere unidade axiológica a todo o sistema jurídico, além de conferir valor ao princípio ético que deve pautar a interpretação de todo o direito. Nesse contexto dos preceitos normativos, o princípio da dignidade humana tem conceito polissêmico e aberto, já que está em permanente processo de desenvolvimento e construção, com dois elementos de destaques, um negativo, que é a proibição de violação — ou seja, a dignidade da pessoa humana impede que haja violação de indivíduos —, e outro elemento positivo, que exige prestações do Estado para garantir o mínimo existencial para toda pessoa humana.

Ingo Sarlet[(108)] destaca a dignidade da pessoa humana com conceito próximo ao visto anteriormente no que tange aos dois elementos, denominando-os como sendo portadores de uma dupla dimensão, dividida em negativa (defensiva) e positiva (prestacional). Ele aprofunda, ainda, o conceito polissêmico da dignidade humana ao enfatizar que há nela tanto um caráter (*status*) de valor — ou seja, é uma unidade axiológica do ordenamento jurídico —, quanto um caráter (*status*) de princípio, porque é um mandado

(106) Kant, 2005, p. 77.

(107) Ramos, 2016 sp.

(108) Sarlet In: Canotilho, 2013 sp.

de otimização e deve ser garantido, além de vedar comportamentos contrários ao postulado, o que promove um caráter de regra para o instituto.

Podemos verificar que a dignidade humana aparece como fundamento no art. 1º na Declaração Universal dos Direitos Humanos, e, também, como um direito no art. 11 da Convenção Americana de Direitos Humanos, que destaca que "toda pessoa tem direito ao respeito da sua honra e ao reconhecimento de sua dignidade".

Ainda é possível notar que os direitos humanos, assim como os direitos fundamentais (a serem analisados no próximo subcapítulo), constituem uma densificação da dignidade humana, isto é, os direitos humanos trazem conteúdo mais preciso ao conceito polissêmico e aberto que é o da dignidade da pessoa humana. Celso Lafer(109) coloca que:

> [...] o valor da pessoa humana como valor fonte da ordem da vida em comunidade encontra a sua expressão jurídica nos direitos humanos, que foram, a partir do século XVIII, positivados em declarações constitucionais. Estas positivações buscavam, para usar as categorias arendtianas, a durabilidade do *work* do *homo-faber*, através de normas da hierarquia constitucional. Tinham como objetivo tornar aceitável, *ex parte populi* o estar entre os homens (o *interhominis* esse) em sociedade que se caracterizariam pela variabilidade do Direito Positivo — a sua dimensão de labor — requerida pelas necessidades da gestão do mundo moderno, tal como percebidas pelos governantes.

A dignidade humana, portanto, opera tanto como elemento constitutivo dos direitos humanos quanto como medida desses índices, de forma a realizar a ponderação e a determinação acerca de qual direito humano deve prevalecer em um caso concreto, compatibilizando a extensão do direito humano quando aparentemente houver contrariedade.

E, neste aspecto, contrariedade, por sua vez, pode ser entendida como um conflito entre direitos, mas, ao falar em direitos humanos que almejam a dignidade da pessoa humana, a oposição dos direitos, significa não respeitar o princípio central de observância integral da pessoa humana(110), de modo que se entende pela harmonização dos direitos

---

(109) Lafer, 2003, p. 112.

(110) A respeito do ser humano integral, Roberta Soares da Silva destaca que: "O homem integral – a pessoa humana total, na condição de cidadã, é uma parte dessa sociedade — globalizada transcendente, transacional, policêntrica, a qual, todavia, ela transcende em razão dos valores absolutos e inalienáveis a que se liga e em razão do que nela visa a um destino superior do tempo, do espaço e da sua condição — de sua condição humana, de humanidade" (Silva, 2017, sp).

humanos para observância de um bem comum e não inobservância de um direito humano. Assim entende Sanches:(111)

> Interpretação das normas de Direitos Humanos se dá de forma a buscar uma convergência jurisprudencial entre tribunais internacionais, utilizando-se do método comparativo que respeita as autonomias, mas visa sempre o Princípio da máxima proteção à pessoa humana.

Destaca-se também que a limitação, quando existir, deve ser sempre para valorizar outros direitos humanos, e não como forma de inobservância pelo autoritarismo do agente. Deve prevalecer, então, a valorização da pessoa humana, exatamente pelo caráter de indivisibilidade, interdependência e universalidade dos direitos humanos (1:03).

Nota-se, portanto, que a harmonização dos direitos humanos pode ser entendida como equilíbrio da limitação para observância da Declaração Universal dos Direitos Humanos, traduzindo-a como fraternidade. Nesse sentido, o *Capitalismo Humanista*, cunhado por Wagner Balera e Ricardo Sayeg, destaca que a fraternidade possui característica de mediação da inevitável colisão entre direitos relacionados à liberdade e à igualdade. Neste sentido, postula Camila Castanhato:(112)

> [...] a corrente PUCAna do capitalismo humanista acredita que o direito objetivo a dignidade da pessoa humana somente se realiza quando são concretizadas todas as dimensões dos direitos humanos para todos e para tudo. Apenas com a satisfação dos direitos relacionados as três dimensões dos direitos humanos — Liberdade igualdade e fraternidade — para tudo e para todos é que se atinge a tão proclamada dignidade da pessoa humana.

Os autores de *Capitalismo Humanista* destacam que analisar a liberdade, a igualdade e a fraternidade, sob o contexto atual, é essencial porque a tríade desses valores configura a tríplice dimensão da universalidade jurídica indissociável e interdependente dos direitos humanos para satisfação universal da dignidade não apenas da pessoa humana, mas também da planetária.(113)

Neste cenário, é importante analisar que a vinculação da dignidade da pessoa humana às Constituições dos Estados é a primeira resposta às repúblicas que fracassaram ao se apoiarem no totalitarismo, o que destaca a necessidade de observância de um

(111) Sanches In: Balera, 2013, p. 354.

(112) Castanhato, 2013, p. 59. Disponível em: https://repositorio.pucsp.br/bitstream/handle/6307/1/Camila%20Castanhato.pdf. Acesso em: 28 maio 2023.

(113) Sayeg, 2019, p. 242.

mínimo existencial, com base nos princípios da igualdade e do Estado Social, capaz de assegurar condições mínimas de uma existência digna à população.(114)

1.3.1.2. Igualdade e Direitos fundamentais

> *A dignidade da pessoa humana exprime a abertura da República à ideia de comunidade constitucional inclusiva pautada pelo multiculturalismo, religioso ou filosófico.*(115)

No Plano Interno, a igualdade está presente na Constituição Federal Brasileira vigente(116) e postula expressamente a condenação de todas as formas de preconceito e discriminação, isso porque os valores do Estado Democrático de Direito Brasileiro estão firmados desde o preâmbulo da Carta Magna, que enuncia o propósito de se constituir uma sociedade fraterna e pluralista, o que remonta às declarações e aos ideais normativos de observância aos de direitos humanos.

A igualdade mencionada no preâmbulo tem como principal preocupação as injustiças decorrentes das desigualdades econômicas. Isso ocorre porque, em uma democracia, a igualdade requer um equilíbrio econômico entre todas as classes sociais, de forma a garantir a todos o mínimo necessário para uma vida digna.

Notório é que a vinculação entre dignidade humana e constituição econômica não se configura apenas na universalização dos direitos fundamentais na Constituição Federal de 1988, pois exigem, também, a realização da democracia econômica e social,

---

(114) Gilberto Bercovici, ao vincular a Constituição econômica à dignidade humana que concretiza o "mínimo existencial", afirma que: "[...] os autores que defendem ao chamado mínimo existencial sempre se referem ao tribunal constitucional alemão, que virgula em várias decisões com base nos princípios da dignidade da pessoa humana, da igualdade e do estado social, garantiu um direito ao mínimo existencial. Pelas decisões do tribunal, o estado deve garantir o direito à vida e a integridade física dos seus habitantes por meio da representação de serviços sociais essenciais" (Bercovici, 2008, p. 469).

(115) E aponta: "[...] a República é uma organização política que serve o homem, não é o homem que serve os aparelhos político-organizatórios" (Canotilho, 2002, p. 225 *apud* Silva, 2017, sp).

(116) Neste aspecto, é importante fazer uma análise sobre a evolução da igualdade ao longo das constituições brasileiras, porque a Constituição Federal de 1988 não é a primeira Constituição a trazer o ideário de igualdade em seu corpo. A carta imperial de 1824 destacou em seu art. 179, inciso XVIII, "que a lei será igual para todos, quer proteja quer castigue o recompensará em proporções dos merecidos de cada um", a Constituição de 1891 trouxe em seu art. 72, § 2º que todos são iguais perante a lei, a Constituição de 1934, em seu art. 113, destacou a igualdade perante a lei, e ainda vedou privilégios e distinções por motivo de nascimento, sexo, raça, profissões próprias ou dos país, classe social, riqueza, crenças religiosas ou ideias políticas. A Constituição de 1937 limitou-se a consagrar a igualdade perante a lei em seu art. 122, que também foi identificado na Constituição de 1946 no art. 141, § 1º Posteriormente a Constituição sênior togada de 1967, em seu art. 150, § 1º, destacou que "todos são iguais perante a lei sem distinção de sexo raça trabalho credo religioso e convicções políticas. O preconceito de raça será por punido pela lei". A emenda constitucional 1969 trouxe o art. 153, § 1º reproduzindo o dispositivo da carta anterior. Nota-se, portanto, que desde o Império o princípio da igualdade, como igualdade perante a lei, que se confunde com a mera isonomia formal, sem levar em conta as distinções de grupos, foi previsto.

através da ruptura com a influência dos detentores do poder econômico privado e de sua distribuição a todos, compreendendo, assim, o cidadão do Estado e, ao mesmo tempo, um cidadão da economia.

Como citado anteriormente, a Constituição de Weimar trouxe a vinculação da constituição econômica à dignidade da pessoa humana, que chegou às Constituições Democráticas Brasileiras com a Constituição de 1934[(117)] e, posteriormente, esteve prevista na Constituição de 1946[(118)], permanecendo como integrante na Constituição de 1988.[(119)]

O preâmbulo da Constituição Federal de 1988 aborda a igualdade como uma preocupação central relacionada às injustiças decorrentes das desigualdades econômicas. Nesse contexto, a justiça mencionada no preâmbulo deve ser entendida como um valor que coloca a igualdade de oportunidades e de direitos fundamentais como meios para alcançar o bem-estar e a prosperidade de todas as pessoas, bem como suas primeiras manifestações. Portanto, no preâmbulo do documento, encontramos a verdadeira justiça, aquela que se destina a *todo* o povo brasileiro, assegurando seu bem-estar e desenvolvimento, e não apenas a minorias ou grupos financeiros.

Neste ponto, entende-se que a igualdade da interpretação dos valores trazidos na exordial da Constituição traduz valores de justiça, equidade, isonomia e igualdade perante a lei. Fato é que esses valores também são vistos na interpretação da dimensão da igualdade de direitos humanos e em suas manifestações na luta pela garantia da dignidade humana, mas, na construção dos direitos humanos, a primeira fase de proteção foi marcada pela ideia de proteção geral, repudiando qualquer tipo de diferença.

É neste contexto que se pode afirmar a presença da igualdade formal, sob o lema de que "todos são iguais perante a lei", disposto em artigos das Constituições do Brasil anteriores à Constituição de 1934, nos quais se verifica a ocorrência de injustiças, pois, com a aplicação universalizada de que "todos são iguais" perante a lei, sucumbem os desiguais. Portanto, nas palavras de Rui Barbosa: "A regra da igualdade não consiste senão em quinhoar desigualmente os desiguais, na medida em que se desigualam". Boaventura de Souza Santos, por sua vez, afirma que "[...] as pessoas e os grupos sociais têm o direito

---

(117) O art. 115 *caput* destacava que "a ordem econômica deve ser organizada conforme os princípios da justiça e as necessidades da vida nacional, de modo que possibilite a todos existência digna. Dentro desses limites, é garantida a liberdade econômica."

(118) O art. 145 traz a seguinte redação: "A ordem econômica deve ser organizada conforme os princípios da justiça social, conciliando a Liberdade de iniciativa com a valorização do trabalho humano. Parágrafo único – a todos é assegurado trabalho que possibilite a existência digna. O trabalho é obrigação social".

(119) O art. 170 da Constituição Federal destaca que "a ordem econômica, fundada na valorização do trabalho humano e na livre iniciativa, tem por fim assegurar a todos existência digna, conforme os ditames da justiça social, observado os seguintes princípios".

de serem iguais quando a diferença as inferioriza, e o direito a ser diferentes quando a igualdade as descaracteriza"[120], indicando uma ruptura com a igualdade formal.

Sobre o tema, Alyson Mascaro comenta:

> No seio das relações sociais, a forma jurídica estabelece uma dominação não só por meio das suas estruturas técnicas, mas também por meio da sua ideologia. Quando o direito das sociedades capitalistas, por meio das suas normas, declara que todos são iguais perante a lei, na verdade está procedendo uma dominação ao mesmo tempo técnica e ideológica. Técnica porque está excluindo o privilégio da nobreza, por exemplo, e tratando de maneira formalmente igual ao contratante e ao contratado, e isso é de interesse ao capitalismo, na medida em que o Estado executará a qualquer um que contratar caso não cumpra o contrato. Ideológica porque deixa entender uma igualdade que só é formal, mas não concreta. Ao tratar igualmente o capitalista e o proletário, o direito nivela, com a mesma medida, dois sujeitos desiguais, sem igualar suas condições. Assim ao invés de demonstrar a desigualdade real entre as partes o direito esconde.[121]

Assim, a preocupação passou a ser, na prática, averiguar se há igualdade entre diferentes pessoas, tornando insuficiente tratar o indivíduo apenas pela igualdade formal. Desse modo, passou-se a buscar não somente *igualdade*, mas sim *equidade*.

O conceito de equidade aparece na Grécia Antiga[122], interligado, similarmente, ao conceito de justiça. No entanto, equitativo seria considerado o mais justo para a visão aristotélica, o que prevê não apenas estar de acordo com a lei, mas também atuar como uma correção da justiça legal que não pode deixar lacunas sociais.

Reconhecer e prever diferenças não observadas pelo tratamento generalizado da lei é essencial para a justiça, equidade e igualdade, sendo esses elementos sinônimos de *democracia* e *desenvolvimento*. Esse percurso demanda uma globalização ética e solidária

---

(120) Santos, 2001. Disponível em: https://www.scielo.br/j/edur/a/cjS9NB4DWjqv8ncCZg7RbDM/. Acesso em: 09 ago. 2022.

(121) Mascaro, 2013, p. 30.

(122) Aristóteles (1999, *p. 101)* destaca que "*[...] qualidade que nos permite dizer que uma pessoa está predisposta a fazer, por sua própria escolha, aquilo que é justo, e, quando se trata de repartir alguma coisa entre si mesma e a outra pessoa, ou entre duas pessoas, está disposta a não dar demais a si mesma e muito pouco à outra pessoa do que é nocivo, e sim dar a cada pessoa o que é proporcionalmente igual, agindo de maneira idêntica em relação a duas outras pessoas. A justiça, por outro lado, está relacionada identicamente com o injusto, que é excesso e falta, contrário à proporcionalidade, do útil ou do nocivo. [...] No ato injusto, ter muito pouco é ser tratado injustamente, e ter demais é agir injustamente*".

para que haja a transformação social e a melhoria das condições de vida para as populações vulneráveis, assegurando a todos oportunidades.[123]

Nesta toada, a igualdade e a equidade, com suas sutis diferenças de entendimento, são princípios fundamentais para a construção de comunidades justas, que visam à justiça social[124] e que combatem as diversas formas de exclusão, tais como as de ordem social, cultural e econômica, envolvendo indivíduos pertencentes a grupos que sofrem qualquer tipo de discriminação.

Por esses motivos o constituinte incluiu um conjunto normativo explícito e inequívoco ora como princípio, ora como direito fundamental, contra qualquer tipo de discriminação e preconceito, seja ele de raça, gênero, nacionalidade, idade ou classe social, além de abranger o menosprezo ou a desequiparação fundada em orientação sexual, deficiência ou outro traço, uma vez que o propósito da Constituição é uma sociedade fraterna pluralista e sem preconceitos.

No Brasil, em substituição ao regime autoritário, o texto constitucional é inaugurado com direitos e garantias fundamentais à proteção de todos. É na reaproximação entre o direito e a ética que se verifica, no ambiente do direito constitucional, a busca pelo reconhecimento da normatividade aos princípios e o desenvolvimento dos direitos fundamentais que edificam a dignidade da pessoa humana. Neste sentido[125], tem-se: "Os princípios são a expressão jurídica dos valores e dos fins de uma sociedade. Neles estão contidos direitos fundamentais, não apenas como direitos subjetivos, mas, igualmente, como uma ordem objetiva de valores que deve inspirar a compreensão e aplicação do direito".

Ainda é preciso destacar que o princípio da dignidade humana é núcleo essencial dos direitos fundamentais, o que consagra a todos o direito de desfrutá-lo sob o manto da proteção do Estado.

A Constituição Federal de 1988 condena, de forma expressa, todas as formas de preconceito e discriminação, coroando o princípio da igualdade não apenas como o direito fundamental de isonomia, âmbito de validade dos direitos fundamentais consagrado no *caput* do art. 5º, mas também o da igualdade como objetivo fundamental da República, sobretudo em seu art. 3º.

Assim, o Estado, ao reconhecer os direitos humanos em sua Carta Constitucional, como o fez na Constituição Federal de 1998, insere-os como direitos fundamentais. Para

(123) Desta forma, o princípio da equidade pressupõe as desigualdades, de maneira obrigatória, para assegurar a igualdade no tratamento desigual.

(124) É notório que tanto a equidade quanto a igualdade são pontes valorativas para a construção de políticas públicas que promovem a justiça social e a solidariedade, e um grande exemplo disso no Brasil são as ações afirmativas.

(125) Barroso In: ROCHA, 2008b, p. 114.

Konrad Hesse, "direitos fundamentais são aqueles direitos que o direito vigente qualifica de direitos fundamentais".(126)

Ademais, ainda que não tivesse a positivação da igualdade na Constituição Federal de 1988, o princípio fundamental internacional de direitos humanos deveria ser rigorosamente seguido, haja vista, inclusive, o que estabelece o art. 4º, II, da Constituição Cidadã, que destaca a prevalência dos direitos humanos como princípio da ordem internacional e a intenção do Estado Brasileiro em participar, no cenário mundial, do respeito à proteção dos direitos humanos.

E a EC 45 de 2004 confirmou a escolha do constituinte ao trazer a integração dos tratados em matéria de direitos humanos ao bloco de constitucionalidade, de modo que a reunião da Constituição Federal com os diplomas internacionais de direitos humanos atua como parâmetro de controle de constitucionalidade, à luz do art. 5º, § 3º, além da abertura material da Constituição aos direitos humanos em tratados internacionais, previstos no art. 5º, § 2º da Constituição Federal de 1988.

Isso, portanto, reforça a legitimidade democrática do Brasil ao agregar formalmente ao catálogo constitucional os tratados de direitos humanos e incorporar, ao mesmo tempo em que as limita materialmente, as restrições aos direitos fundamentais e aos limites implícitos das cláusulas pétreas, sempre privilegiando a solução mais favorável à garantia da dignidade da pessoa humana.

Cabe perceber que o desenvolvimento do tema, que traz a participação geral de todos no esporte, para fins aqui visados, remeteria a algumas categorias conceituais tradicionais no estudo da igualdade(127), mas que não trazem relevância quanto à efetivação da igualdade como valor a ser perseguido, está no cerne da dimensão estudada, no entanto, esses itens serão abordados oportunamente.

Estando certa a definição e a perspectiva na qual a dimensão igualdade se encontra em nosso ordenamento jurídico, é importante verificarmos que, para sua efetivação, faz-se necessário assumirmos uma postura pragmática de efetivação, uma vez que a norma jurídica não é a única forma de expressão dos direitos fundamentais, já que estes são bem mais abrangentes e devem ter seus mecanismos de efetivação distribuídos por todos os poderes, além do Legislativo e do Executivo, sendo amplamente discutidos desde a instituição do contrato social.

Por fim, é possível concluir que o marco jurídico e social de ênfase aos direitos humanos foi a Constituição Federal de 1988, dado que "essa Constituição inseriu no sistema

---

(126) Hesse, 1998. *Enciclopédia jurídica da PUC-SP*. Tomo: Processo Penal. 1. ed. São Paulo: Pontifícia Universidade Católica de São Paulo, 2017. Disponível em: https://enciclopediajuridica.pucsp.br/verbete/445/edicao-1/principio-da-igualdade-no-processo-penal. Acesso em: 05 jun. 2022.

(127) Refiro-me à igualdade material (aspectos complexos e ideológicos aos quais menciona o estudo) e formal (perante a lei, dirigido pelo legislador).

jurídico pátrio a proteção dos direitos humanos, constituindo-se a Cara Política mais avançada em matéria de direitos fundamentais na história constitucional do país"[(128)], sendo a igualdade a base dos valores fundamentais da Carta Constitucional.

(128) Siquiera Junior, 2017. Disponível em: https://enciclopediajuridica.pucsp.br/verbete/445/edicao-1/principio-da-igualdade-no-processo-penal. Acesso em: 10 jul. 2022.

Capítulo 2

Esporte

[...] ao mesmo tempo, uma das maiores potentes manifestações sociais e culturais do Brasil e uma atividade econômica de cifras gigantescas, quem impactaria financeiramente, direta ou indiretamente, centenas de milhares de vidas. Muito se fala sobre o futebol no país — na mesa do bar mais humilde da periferia ou nos sofisticados escritórios dos agentes das maiores celebridades do mundo da bola. Mas a verdade é que o Brasil estuda pouco sobre o esporte que é tão visceralmente amado pelos brasileiros.(129)

O esporte, fenômeno universal e cultural(130) que comporta diversos significados a depender do enfoque que lhe é dado, pode ser entendido como promoção da saúde, como produto econômico, como subssistência, como lazer ou até mesmo como direito.

Acerca do tema, Rafael Fachada, após análise de entendimentos diversos(131) quanto à definição de esporte, destaca que:

> Há quem o explore enquanto propaganda de regime político; ainda, há aqueles que simplesmente não se importam com uma definição para o esporte apenas o praticam o amo e regram suas vidas com base em seus princípios

---

(129) Medina, 2022, p. 15.

(130) Miguel Reale define como: "Ao lado, porém, do conceito pessoal ou subjetivo de cultura, como "aperfeiçoamento da sensibilidade e do intelecto pelo conhecimento dos homens e das coisas", há outro social ou objetivo, em acepção a um só tempo filosófica, antropológica e sociológica, como "acervo de bens materiais e espirituais acumulados pela espécie humana através do tempo, mediante um processo intencional ou não de realização de valores" (Reale, 2005, p. 3).

(131) Dentre os estudiosos, o autor cita em sua obra Michel Renaud, que postula: "o que é desporto? Sabemo-lo de antemão, mas se fosse necessário dar-lhe uma definição — quase impossível, segundo os especialistas —, começaríamos por dizer uma banalidade: o desporto é uma atividade eminentemente humana, quem implica o jogo do corpo, a força da alma, é a educação do espírito; talvez esta definição se aplique também a outras atividades, mas convém particularmente ao desporto. Onipresente na cultura contemporânea, o desporto partilha as contradições internas da cultura, com uma visibilidade ainda acentuada pelo seu impacto sobre a multiplicidade dos seus respectivos públicos. Alguns comentadores quiseram mesmo compará-lo a

> éticos morais (...) A partir da análise convergente dos documentos e da doutrina entendemos que antes de dar uma definição aos termos esporte, jogo e atividade física precisamos analisar os elementos que acreditamos dar a base para tais fenômenos quais sejam: (a) método; (b) competitividade; e (c) práticas corporais.(132)

Mas, independentemente do sentido que lhe é dado, configura-se como uma das ferramentas capazes de averiguar entendimento da sociedade, haja vista sua abrangência multifuncional e seus enfoques, que justifica a criação de um arcabouço normativo(133) para resguardar a ordem e trazer paz. Neste sentido, Norberto Bobbio coloca que:

> As normas jurídicas, às quais dedicaremos nossa atenção de modo particular, são apenas uma parte da experiência normativa. Além das normas jurídicas, existem preceitos religiosos, regras morais, regras sociais, regras do costume, regras daquela ética menor que é a etiqueta, regras da boa educação e assim por diante. Além das normas sociais, que regulam a vida do indivíduo, enquanto coexiste com outros indivíduos existem normas que regulam as relações que regulam o homem com a divindade ou do homem consigo mesmo. Cada indivíduo pertence a diferentes grupos sociais: Igreja, Estado, família, associações com fins econômicos, culturais, políticos ou simplesmente recreativos, cada uma dessas associações se constitui e desenvolve por meio de um conjunto ordenado de regras de conduta.(134)

Assim como o direito(135), como visto, o esporte se aperfeiçoa em coletividade, de modo que todos são sócios sociais do produto da cultura(136) humana.

---

uma forma laica de religião, com seus templos os seus grandes sacerdotes os seus rituais, a regularidade dos seus encontros, o entusiasmo que suscita e o sentido com o qual preenche a mente dos seus adeptos. Do ponto de vista científico, o fenômeno do desporto torna-se igualmente objeto de uma variedade de saberes, por isso mesmo, pluridisciplinares: assim, o desporto é objeto de estudo no direito na psicologia na economia na sociologia, sem esquecer a política, a estética, além do seu papel educativo" (Renad, 2014, p. 13-16 *apud* Fachada, 2021, p. 12).

(132) Fachada, 2021, p. 12-16.

(133) Normas geralmente servem para disciplinar a vida em sociedade, aplicando-se nas diversas relações entre elas, sejam jurídicas ou não. Podem ter uma conotação de preceito e sanção, cujo objetivo principal é resguardar a ordem e a paz social.

(134) Bobbio, 2007, p. 5.

(135) O homem não vive sozinho e isolado, portanto, ele se relaciona com outros homens, ele vive em sociedade e sua vida vem em um contexto muito complexo de uma somatória de circunstâncias, tais como históricas, geográficas, culturais, dentre outras, que são fatores determinantes em sua existência. Segundo Reale, "o homem não apenas existe, mas coexiste, ou seja, vive necessariamente em companhia de outros homens" (Reale, 2002, p. 23).

(136) Cultura tem etimologia de origem latina que significa cultivar, cuidar de, tratar. Modernamente no sentido de "instrução e de conhecimentos adquiridos". Marilena Chauí diz que "Vinda do verbo latino colere,

> Nota-se, portanto, que o processo da transformação da sociedade brasileira é um histórico, uma herança que deve ser trabalhada para solução da marginalização resultado deste processo cultural.

Ângelo Vargas, por sua vez, assevera ser o desporto a forma cultural que resultou simultaneamente do processo de humanização da humanidade, de forma que só é possível compreender o esporte sobre a perspectiva socioantropológica. Desta forma, é imperioso considerar que a gênese está assentada no neurobiológico dos seres, cuja organicidade resulta da dimensão lúdica da natureza humana.

Note-se que, a partir da necessidade puramente biológica, o ser humano, influenciado pelas características e circunstâncias de seu ambiente, encontrou no jogo a forma natural e empírica de expressar suas manifestações lúdicas, como argumenta Ângelo Vargas. Assim, o desporto é uma forma de manifestação cultural que, por conseguinte, está impregnada pelos valores que dão contorno às diferentes sociedades.(137)

Sob esse contexto, a Organização das Nações Unidas para Educação, a Ciência e a Cultura, popularmente conhecida como UNESCO, lançou a Carta Internacional da Educação Física, da Atividade Física e do Esporte em 1978, destacando os benefícios às pessoas, às comunidades e à sociedade em geral, trazidos pelo esporte.

Nesse aspecto, o esporte é reconhecido como atividade de expressão cultural que se destaca nos dizeres de Manoel José Gomes Tubino como "fenômeno sociocultural cuja prática é considerada direito de todos e que tem no jogo seu vínculo cultural e na competição seu elemento essencial".(138)

2.1. Dimensão do Esporte

É incontestável, diante dos números econômicos ligados às dimensões do esporte, que este permeia toda a sociedade e atribui minimização de diferenças por meio de uma de suas missões, que é a inclusão social.

Como um direito humano, o esporte deriva de sua dimensão cultural e transcende barreiras territoriais, políticas, econômicas, sociais e culturais. Algumas modalidades

---

que significa cultivar, criar, tomar conta e cuidar, cultura significava o cuidado do homem com a natureza. Donde, agricultura. Significava, também, cuidado dos homens com os deuses. Donde, culto. Significava ainda o cuidado com a alma e o corpo das crianças, com sua educação e sua formação. Donde, puericultura. A cultura era o cultivo ou a educação do espírito das crianças para tornarem-se membros excelentes ou virtuosos da sociedade pelo aperfeiçoamento e pelo refinamento de suas qualidades naturais (caráter, índole, temperamento). A cultura era, assim, a intervenção deliberada e voluntária dos homens sobre a natureza de alguém para torná-la conforme aos valores de sua sociedade" (Chaui, 2011, p. 138).

(137) Vargas In: Zainaghi, 2022, p. 55.

(138) Tubino, 2007, p. 7.

podem ser classificadas como multiculturais[139], enquanto outras, como as modalidades olímpicas, são interculturais, uma vez que permeiam diferentes culturas de diversos povos. Percebe-se que a cultura engloba uma vasta gama de possibilidades, significados, interpretações e ramificações, todas convergindo para uma perspectiva da cultura intimamente relacionada com a vida social. E neste ponto José Luiz Santos[140] completa que:

> [...] quando falamos em cultura estamos nos referindo mais especificamente ao conhecimento, às ideias e crenças, assim como às maneiras como eles existem na vida social. Observem que mesmo aqui a referência à totalidade de características de uma realidade social está presente, já que não se pode falar em conhecimento, ideias, crenças sem pensar na sociedade a que se referem. O que ocorre é que há uma ênfase especial no conhecimento e dimensões associadas. Entendemos neste caso que a cultura diz respeito a uma esfera, a um domínio, da vida social.
>
> No Brasil, por exemplo, a organização desportiva nacional integra o patrimônio cultural brasileiro[141], sendo inclusive considerado de elevado interesse social. Nesse sentido, João Lyra Filho afirma: "não sei de fonte mais viva se não o desporto para promover a reunião dos meios e despertar a substância dos fins imanentes à educação e à cultura".[142]

É imperioso desatacar que a cultura serve como um instrumento de cidadania. Em sentindo amplo, significa também a luta contra o poder opressor em face da dignidade da pessoa humana. Por esse motivo a cultura, antes de ser a construção ou a identidade de uma sociedade, é a construção e a identidade do próprio cidadão individualmente.

Sendo assim, a relação ou ligação da cultura com a dignidade do ser humano é imprescindível, já que a cultura está para o direito, do mesmo modo que o direito está para a cultura, e, assim, justifica-se a sua inserção na Declaração Universal dos Direitos Humanos.

---

(139) Exemplos: capoeira, futebol americano, entre outros. O multiculturalismo é entendido pela inter-relação de várias culturas, devido à convivência de indivíduos ou grupos de nacionalidades diferentes, entre outros. Essa conexão pode ser conhecida como pluralismo cultural, ou seja, grupos culturais estariam interligados em razão das interligações que as culturas têm entre si. Para José Luiz Santos: "Embora essa concepção de cultura possa ser usada de modo genérico, ela é mais usual quando se fala de povos e de realidades sociais bem diferentes das nossas, com os quais partilhamos de poucas características em comum, seja na organização da sociedade, na forma de produzir o necessário para a sobrevivência ou nas maneiras de ver o mundo" (Santos, 1983, p. 24).

(140) *Ibidem*, p. 24.

(141) BRASIL. *Lei n. 9.615/1998*. Art. 4º, § 2º da Lei Pelé: "Art. 4º O Sistema Brasileiro do Desporto compreende: (...) § 2º A organização desportiva do País, fundada na liberdade de associação, integra o patrimônio cultural brasileiro e é considerada de elevado interesse social, inclusive para os fins do disposto nos incisos I e III do art. 5º da Lei Complementar n. 75, de 20 de maio de 1993".

(142) Lyra Filho, 1952, p. 61.

Nesse contexto, a conexão dos valores culturais na formação do direito é enfrentada por Miguel Reale[(143)], que aponta:

> Para este autor, o Direito seria manifestação de experiência cultural em que há uma específica relação dialética entre três fatores componentes do Direito: fato, valor e norma. Estes jamais permanecem estagnados em seus campos de abrangência e restam permanentemente implicados em uma constante relação tensa entre fato e valor, de onde resulta o momento normativo. É este terceiro elemento (norma) que fornece uma solução superadora e integrante nos limites circunstanciais de lugar e de tempo, que une os dois mundos (natureza e valor). Na distinção entre Direito e Moral, o primeiro seria bilateral (dois polos), atributivo (exigibilidade de condute entre homens), coercível e heterônomo, ao passo que a última seria apenas bilateral, não pressupondo exigibilidade de conduta entre homens (atributividade), nem impositividade (coercitividade).

A Teoria Tridimensional do Direito, introduzida por Miguel Reale, divide o direito em três dimensões: fato, valor e norma. Essas dimensões são consideradas complementares entre si, ou seja, elas têm uma correlação, uma dialética de implicação e complementaridade que deve existir entre o fato, o valor e a norma. Esse equilíbrio, aliado a processos históricos e socioculturais, possibilita o surgimento do fenômeno normativo, que, por sua vez, confere vigência, fundamento, eficácia e efetividade ao direito.[(144)]

> O direito é sempre fato valor e norma, para quem quer que o estude, havendo apenas variação no ângulo ou prisma de pesquisa. A diferença é, pois, de ordem metodológica, segundo alvo que se tenha em vista atingir. Eu que com a comi Aristóteles chamava de "diferença específica", de tal modo que o discurso do jurista vai do fato ao valor e culmina a norma; o discurso do sociólogo vai da norma para o valor e culmina no fato; e, finalmente, nós podemos ir do fato à norma, culminando no valor, que é sempre uma modalidade do valor justo, objeto próprio da filosofia do direito.[(145)]

Segundo a Teoria, o valor influencia o fato, e este, por sua vez, molda novos valores que incidirão sobre novos fatos, em movimentos cíclicos e contínuos que acompanham a evolução social. A partir desse processo, são derivadas as normas que se adaptam ao modelo exigido pela sociedade naquele momento atual para regular a convivência social.

---

(143) Giannattasio, 2015, p. 4.

(144) Diferentemente, Miguel Reale não aborda os elementos — fato, valor e norma — de forma isolada, mas defende a necessidade de estudá-los de maneira conjunta para a análise do fenômeno do direito.

(145) Reale, 1994, p. 120.

Por este motivo, Miguel Reale esclarece a essência da metodologia culturalista como "no instante mesmo em que se pensa algo, algo se objetiva como um elemento transubjetivo, que, por mais elementar que seja, compõem o mundo da cultura".(146)

Assim, a norma jurídica surge a partir do primeiro desenvolvimento da Teoria Tridimensional, e, a partir do segundo estágio do movimento cíclico, é possível verificar que a norma já elaborada passa a ser referencial para uma norma futura, cujos valores não são perenes, mudam, muito embora os fatos permaneçam os mesmos.

Deste modo, os novos valores incidirão e demonstrarão que a norma sempre necessita de atualização, já que o valor se consubstancia a partir da cultura.

Portanto, o direito desempenha o papel de restringir práticas que violem princípios jurídicos fundamentais e valores supremos, enquanto a cultura impõe a responsabilidade ao direito de se ajustar às constantes mudanças da humanidade, como exemplificado pela criação da Organização das Nações Unidas e da Carta dos Direitos Humanos. Ao longo da história, à medida que a preservação e o entendimento do passado ganharam proteção através da preservação do patrimônio histórico, os direitos humanos conquistaram mais importância e reconhecimento. Isso levou à inclusão dos direitos culturais no rol dos direitos humanos, conforme estabelecido nos arts. 22 e 27 da Declaração Universal dos Direitos Humanos(147), bem como no art. 15 do Pacto Internacional dos Direitos Econômicos, Sociais e Culturais.(148)

Anteriormente à Declaração Universal dos Direitos Humanos, em 16 de novembro de 1945, foi fundada a Agência Nações Unidas para Educação, Ciência e Cultura, que:

> Já em 1942, em tempos de guerra, os governos dos países europeus, que estavam confrontando a Alemanha nazista e seus aliados, reuniram-se no Reino Unido para a Conferência dos Ministros Aliados da Educação

(146) Reale, 2000, p. 40.

(147) ONU. **Declaração Universal dos Direitos Humanos: "Artigo XXII.** Todo ser humano, como membro da sociedade, tem direito à segurança social, à realização pelo esforço nacional, pela cooperação internacional e de acordo com a organização e recursos de cada Estado, dos direitos econômicos, sociais e culturais indispensáveis à sua dignidade e ao livre desenvolvimento da sua personalidade." e "Artigo XXVII. 1. Toda pessoa tem o direito de participar livremente da vida cultural da comunidade, de fruir as artes e de participar do processo científico e de seus benefícios. 2. Toda pessoa tem direito à proteção dos interesses morais e materiais decorrentes de qualquer produção científica, literária ou artística da qual seja autor".

(148) ONU. **Pacto Internacional dos Direitos Econômicos, Sociais e Culturais.** "1. Os Estados Partes do presente Pacto reconhecem a cada indivíduo o direito de: a) Participar da vida cultural; b) Desfrutar o processo científico e suas aplicações; c) Beneficiar-se da proteção dos interesses morais e materiais decorrentes de toda a produção científica, literária ou artística de que seja autor. 2. As Medidas que os Estados Partes do Presente Pacto deverão adotar com a finalidade de assegurar o pleno exercício desse direito incluirão aquelas necessárias à convenção, ao desenvolvimento e à difusão da ciência e da cultura. 3. Os Estados Partes do presente Pacto comprometem-se a respeitar a liberdade indispensável à pesquisa científica e à atividade criadora. 4. Os Estados Partes do presente Pacto reconhecem os benefícios que derivam do fomento e do desenvolvimento da cooperação e das relações internacionais no domínio da ciência e da cultura."

> (CAME). A Segunda Guerra Mundial estava longe de acabar, mas esses países procuravam maneiras e meios para reconstruir seus sistemas educacionais assim que a paz fosse restaurada. O projeto rapidamente ganhou força e logo adquiriu um caráter universal. Novos governos, incluindo o dos Estados Unidos, decidiram participar. Com a proposta da CAME, uma Conferência das Nações Unidas para a criação de uma organização educacional e cultural (ECO/CONF) foi convocada em Londres de 1 a 16 de novembro de 1945. Mal tinha a guerra encerrado, quando a conferência começou. Reuniu representantes de 44 países que decidiram criar uma organização que incorporasse uma cultura genuína de paz. Para eles, a nova organização deveria estabelecer a "solidariedade intelectual e moral da humanidade" e, assim, evitar o início de outra guerra mundial.(149)

A UNESCO, resultando do processo histórico, é responsável também pelas edições de documentos internacionais de proteção ao patrimônio cultural mundial, dentre os quais cita-se: Convenção da Relativa à Proteção do Patrimônio Mundial, Cultural e Natural, de 1972, Convenção para a salvaguarda do Patrimônio Cultural Imaterial de 2003 e Convenção sobre a Proteção e Promoção da Diversidade das Expressões Culturais de 2005.

No âmbito interno, a Constituição Federal de 1988 garante a livre expressão da atividade intelectual, artística, científica e de comunicação, sem censura ou licença, de forma igualitária para todos, conforme estipulado no art. 5º, inciso IX. Além disso, a Seção II, intitulada "Da Cultura", ressalta a responsabilidade do Estado em assegurar a todos o pleno exercício dos direitos culturais e o acesso às fontes da cultura nacional. A Constituição também prevê o apoio e o estímulo à valorização e à disseminação das manifestações culturais, em conformidade com os arts. 215 a 216-A.

É importante destacar, sobre a dimensão cultural do esporte, que a Lei n. 10.220 de 11 de abril de 2001 instituiu as normas gerais relativas à atividade de peão de rodeio, equiparando-o a atleta profissional, de maneira que os rodeios, típicos da cultura brasileira, são considerados esporte, equiparando os peões aos atletas, previsto na Lei Pelé (Lei n. 9.615/1998), por meio de novos valores, na Nova Lei Geral do Esporte (Lei n. 14.597/2023).

Neste exemplo legislativo, a primeira dimensão do esporte como direito cultural e humano é extraída, que é a manifestação por meio do trabalho. Essa dimensão busca o alto rendimento e a excelência esportiva, caracterizando-se como prática desportiva formal e sendo entendida como uma manifestação econômica de interesse público.(150)

---

(149) UNESCO. *Unesco in brief.* Disponível em: https://www.unesco.org//en/brief. Acesso em: 9 maio 2023

(150) A caracterização do desporto profissional é ademais expressamente reconhecida pelo parágrafo único do art. 2o da Lei Pelé, que dispõe: "a exploração e a gestão do desporto profissional constitui exercício de atividade econômica" (Schimitt, 2007, p. 39).

A conceituação específica de emprego desportivo surgiu para regulamentar o futebol, quando o Brasil passou a ser considerado vitrine de atletas para a Europa. O Decreto n. 6.354/1976, portanto, foi o primeiro a classificar o atleta profissional como aquele que, "mediante remuneração a qualquer título, faça do desporto sua atividade principal".(151)

Anteriormente à legislação, a Justiça do Trabalho já analisava relações empregatícias de desporto através de princípios análogos aplicados a outras categorias profissionais e utilizando-se de normas que classificavam o trabalho (sentido amplo) desportivo.

Segundo Alexandre Agra Belmonte(152), a história do direito desportivo pode ser dividida em três períodos, sendo os dois primeiros marcados pela intervenção estatal e o último inaugurado pela Constituição Federal de 1988, pela autonomia desportiva.

Destaca-se que no primeiro período, marcando entre 1932 e 1945, as normatizas existentes são ligadas à organização do desporto, sempre ligando-a à Educação Física. Foi nesse período que foi criado o Conselho Nacional de Cultura, órgão que supervisionava as atividades de desenvolvimento cultural, entre eles o desporto. Também nesse período foi decretada a primeira lei orgânica do desporto nacional que atribuiu à União a competência de legislar.(153)

No segundo período, também considerado intervencionista devido à atuação estatal, foram estabelecidos diversos aspectos relacionados ao esporte. Isso incluiu o registro de entidades e associações desportivas, a definição de horários para as competições, disposições sobre benefícios previdenciários para atletas de futebol, critérios para a caracterização da profissão de atleta de futebol, bem como a atribuição ao Conselho Nacional de Desporto

---

(151) Veiga, 2014, p. 36.

(152) Belmonte, 2010, p. 445.

(153) BRASIL. *Decreto-lei n. 526/38, de 1º de julho de 1938*. Institui o Conselho Nacional de Cultura. Disponível em: https://www2.camara.leg.br/legin/fed/declei/1930-1939/decreto-lei-526-1-julho-1938-358396-publicacaooriginal-1-pe.html. Acesso em: 10 jul. 2022.

BRASIL. *Decreto-lei n. 1.056, de 19 de janeiro de 1939*. Institui a Comissão Nacional de Desportos. Disponível em: https://www2.camara.leg.br/legin/fed/declei/1930-1939/decreto-lei-1056-19-janeiro-1939-349204-publicacaooriginal-1-pe.html. Acesso em: 10 jul. 2022.

BRASIL. *Decreto-lei n. 3.199, de 14 de abril de 1941*. Estabelece as bases de organização dos desportos em todo o país. Disponível em: https://www2.camara.leg.br/legin/fed/declei/1940-1949/decreto-lei-3199-14-abril-1941-413238-publicacaooriginal-1-pe.html. Acesso em: 10 jul. 2022.

BRASIL. *Decreto-lei n. 5.342, de 25 de março de 1943*. Dispõe sobre a competência do Conselho Nacional de Deportos e a disciplina das atividades desportivas, e dá outras providências. Disponível em: https://www2.camara.leg.br/legin/fed/declei/1940-1949/decreto-lei-5342-25-marco-1943-415517-publicacaooriginal-1-pe.html. Acesso em: 10 jul. 2022.

BRASIL. Decreto-lei n. 7.674, de 25 de junho de 1945. Dispõe sobre [sic] a administração das entidades desportivas, especialmente sob o ponto de vista financeiro, e estabelece medidas de proteção financeira aos desportos. Disponível em: https://www2.camara.leg.br/legin/fed/declei/1940 1949/decreto-lei-7674-25-junho-1945-449991-publicacaooriginal-1-pe.html. Acesso em: 10 jul. 2022.

de funções executivas, legislativas e judicantes. Além disso, esse período introduziu o atleta nas relações de trabalho e estabeleceu relações autônomas entre jogadores e entidades desportivas.(154)

Segundo Guilherme Augusto Caputo Bastos(155), foi a partir do Decreto-lei n. 3.199/1941 que as bases organizacionais do desporto restaram estabelecidas em todo o país, inclusive com a criação do Conselho Nacional de Desportos — CND, destinado a orientar, fiscalizar e incentivar a prática da atividade em âmbito nacional. Foram criados, ainda, os Conselhos Regionais de Desportos, de abrangência estadual.

O referido decreto-lei foi posteriormente substituído pela Lei n. 6.251/1975, que instituiu normas gerais sobre desportos. Em ambos os diplomas, contudo, havia previsão relativa à atuação do Conselho Nacional de Desportos enquanto órgão estatal de supervisão normativa e disciplinar da atividade e das entidades desportivas.

A terceira fase(156), que elevou a prática desportiva como direito social e fundamental, introduziu a autonomia do direito desportivo em relação à atuação estatal. Foi durante essa fase que a lei federal passou a regulamentar a Justiça Desportiva, estabelecendo a criação do Tribunal Superior de Justiça Desportiva, o fim do sistema de passe, a permissão para a constituição de clubes-empresa e a atribuição do status de consumidor aos torcedores. Além disso, a Lei n. 9.615/98, conhecida como Lei Pelé, foi promulgada, estabelecendo normas gerais sobre desporto. Parte desta lei foi revogada em junho de 2023 pela Lei Geral do Esporte, mencionada anteriormente. Essa fase também trouxe o contrato de trabalho específico do atleta profissional, aquele que faz do esporte sua profissão e meio de subsistência.

Por fim, a possível quarta fase, que é a atual, é marcada pela Lei n. 14.597/2023. Embora reconheça o esporte como um fator social, esta fase considera o atleta profissional não apenas pelo contrato trabalhista, mas também pelo contrato de natureza civil, afastando a obrigação de reconhecimento de vínculo empregatício. Nesse contexto, a Lei Geral do Esporte afasta a hipossuficiência do trabalhador, deixando-o à margem dos direitos constitucionais estabelecidos no art. 7º da Constituição Federal e das leis trabalhistas conquistadas arduamente ao longo do século XX.

Outra manifestação do esporte formal, que se aproxima ao resultado da competição, é o esporte de formação(157) que se caracteriza pelo fomento e aquisição inicial dos

---

(154) BRASIL. *Decretos-leis ns. 8.458/46, 47.978/60, 51.008/61, 53.820/64, 6.269/75, 6.354/76.*

(155) Bastos, 2017, p. 149.

(156) BRASIL. Congresso Nacional. *Constituição Federal, de 05 de outubro de 1988.* Disponível em: http://www.planalto.gov.br/ccivil_03/constituicao/constituicao88.htm. Acesso em: 19 nov. 2021. leis 8.028/90, 8672/93, 9.981/00 e 10.672/03.

(157) A formação desportiva deve se pautar na preparação do jovem atleta para o alto rendimento, de modo que a seletividade física é fator determinante para a continuidade, mas deve-se incluir os valores éticos Morais

conhecimentos desportivos que garantam competência técnica na intervenção desportiva e tem como objetivo a promoção do aperfeiçoamento qualitativo e quantitativo da prática desportiva em termos recreativos competitivos ou de alta competição.

A modalidade de esporte de formação, foi trazida pela Lei n. 13.125/2015, que por força de lei(158), não sei que para a aprendizagem trabalhista e nem ao contrato profissional trabalhista, já que é visto como um instrumento de construção intelectual, inserção social e aperfeiçoamento físico técnico a fim de formar um possível atleta de alto rendimento.

Além das manifestações formais do esporte, existem as manifestações não formais, que se caracterizam pela liberdade lúdica de seus praticantes. Essas manifestações incluem o desporto educacional(159), cujo objetivo é alcançar o desenvolvimento integral do indivíduo e sua formação para o exercício da cidadania e do lazer. Também faz parte o desporto de participação, que visa contribuir para a integração dos praticantes na plenitude da vida social, na promoção da saúde, na educação e na preservação do meio ambiente.

De acordo com Rafael Fachada, as manifestações do esporte não formais são caracterizadas por sua dimensão social, que se adapta para promover o bem-estar social dos praticantes, enfatizando aspectos lúdicos. Neste sentido:

> O ponto de intersecção entre todas as manifestações do desporto social reside no fato de que seus praticantes não veem o resultado das competições como fator essencial. O foco é o próprio cidadão, independentemente da idade ou do local que se pratique o esporte. Busca se uma constante integração social, acompanhada da difusão de valores tradicionais do esporte.
>
> Por essa razão, dimensão social prima pelo princípio da adaptabilidade, pelo qual se mantém a parte rígida do padrão desportivo, mas se amolda à parte maleável, conforme as necessidades dos cidadãos para que o esporte possa ser efetivamente praticado.(160)

---

e os princípios olímpicos para a formação deste atleta.

(158) Neste sentido Adalberto Martins: "A partir da inovação trazida pela Lei n. 13.125/2015 que introduziu a formação do atleta na condição de uma das manifestações do desporto, foi possível afastar a discussão da natureza trabalhista do contrato de formação desportiva, não obstante a possibilidade do recebimento de bolsa aprendizagem, pois o referido contrato não se confunde com a modalidade que emerge do art. 428 e seguintes da CLT, consoante se infere da precisa redação do art. 29, § 4º, da Lei n. 9.615/1998" (Martins, 2018, p. 112-117).

(159) O desporto educacional não tem como finalidade o ensino de habilidades desportivas e, sim, formar um cidadão com condutas éticas e morais, independentemente da idade.

(160) Facgada, 2021, p. 32.

2.1.1. Esporte e Direitos Humanos

> O esporte é muito mais do que um luxo ou uma forma de entretenimento. O acesso ao esporte e a prática do esporte constituem um direito humano e essencial para que indivíduos de todas as idades conduzam uma vida saudável e plena. O esporte – desde a brincadeira e a atividade física até o esporte competitivo organizado – tem um papel importante em todas as sociedades. O esporte é fundamental para o desenvolvimento de uma criança. Ensina valores fundamentais, tais como a cooperação e o respeito. Traz melhorias para a saúde e reduz a probabilidade de doenças. É uma força econômica significativa que gera emprego e que contribui para o desenvolvimento local. Além disso, reúne indivíduos e comunidades, servindo de ponte entre as diferenças culturais e étnicas. O esporte oferece uma ferramenta bastante custo-efetiva para os desafios do desenvolvimento e da paz e ajuda a atingir as MDMs.(161)(162)

Como mencionado anteriormente, além da dimensão cultural do esporte, suas diversas manifestações destacam sua conexão com os direitos humanos. Isso ocorre porque o trabalho, o lazer, a saúde e a educação são direitos humanos que devem ser garantidos igualmente a todos, de acordo com a Carta Internacional de Direitos Humanos do sistema das Nações Unidas.

É importante ressaltar que esses direitos não se limitam apenas a direitos individuais de liberdade, mas também incluem direitos econômicos, sociais e culturais. Esses direitos exigem uma prestação contínua e ativa por parte do Estado para garantir sua eficácia e efetividade, conforme estabelecido no Pacto Internacional dos Direitos Econômicos, Sociais e Culturais.

O esporte é um elemento vital no processo civilizatório, pois está profundamente enraizado em diversos aspectos da sociedade, como a cultura do trabalho, do lazer, da economia, do entretenimento, da educação, da informação e muitos outros. Ele atua como um vetor de transformação que afeta vidas, mentes, corações e comportamentos éticos.

Além disso, o impacto do esporte nos direitos humanos é significativo. Ele é capaz de refletir as relações e contradições da sociedade contemporânea, abordando questões relacionadas a discriminação de gênero, raça, etnia, violência, política, economia, diplomacia, religião e globalização. Essa influência pode ser positiva, promovendo valores e respeito aos direitos humanos, ou negativa, resultando em violações à dignidade humana.

---

(161) Compunham-se as Metas de Desenvolvimento do Milênio das Nações Unidas.

(162) ONU. *Esporte para o Desenvolvimento e a Paz:* Em Direção à Realização das Metas de Desenvolvimento do Milênio. Relatório da Força Tarefa entre Agências das Nações Unidas sobre o Esporte para o Desenvolvimento e a Paz, 2003, p. 6.

Os megaeventos esportivos demonstram a inserção do esporte no cenário internacional, com suas regras transnacionais, assemelhando-se ao reconhecimento e à construção dos direitos humanos. É importante notar que os direitos humanos também tiveram origem fora do sistema jurídico brasileiro e foram posteriormente incorporados ao arcabouço legislativo do país.

Ademais, a interação do desporto e sua integração aos sistemas de comunicação e consumo global demonstram que a multidimensionalidade e sua relevância socioeconômica desafiam, por vezes, os ordenamentos estatais e transnacionais. Esta internormatividade entre o sistema jurídico estatal e ordenamento jurídico desportivo desencadeia a interpretação de compreensões primárias do fenômeno esportivo ora com maior e ora com menor resistência.

Neste contexto, é crucial destacar que o esporte desempenha um papel fundamental como catalisador tanto para o desenvolvimento econômico, devido às expressivas movimentações financeiras em todo o mundo, quanto para a promoção da paz. Programas esportivos fortalecem as potencialidades humanas, criam conexões entre pessoas e ensinam valores essenciais para a vida.

Em 2005 a ONU reuniu-se para a Cúpula de segmento dado ao documento final da Cimeira Do Milénio, que resultou da Resolução da Assembleia Geral A/60/L. que trouxe a "implementação integrada e coordenada e segmento dos documentos finais das principais conferências e cimeiras das Nações Unidas nos domínios económico, social e conexos", que expressamente consignou o esporte como uma das mais valorizadas medidas a serem promovidas pelos países membros das Nações Unidas, haja vista a relevância do esporte na promoção dos direitos humanos, por meio da construção de tolerância e compreensão. Portanto, o esporte foi visto como importante na promoção da paz e do desenvolvimento, conforme item 145[(163)]: "Salientamos que o desporto pode ajudar a promover a paz e o desenvolvimento e contribuir para um clima de tolerância e compreensão, e incentivamos o debate de propostas conducentes a um plano de ação sobre desporto e desenvolvimento na Assembleia Geral."

O Relatório "Esporte para o Desenvolvimento e a Paz", realizado pela Força Tarefa entre Agências das Nações Unidas, para realização das Metas de Desenvolvimento do Milênio em 2003, já havia analisado detalhadamente a contribuição potencial que o esporte, em todas as suas manifestações, oferece para a realização de todas as metas do desenvolvimento do milênio. Nesse sentido:

> O esporte oferece um fórum para o aprendizado de habilidades tais como a disciplina, a confiança e a liderança e ensina princípios fundamentais, tais

(163) ONU. *Resolução da Assembleia Geral A/60/L.1:* "implementação integrada e coordenada e segmento dos documentos finais das principais conferências e cimeiras das Nações Unidas nos domínios económico, social e conexos".

> como a tolerância, a cooperação e o respeito. O esporte ensina o valor do esforço e como lidar com a vitória e com a derrota. Quando estes aspectos positivos do esporte são enfatizados, o esporte se torna um poderoso veículo através do qual as Nações Unidas podem trabalhar para a realização de suas metas.

O relatório foi de tamanha importância ao reconhecer o potencial do esporte para o desenvolvimento da paz que, em 2015, levou à reafirmação das previsões da Carta Internacional da UNESCO de 1978, para Educação Física e Desporto(164), e, ainda, foi propulsora à criação em 2017 das Nações Unidas Para o Desporto e Desenvolvimento e Paz, para projetos na América Central e na África ocidental, incentivando o diálogo, estabelecendo colaborações e parcerias para apoiar as organizações desportivas internacionais e a sociedade local, como o fim de desenvolvimento específico em países de rendimento baixo e médio, e zonas afetadas por conflitos.

A ONU reconhece que o esporte desempenha um papel crucial no desenvolvimento e na promoção da paz, conforme refletido nos programas das Nações Unidas. Quando praticado de maneira igualitária, ou seja, sob o lema "esporte para todos"(165), o esporte contribui significativamente para o desenvolvimento global da humanidade.

É fato que para alcançar o desenvolvimento é essencial uma globalização ética e solidária, que promova uma distribuição equitativa do bem-estar social e econômico em todo o mundo. Esse objetivo só pode ser alcançado por meio do desenvolvimento sustentável, que integra os direitos econômicos, sociais e culturais com base em princípios de integração social, solidariedade e igualdade, apesar dos desafios impostos pela globalização.

Neste sentido, Wagner Balera(166) destaca que "o direito do desenvolvimento é o equipamento jurídico apto a construir, por intermédio da normatividade, a nova ordem

---

(164) "Art. 1. A prática da educação física e do esporte é um direito fundamental de todos 1.1. Todo ser humano tem o direito fundamental de acesso à educação física e ao esporte, que são essenciais para o pleno desenvolvimento da sua personalidade. A liberdade de desenvolver aptidões físicas, intelectuais e morais, por meio da educação física e do esporte, deve ser garantido dentro do sistema educacional, assim como em outros aspectos da vida social. 1.2. Todas as pessoas devem ter oportunidades plenas, de acordo com as tradições nacionais de esporte, de praticar a educação física e o esporte, com isso melhorando sua forma física e atingindo um nível de realização no esporte que corresponda ao seu talento. 1.3. Oportunidades especiais devem ser disponibilizadas aos jovens, incluindo crianças em idade pré-escolar, idosos e pessoas portadoras de deficiências, a fim de possibilitar o desenvolvimento pleno de sua personalidade, por meio de programas de educação física e de esportes adequados às suas necessidades" (UNESCO, sa, sp).

(165) "O conceito do "esporte para todos" é fundamental para esta compreensão do esporte. As iniciativas do "esporte para todos" têm como objetivo maximizar o acesso e a participação em formas apropriadas de atividade física. A ênfase é colocada na participação e na inclusão de todos os grupos da sociedade, independente de gênero, idade, habilidade ou raça" (ONU, 2003, p. 7).

(166) Balera, 2018, p. 23.

econômica Internacional", que tem como foco a dignidade humana, com ênfase no direito de solidariedade, cooperação internacional, igualdade e sustentabilidade.

O desenvolvimento sustentável está intrinsecamente ligado à globalização, que, quando realizada de forma desordenada, pode ter custos para a comunidade internacional como um todo, refletindo-se no desequilíbrio econômico e social. Nesse contexto, a Resolução da Assembleia Geral A/60/L.1 reconheceu a necessidade de promover a cooperação internacional sob o primado do direito internacional, especialmente devido à crescente globalização. A segurança coletiva depende da eficaz cooperação contra ameaças transnacionais.

Oscar Silvestre Filho entende que "o fenômeno da globalização é o sistema responsável por vincular cada vez mais os grupos e povos, gerando uma interdependência cultural e econômica pela circulação de bens e de capitais. Ela acarreta não só relações assimétricas no plano interno dos Estados, mas também em nível internacional."[167]

A Declaração sobre o Direito ao Desenvolvimento de 1986 destaca, em seu art. 1º, que o direito ao desenvolvimento é um direito humano inalienável, uma vez que todos os povos participam, e devem participar, do desenvolvimento econômico, social, cultural e político, para que sejam alcançados os direitos humanos e liberdades fundamentais efetivas para todos. Da mesma maneira, entende a Constituição Federal de 1988 como objetivo fundamental da República Federativa do Brasil o desenvolvimento nacional.

Ainda, o texto da Declaração sobre o Direito ao Desenvolvimento de 1986 atribuiu responsabilidades a todas às pessoas humanas com sua coletividade, e, neste sentido, Wagner Balera entende que a proposta de desenvolvimento encontra seu fundamento no próprio sujeito histórico, que é a quem o desenvolvimento nasce e para quem o desenvolvimento busca a realização livre e completa, para o bem-estar dos povos, sujeitos históricos de todo o processo, que é o próprio ser humano.[168]

Dessa forma, o esporte contribui para o desenvolvimento, ampliando as liberdades reais que os seres humanos podem desfrutar, como o enriquecimento da vida humana, a educação, a participação política, a prevenção da mortalidade prematura e muitos outros benefícios.

---

(167) Silvestre Filho, 2020 sp.

(168) "O ponto de partida da reflexão, portanto, é o da pessoa humana. E, plenamente identificado com ela, o povo, a comunidade da qual faz parte. Sabido que a soberania é o exercício da vontade geral e o soberano um ser coletivo que só pode ser representado por si mesmo, como quer Rosseau, ao reconhecer a organização de um povo em Estados os demais criam relações entre si (inter gentes), fazendo surgir o *'ius gentium'*, o direito das gentes, que acabará, na época moderna, estruturado em direito internacional, cujo objeto abrange os direitos humanos, e, dentre eles, o direito ao desenvolvimento. Deste modo, a fim de que incrementem as condições de vida individual e social, credenciando-se destarte para o desenvolvimento, os povos devem ter garantida a respectiva autodeterminação, atributo ínsito à soberania" (Balera, 2015, p. 22).

"Quantas pessoas superam os perigos do isolamento e da exclusão justamente por causa do esporte?", dessa forma o Papa Francisco(169) abriu a cerimônia de assinatura da Declaração do Esporte para Todos no Vaticano. O evento foi promovido pelo Dicastério para os Leigos, a Família e a Vida, e pelo Dicastério para a Cultura e a Educação. O Papa convocou todos a olharem para o futuro com coesão, visando reduzir a distância entre o esporte de base e o esporte profissional. Ele enfatizou que a unidade no esporte é um valor essencial que deve ser cultivado.

O Papa também destacou a importância da acessibilidade, garantindo que todas as pessoas tenham o direito de praticar esportes, independentemente de suas condições sociais, como pobreza, refúgio ou prisão. Além disso, ele enfatizou a importância de tornar o esporte acessível a todas as pessoas, incluindo aquelas com deficiências físicas, mentais ou psicológicas.

Este encontro destaca o valor e o poder que o esporte possui na promoção de responsabilidade social madura, em cenário mundial, que foi lançada nos Jogos Olímpicos da Era Moderna por Pierre de Coubertin(170), ainda no início do século XX, ao dizer: "fiquei convencido de que o desporto é um dos elementos mais Fortes da paz e estou confiante na sua ação futura".(171)

Para Manoel Tubino(172), ao relatar o Manifesto Mundial da Federação Internacional de Educação Física — 2000, afirma que o desporto desempenha um papel inestimável na formação e na aproximação dos seres humanos. Ele destaca que o meio educacional é fundamental para promover o desenvolvimento de valores morais, ética,

---

(169) O Vaticano News destacou que: "a Igreja está próxima ao esporte porque acredita no jogo e na atividade esportiva como um lugar de encontro entre as pessoas, de formação de valores e de fraternidade", "um gerador de comunidade" e "um símbolo de unidade", integração, coesão e mensagem de concórdia e paz: "Hoje, temos grande necessidade de uma pedagogia de paz, de fomentar uma cultura de paz, a partir das relações interpessoais diárias até chegar àquelas entre os povos e as nações. Se o mundo do esporte transmite unidade e coesão, pode se tornar um aliado formidável na construção da paz." Papa Francisco, então, volta a solicitar a participação dos atletas de alto rendimento, que são pontos de referência aos mais jovens para ajudar a combater a cultura do descarte, através da responsabilidade educativa e social. Afinal, acrescenta o Pontífice, a prática do esporte orientada para a educação pode ajudar a "resgatar a dignidade" ou seguir um caminho totalmente contrário: "Fora dessa lógica, corre-se o risco de cair na 'máquina' do business, do lucro, de uma espetacularidade consumista, que produz 'personagens' cuja imagem pode ser explorada. Mas isso não é mais esporte. O esporte é um bem educativo e social e deve permanecer assim! É por isso que temos a responsabilidade de garantir que o esporte seja acessível a todos" (Vatican News, 2022).

(170) Barão de Coubertin, pedagogo e historiador francês, é responsável pela recriação dos Jogos Olímpicos da Era Moderna e trouxe ao nosso tempo a ideia da antiga Grécia, sobre o significado do Olimpismo, que buscava promover a vitória do esportista a si mesmo. Nesse sentido, entendia que os valores humanos essenciais, universais e permanentes, presentes no esporte, equilibram as qualidades do corpo, da vontade e da mente, de modo que o modo de vida baseado na felicidade movida pela alegria do esforço, no valor educacional do bom exemplo e no respeito pelos princípios éticos, fundamentais e universais são bases do Olimpismo.

(171) Coubertin, 1894, p. 15. Tradução livre.

(172) Tubino, 2000, p. 29.

solidariedade, fraternidade e cooperação. Neste sentido, Ângelo Vargas[173] postula que "o desporto deve ser reconhecido mundialmente como um dos mais impactantes fenômenos culturais do século XXI, haja vista o substancial interesse midiático e os altos investimentos financeiros". E completa:

> A amplitude do impacto do fenômeno desportivo, a *'contrario sensu'* do que pensa um substancial parcela da população, não pode ser aferido apenas pela veiculação midiática do desporto de alto rendimento. Deve sim, ser observado pela sua efetiva prática e influência no cotidiano do cidadão comum que percebe que a prática desportiva não só constitui uma forma de entretenimento, mas também pode contribuir para estilos de vida saudáveis.

Como mencionado anteriormente, o esporte é um terreno fértil para ilustrar as relações internacionais, especialmente por meio do esporte de alta performance. Isso permite que as nações se apresentem ao mundo, mesmo em situações de rivalidade, incluindo contextos de confronto em escala global. A história do esporte e suas conexões com povos e relações entre Estados serão analisadas no próximo capítulo. Neste sentido:[174]

> O campo esportivo porta uma historicidade e memórias próximas próprias que revelam seus homens, suas histórias e seus poderes que organizam é o dirigem. Ao se construir desta forma, o esporte oferece espaço para que diferentes partes do mundo utilizem do seu território — ou o Tabuleiro mundial — para manipular ou jogar suas relações internacionais, suas relações Exteriores. Tal situação é tanto mais verdadeira que, nas modalidades esportivas de confronto direto entre os oponentes a disputa é representada frequentemente como simulacro militar ou como um substituto da guerra, ou seja, uma maneira de prolongar a diplomacia e as rivalidades entre seus protagonistas por outros meios.

Além do mais, o esporte revela a capacidade econômica e política de uma Nação ao verificar os investimentos financeiros, institucional e social em benefício dos seus próprios cidadãos através da educação, formação, saúde e capacidade científica e técnica, conforme prevê a UNESCO.

Outro fator crucial na interseção entre globalização e desenvolvimento do esporte está relacionado ao fluxo migratório, às políticas de acesso à nacionalidade e à expansão das fronteiras nacionais, permitindo um alcance mais amplo.

---

(173) Vargas In: Zainaghi, 2022, p. 57-61.

(174) *Esporte e sociedade:* um olhar a partir da globalização. Organização: Marco Betinne e Gustavo Luiz Gutierrez. São Paulo: IEA-USP, 2019. Disponível em: https://www.livrosabertos.abcd.usp.br/portaldelivrosUSP/catalog/book/422. Acesso em: 14 jul. 2022.

Após analisar a importância do esporte como um direito humano e um promotor dos direitos humanos em um contexto global, é fundamental reconhecê-lo como um elemento intrínseco à dignidade humana.

2.1.1.1. Esporte como elemento da Dignidade da Pessoa Humana

> O esporte é um dos elementos do piso vital mínimo sendo este no contexto constitucional um dos elementos da dignidade da pessoa humana, devendo ser tutelado, protegido e garantido sua aplicação, organização e gestão, para que o mesmo cumpra função social em nosso Estado.(175)

Considerando a posição de destaque dentro da Declaração Universal dos Direitos Humanos e da própria Constituição Federal do Brasil de 1988, a dignidade da pessoa humana é valor estruturante que trabalha como vetor axiológico para interpretação de todas as normas internacionais e nacionais, conforme entendimento de Wagner Balera(176) e Flavia Piovesan(177), e análises no subcapítulo 2.1.1.1 "Igualdade e Princípio da Dignidade Humana".

Como visto, a dignidade da pessoa humana deve ser o fim de todas as ações Estatais e humanas, reservando à proteção e promoção dos direitos humanos status de meio para o alcance fim. Desta forma, visto o esporte como um direito humano propriamente dito, este funciona como elemento da dignidade da pessoa humana.

No sistema internacional, o esporte alcançou seus preceitos fundamentais nas relações humanas materialmente e, posteriormente, foi declarado alicerce para o desenvolvimento humano. Neste sentido, é importante destacar que a Convenção Internacional contra o Apartheid nos Esportes ressalta o importante papel do esporte na proteção da saúde, na educação moral, cultural e física, e na promoção do entendimento internacional e da paz.

Ainda que assim não fosse, o seu elemento cultural, de patrimônio histórico, demonstrou que sua permeabilização nos demais direitos econômicos, sociais e culturais, demonstram seu valor perene em todo o mundo.

---

(175) Feuz In: Vargas, 2018 sp.

(176) "(e)m nosso linguajar, afirmamos, com frequência, que a dignidade da pessoa humana pode ser apresentada como valor estruturante ou basilar da comunidade, ou mesmo que se situa como vetor axiológico da Declaração e, consequentemente, da Constituição" (Balera, 2009, p. 476).

(177) "A dignidade humana e os direitos fundamentais vêm a constituir os princípios constitucionais que incorporam as exigências de justiça e dos valores éticos, conferindo suporte axiológico a todo sistema jurídico brasileiro. Na ordem de 1988, esses valores passam a ser dotados de uma especial força expansiva, projetando-se por todo universo constitucional e servindo como critério interpretativo de todas as formas do ordenamento jurídico nacional" (Piovesan, 2011, p. 71).

No Plano Nacional, o art. 1º da Constituição Federal de 1988 traz a Dignidade da Pessoa Humana como valor fonte de todo o ordenamento jurídico, sendo, inclusive, fundamento do Estado Democrático de Direito, juntamente os valores sociais do trabalho e a livre iniciativa.

Retomando a ideia da Constituição Econômica que dentro da livre iniciativa encontra na figura da dignidade da pessoa humana o freio e equilíbrio deste exercício, a Constituição Federal, em seu art. 170, destaca que a ordem econômica é fundada na valorização do trabalho humano e na livre iniciativa, que tem como fim assegurar a todos, indistintamente, existência digna em conformidade com hoje ditames da justiça social.

A livre iniciativa tem como um dos seus princípios a redução das desigualdades regionais e sociais, conforme inciso VII do artigo supracitado, que reafirma o propósito de desenvolvimento nacional com tratamento da igualdade dos direitos humanos.

Nota-se que, neste aspecto, a justiça social pode ser alcançada pelo mínimo existencial da doutrina alemã, que Ingo Sarlet fundamenta nos princípios da dignidade da pessoa humana, da igualdade e do estado social, a garantia de um mínimo existencial, de modo que o Estado deve garantir o direito à vida e a integridade física dos seus habitantes por meio da prestação de serviços sociais essenciais, como salário mínimo, assistência social, previdência social, moradia, saúde, educação, lazer, trabalho e alimentação. Esses direitos mínimos, também conhecidos como piso civilizatório mínimo, estão previstos no art. 6º da Constituição Federal, que traz os direitos sociais.

Denota-se, portanto, que os direitos sociais, assim como os direitos individuais previstos no art. 5º da Constituição Federal, são consequências imediatas da consagração da dignidade da pessoa humana como fundamento da República Federativa do Brasil, de modo que estes, também por esse motivo, são conhecidos como os direitos fundamentais.

Nessa perspectiva, considerando que o rol de direitos exemplificados visa à proteção da dignidade da pessoa humana, podemos compreender que, mesmo não sendo expressamente mencionado no texto dos direitos individuais e sociais, o esporte está implicitamente incorporado a esses direitos no ordenamento jurídico brasileiro como um dos elementos significativos que contribuem para o pleno exercício da dignidade humana.

2.1.1.2. Esporte como direito fundamental

> Nós, representantes do povo brasileiro, reunidos em Assembleia [*sic*] Nacional Constituinte para instituir um Estado Democrático, destinado a assegurar o exercício dos direitos sociais e individuais, a liberdade, a segurança, o bem-estar, o desenvolvimento, a igualdade e a justiça como valores supremos de uma sociedade fraterna, pluralista e sem preconceitos, fundada

> na harmonia social e comprometida, na ordem interna e internacional, com a solução pacífica das controvérsias, promulgamos, sob a proteção de Deus, a seguinte CONSTITUIÇÃO DA REPÚBLICA FEDERATIVA DO BRASIL.(178)

A Constituição Federal brasileira de 1988 prevê a garantia e respeito ao ordenamento jurídico internacional de respeito aos Direitos Humanos. No corpo da Constituição, os direitos são subdivididos em capítulos, com os direitos e deveres individuais e coletivos presentes no art. 5º, enquanto os direitos sociais são abordados do art. 6º ao art. 9º.

Os direitos fundamentais, de natureza jurídica como direitos humanos, são constitucionalizados como uma explicitação dos princípios que fundamentam o Estado Democrático de Direito. Eles servem para harmonizar os interesses das três esferas fundamentais: pública, privada e coletiva, a fim de alcançar objetivos econômicos, sociais, culturais e individuais.

Dentro dos direitos fundamentais, podemos distinguir entre aqueles que são materialmente fundamentais, que são indiscutivelmente ligados à dignidade da pessoa humana, e aqueles que são formalmente fundamentais.

Considerando o esporte como um direito materialmente fundamental, é importante destacar que ele também está formalmente presente na Constituição, especificamente no art. 217.(179) Este artigo consagra o dever do Estado de fomentar práticas desportivas como um direito de todos, inclusive incentivando o lazer como meio de promoção social.

Faz-se importante destacar o art. 217, inserido no Título VIII da Constituição Federal, denominada "Da ordem social", que institui a forma de promoção dos direitos sociais fundamentais previstos no art. 6º da Constituição Federal, como a educação, a saúde, a alimentação, o trabalho, a moradia, o transporte, o lazer, a segurança, a previdência social, a proteção à maternidade e à infância, a assistência aos desamparados, e o

---

(178) BRASIL. Congresso Nacional. *Constituição Federal, de 05 de outubro de 1988*. Preâmbulo. Disponível em: http://www.planalto.gov.br/ccivil_03/constituicao/constituicao88.htm. Acesso em: 19 nov. 2021.

(179) Art. 217. É dever do Estado fomentar práticas desportivas formais e não formais, como direito de cada um, observados: I – a autonomia das entidades desportivas dirigentes e associações, quanto a sua organização e funcionamento; II – a destinação de recursos públicos para a promoção prioritária do desporto educacional e, em casos específicos, para a do desporto de alto rendimento; III – o tratamento diferenciado para o desporto profissional e o não profissional; IV – a proteção e o incentivo às manifestações desportivas de criação nacional. § 1º O Poder Judiciário só admitirá ações relativas à disciplina e às competições desportivas após esgotarem-se as instâncias da justiça desportiva, regulada em lei. § 2º A justiça desportiva terá o prazo máximo de sessenta dias, contados da instauração do processo, para proferir decisão final. § 3º O Poder Público incentivará o lazer, como forma de promoção social (Brasil, 1988).

direito ao trabalho, previsto no art. 7º. Neste sentido, destacou Mauricio de Figueiredo Corrêa da Veiga:[180]

> A Constituição Federal assegura o direito ao desporto de forma independente de outros direitos fundamentais como o lazer, a educação e a saúde. O desporto tem como um de seus objetivos o próprio desenvolvimento da pessoa. Logo, o exercício desse direito não pode sofrer limitações.

É importante observar que os direitos sociais são equivalentes aos direitos humanos consagrados no Pacto Internacional dos Direitos Econômicos, Sociais e Culturais. Pela Constituição Federal de 1988, esses direitos se tornaram tanto material quanto formalmente fundamentais para o Estado Brasileiro. Ao analisarmos o direito ao esporte dentro desse contexto, percebemos que ele ganha destaque nas suas diversas manifestações, como saúde, lazer, educação e trabalho.

Ademais, as manifestações de trabalho e lazer são replicadas, inclusive no próprio bojo da Constituição Federal, e aparecem como faces da mesma moeda no que toca ao PIDESC,[181] que exige prestação positiva por parte do Estado para a eficácia e efetividade dos direitos ali presentes.

Willis Santiago Guerra Filho[182] destaca que os direitos fundamentais são distintos dos direitos subjetivos públicos, pois não se limitam à dimensão subjetiva. Além de influenciar e condicionar outros direitos, os direitos fundamentais também possuem uma dimensão objetiva, atuando como princípios que orientam a forma como o Estado deve se organizar e agir.

Por fim, é importante destacar que a Constituição Federal de 1988 incentiva e protege as manifestações desportivas de criação nacional, seja da Lei Pelé (Lei n. 9.615/1998) seja da Lei Geral do Esporte (Lei n. 14.597/2023), em conformidade com o art. 217, IV.[183]

A Nova Lei Geral do Esporte dedica a Seção III ao Direito Fundamental ao Esporte, enfatizando o direito igualitário de todos à prática esportiva em suas diversas

---

(180) Veiga, 2021 sp. Disponível em: https://www.conjur.com.br/2017-set-21/correa-veiga-autonomia-desportiva-nao-sofrer-limitacoes. Acesso em: 15 ago. 2021.

(181) ONU. *Pacto Internacional dos Direitos Econômicos, Sociais e Culturais.* Art 7: "Os Estados-partes no presente Pacto reconhecem o direito de toda pessoa de gozar de condições de trabalho justas e favoráveis, que assegurem especialmente: (...) (6). descanso, o lazer, a limitação razoável das horas de trabalho e férias periódicas remuneradas, assim como a remuneração dos feriados."

(182) Guerra Filho, 2007, p. 41-42.

(183) "Art. 217. É dever do Estado fomentar práticas desportivas formais e não formais, como direito de cada um, observados: (...) IV – a proteção e o incentivo às manifestações desportivas de criação nacional" (Brasil, 1988).

manifestações. Essas manifestações, conforme previsto na Lei Pelé, em seu art. 3º[184], não foram revogadas pela nova normativa e incluem o desporto educacional, desporto de participação, desporto de formação e desporto de rendimento, que já foram analisados no início deste capítulo.

A Nova Lei Geral do Esporte consagra em seu art. 4º[185] as formas de práticas desportivas, que são: A formação esportiva[186], que visa ao acesso à prática esportiva por meio de ações planejadas, inclusivas, educativas, culturais e lúdicas para crianças e

(184) BRASIL. *Lei n. 9615/1998*. Art. 3º O desporto pode ser reconhecido em qualquer das seguintes manifestações:

I – desporto educacional, praticado nos sistemas de ensino e em formas assistemáticas de educação, evitando-se a seletividade, a hipercompetitividade de seus praticantes, com a finalidade de alcançar o desenvolvimento integral do indivíduo e a sua formação para o exercício da cidadania e a prática do lazer;

II – desporto de participação, de modo voluntário, compreendendo as modalidades desportivas praticadas com a finalidade de contribuir para a integração dos praticantes na plenitude da vida social, na promoção da saúde e educação e na preservação do meio ambiente;

III – desporto de rendimento, praticado segundo normas gerais desta Lei e regras de prática desportiva, nacionais e internacionais, com a finalidade de obter resultados e integrar pessoas e comunidades do País e estas com as de outras nações.

IV – desporto de formação, caracterizado pelo fomento e aquisição inicial dos conhecimentos desportivos que garantam competência técnica na intervenção desportiva, com o objetivo de promover o aperfeiçoamento qualitativo e quantitativo da prática desportiva em termos recreativos, competitivos ou de alta competição.

§ 1º O desporto de rendimento pode ser organizado e praticado:

I – de modo profissional, caracterizado pela remuneração pactuada em contrato formal de trabalho entre o atleta e a entidade de prática desportiva;

II – de modo não profissional, identificado pela liberdade de prática e pela inexistência de contrato de trabalho, sendo permitido o recebimento de incentivos materiais e de patrocínio.

(185) BRASIL. *Lei n. 14.597/2023*. "Art. 4º A prática esportiva é dividida em 3 (três) níveis distintos, mas integrados, e sem relação de hierarquia entre si, que compreendem: I – a formação esportiva; II – a excelência esportiva; III – o esporte para toda a vida".

(186) "Subseção II. Da Formação Esportiva. Art. 5º A formação esportiva visa ao acesso à prática esportiva por meio de ações planejadas, inclusivas, educativas, culturais e lúdicas para crianças e adolescentes, desde os primeiros anos de idade, direcionada ao desenvolvimento integral, e compreende os seguintes serviços: I – vivência esportiva, com vistas à aproximação a uma base ampla e variada de movimentos, atitudes e conhecimentos relacionados ao esporte, por meio de práticas corporais inclusivas e lúdicas; II – fundamentação esportiva, com vistas a ampliar e a aprofundar o conhecimento e a cultura esportiva, tendo por objetivo o autocontrole da conduta humana e a autodeterminação dos sujeitos, bem como a construção de bases amplas e sistemáticas de elementos constitutivos de todo e qualquer esporte; III – aprendizagem da prática esportiva, com vistas à oferta sistemática de múltiplas práticas corporais esportivas para as aprendizagens básicas de diferentes modalidades esportivas, por meio de conhecimentos científicos, habilidades, técnicas, táticas e regras. § 1º A formação esportiva também compreende a possibilidade de participação de crianças e adolescentes em competições esportivas enquanto parte de seu aprendizado, sendo permitido o estabelecimento de vínculo de natureza meramente esportiva entre o menor de 12 (doze) anos e a organização esportiva. § 2º O menor, de 12 (doze) a 14 (quatorze) anos, não poderá ser alojado nas dependências do clube, ficando vedada a sua residência em domicílio estranho ao de seus familiares. § 3º O menor, de 12 (doze) a 14 (quatorze) anos, está sujeito ao pátrio poder e à decisão exclusiva de seus familiares, condicionada sua participação em competições à expressa autorização dos pais ou responsáveis e sua efetiva presença durante a participação do menor na competição."

adolescentes, desde os primeiros anos de idade, direcionada ao desenvolvimento integral do adolescente. A excelência esportiva(187), que abrange o treinamento sistemático direcionado à formação de atletas na busca do alto rendimento de diferentes modalidades esportivas. E o esporte para a vida toda(188), que consolida a aquisição de hábitos saudáveis ao longo da vida, a partir da aprendizagem esportiva, do lazer, da atividade física e do esporte competitivo para jovens e adultos.

É importante destacar que a Nova Lei Geral do Esporte não revogou a Lei Pelé, que estabelece normas gerais sobre o desporto. Embora a nova legislação não tenha utilizado a expressão «manifestações» para se referir às formas de prática esportiva, ela reclassificou essas manifestações em nomenclaturas distintas, mas com a mesma abrangência.

Ademais a Nova Lei Geral do Esporte enfatiza o dever do Estado com caráter de interesse público geral, a promoção, o fomento e o desenvolvimento de atividades físicas para todos, como direito social, notadamente às pessoas com deficiência e às pessoas em vulnerabilidade social, além de ressaltar a igualdade de gênero e etarismo nas oportunidades de participação em todos os níveis e em todas as funções de direção, de supervisão e de decisão na educação física, na atividade física e no esporte, para fins recreativos, para a promoção da saúde ou para o alto rendimento esportivo.

Tendo em vista os novos dispositivos, entende-se reforçar que, embora os direitos fundamentais sejam garantias do cidadão para com as atividades do Estado, não significa

---

(187) "Subseção III Da Excelência Esportiva. Art. 6º A excelência esportiva abrange o treinamento sistemático direcionado à formação de atletas na busca do alto rendimento de diferentes modalidades esportivas, e compreende os seguintes serviços: I – especialização esportiva, direcionada ao treinamento sistematizado em modalidades específicas, buscando a consolidação do potencial dos atletas em formação, com vistas a propiciar a transição para outros serviços; II – aperfeiçoamento esportivo, com vistas ao treinamento sistematizado e especializado para aumentar as capacidades e habilidades de atletas em competições regionais e nacionais; III – alto rendimento esportivo, com vistas ao treinamento especializado para alcançar e manter o desempenho máximo de atletas em competições nacionais e internacionais; IV – transição de carreira, com a finalidade de assegurar ao atleta a conciliação da educação formal com o treinamento, para que ao final da carreira possa ter acesso a outras áreas de trabalho, inclusive esportivas."

(188) "Subseção IV. Do Esporte para Toda a Vida. Art. 7º O esporte para toda a vida consolida a aquisição de hábitos saudáveis ao longo da vida, a partir da aprendizagem esportiva, do lazer, da atividade física e do esporte competitivo para jovens e adultos, e envolve os seguintes serviços: I – aprendizagem esportiva para todos, para dar acesso ao esporte àqueles que nunca o praticaram, inclusive às pessoas com deficiência e em processo de reabilitação física; II – esporte de lazer, para incorporar práticas corpóreas lúdicas como mecanismo de desenvolvimento humano, bem-estar e cidadania; III – atividade física, para sedimentar hábitos, costumes e condutas corporais regulares com repercussões benéficas na educação, na saúde e no lazer dos praticantes; IV – esporte competitivo, para manter a prática cotidiana do esporte, ao propiciar competições por faixas etárias àqueles advindos de outros níveis; V – esporte social, como meio de inclusão de pessoas em vulnerabilidade social, com deficiência, em regime prisional, idosas e em instituições de acolhimento para crianças e adolescentes, entre outros segmentos de demanda de atenção social especial; VI – esporte como meio de reabilitação, habilitação e saúde, para proporcionar à pessoa a continuidade, a manutenção e a estimulação corporal para o seu bem-estar físico, psíquico e social, com atenção primária aos idosos e às pessoas com deficiência."

dizer que os particulares não devam observar e garantir estes direitos fundamentais em todas as suas relações. Neste caso, a emancipação das relações frente as relações privadas e coletivas é essencial em um mundo de tecnologia de informação e globalização, que visa proteger direitos difusos, como direitos à paz, ao desenvolvimento, à propriedade do patrimônio comum da humanidade, entre outros.

2.1.1.3. Esporte como direito social

> O desporto se integra aos direitos sociais elencados no art. 6º da Constituição de 1988, aos direitos dos trabalhadores urbanos e rurais, (art. 7º, inciso IV) e, no mesmo título da Ordem Social, se consolida para ser assegurado à criança, ao adolescente e ao jovem, com absoluta prioridade (art. 227), possibilitando concluir sem dificuldades que as políticas públicas e legislativas brasileiras devem considerar o desporto como questão de Estado.(189)

O esporte, agora reconhecido como direito fundamental na Nova Lei Geral do Esporte, incorpora princípios e diretrizes fundamentais para a organização do Sistema Nacional do Esporte. A legislação brasileira optou por destacar vários princípios, incluindo a igualdade de condições para o acesso ao esporte, a governança baseada na gestão democrática e participação social, a avaliação, controle social, acesso à informação e transparência na aplicação dos recursos públicos, a integração do planejamento através de planos decenais de esporte nos níveis estadual, distrital e municipal, alinhados com o Plano Nacional do Esporte.

Além disso, a legislação promove a colaboração intersetorial entre o esporte e outras áreas, como saúde, educação, cultura, proteção da criança e do adolescente, trabalho e emprego, assistência social e a promoção dos direitos humanos, da diversidade sociocultural e da sustentabilidade socioambiental através do esporte. A lei também incentiva a implementação de políticas que visem à inclusão social, atendimento às comunidades tradicionais e valorização das pessoas com deficiência e necessidades especiais, ao mesmo tempo em que promove a descentralização e articulação da política esportiva e de lazer.

A Constituição Federal de 1988 foi pioneira em enquadrar o desporto como um direito de todo cidadão, no rol dos direitos individuais e coletivos que estão, em sua maior parte, relacionadas ao desporto.(190)

Os direitos sociais têm como objetivo o atendimento ao ser humano de maneira integral, desde sua vida particular até suas relações sociais, tratando de saúde, alimentação,

(189) Feuz In: Giordani, 2017, p. 125.

(190) Paulo Feuz e José Penteado afirmam "que o esporte se encontra elencado entre os direitos fundamentais, iguais ao direito à vida, à liberdade, à segurança, à propriedade, todas as previsões contidas no art. 5º da Carta de Outubro" (Feuz; Penteado, 2017, p. 124).

educação, previdência, trabalho e até de lazer cidadão. E, como já visto, o esporte adentra em todas as áreas da vida das pessoas. Sobre isso expõe Luiz Alberto David Araújo que:

> A Constituição, no capítulo "Da Ordem Social", onde estão concentrados os direitos que têm por propósito o resgate da dignidade humana para todos os cidadãos, prevê o direito ao desporto. Os direitos sociais objetivam a formação do ser humano integral: agente da sociedade, das relações de trabalho, construtor do mundo moderno e, ao mesmo tempo, um ser relacional, humano, que, desse modo, deve integrar sua vida com o lazer, o convívio familiar e a prática desportiva. Assim, o desporto, quer como forma de lazer, quer como parte da atividade educativa, quer ainda em caráter profissional, foi incorporado ao nosso sistema jurídico no patamar de norma constitucional.(191)

Além disso, é importante lembrar que os direitos sociais surgem na segunda dimensão dos direitos humanos, como direitos de prestação pelo Estado para atender às necessidades da coletividade. Dessa forma, os direitos sociais são realizados por meio da implementação de políticas públicas destinadas a garantir amparo e proteção social a todos de maneira igualitária e proporcional. Igualdade e proporcionalidade estas que, segundo Willis Santiago Guerra Filho, significam igualdade de relações:

> Os princípios da isonomia e da proporcionalidade aliás acham-se estritamente associados sendo possível inclusive que se entenda a proporcionalidade como incrustada na isonomia pois como se encontra assente nossa doutrina com grande autoridade o princípio da isonomia traduz a ideia aristotélica — ou, antes 'pitagórica', como prefere DEL VECCHIO — de 'igualdade proporcional', própria da 'justiça distributiva', 'geométrica', que se acrescente àquela 'comutativa', 'aritmética', meramente formal — aqui, igualdade de bens; ali, igualdade de relações.(192)

Nesse contexto, é importante destacar que a atribuição de competência ao Estado para tutelar o interesse público é o que garante a eficácia dos direitos fundamentais sociais. Quando esses direitos são realizados de maneira igualitária, sua efetividade é assegurada. Nesse sentido, Alessandra Gotti afirma que "os direitos sociais prestacionais são, por conseguinte, sobretudo endereçados ao estado vindo para quem surge na maioria das vezes deveres de prestações positivas visando a melhoria das condições de vida e a promoção da igualdade material".(193)

---

(191) Araujo, 1999, p. 369.

(192) Guerra Filho, 2007, p. 80.

(193) Gotti, 2012 sp.

Assim, as políticas públicas refletem os objetivos públicos de um Estado que, por sua vez, age como gestor da vida, já que tem o dever de proporcionar os direitos sociais para a vida digna de todas as pessoas.

A partir dessas ideias, *O Livro Branco sobre o Desporto*(194), editado pela Comissão das Comunidades Europeias, destaca as principais funções sociais do esporte. Estas incluem a promoção da melhoria da saúde pública por meio da atividade física, o esforço conjunto na luta contra a dopagem, o fortalecimento do papel do esporte na educação e formação, a promoção do voluntariado e da cidadania ativa por meio do esporte, a utilização do potencial do esporte para promover inclusão, integração e igualdade de oportunidades, o combate ao racismo e à violência, o compartilhamento de valores europeus com outras regiões do mundo e o apoio ao desenvolvimento sustentável.

Como visto, o esporte traz saúde, o esporte traz lazer (seja pela sua prática ou pelo entretenimento), o esporte traz trabalho, o esporte traz educação, o esporte impacta na vida das pessoas, sendo, portanto, meio ambiente cultural.

Paulo Feuz e José Penteado(195), acerca do esporte como direito social, colocam que:

> o Estado considerado nos três níveis da federação, deve fomentar articuladamente o desporto, para que o fenômeno sociocultural que ele representa ganhe perspectiva garantindo que sua prática seja assegurada à criança e do adolescente, e desta forma seja introduzido na cultura do povo como um direito social, através do desporto educacional e de lazer, como exercício da cidadania que certamente possibilitará até é que surgir um sistema de rendimento de maior qualidade e quantidade em face às múltiplas possibilidades que a participação disseminada na sociedade pode propor siar na formação de talentos.

É notório que não é possível ao Estado satisfazer os interesses públicos sem levar em consideração os interesses individuais e coletivos na promoção de uma vida digna. O princípio da isonomia desempenha um papel indispensável na garantia e preservação

(194) UE. *O Livro Branco sobre o Desporto*. Editado em 2007 na cidade de Bruxelas, a IP/07/1066. Pela Comissão Das Comunidades Europeias, no âmbito da União Europeia, que ao final foi apresentada aos Ministros dos Desporto, ao Parlamento Europeu, ao Comité das Regiões e ao Comité Económico e Social Europeu, o Livro Branco sobre o Desporto é acompanhado por um plano de ação, batizado de Plano de Ação Pierre Coubertin para guiar as atividades da Comissão e assim: "O Livro Branco tem por objetivo definir uma orientação estratégica para o papel do desporto na UE. Reconhece as importantes funções social e econômica do desporto, respeitando simultaneamente os requisitos da legislação comunitária. O Livro Branco é o resultado das consultas aprofundadas realizadas nos últimos dois anos com organizações desportivas, tais como os comités olímpicos e as federações desportivas, e com os Estados-Membros e outras partes interessadas, incluindo uma consulta em linha, lançada em fevereiro deste ano, à qual a Comissão recebeu 777 respostas". (trad. livre. p. 03. Disponível em: https://sport.ec.europa.eu/index_en.html. Acesso em: 16 jul. 2022).

(195) FEUZ, In: Giordani 2017.

dos demais direitos. O esporte, considerado um direito social, implica que sua implementação seja progressiva por parte do Estado, sem retrocessos, seja normativo ou de resultados.

Após essa análise social, podemos explorar a efetividade do esporte em relação ao desenvolvimento e à paz, especialmente por meio de sua função inclusiva.

2.1.1.4. Esporte como fator de inclusão social

> O esporte constitui-se como um espaço e uma ferramenta de inclusão social, de promoção da tolerância e do respeito pelo outro. É nesse sentido que se tem vindo a dar muita ênfase à promoção e divulgação de boas práticas de inclusão social no e pelo esporte.(196)

A partir do conceito do esporte como um direito humano, constitucionalizado como um direito fundamental social, destaca-se sua importância fundamental para a inclusão social. O esporte está entrelaçado em todas as relações sociais e em todas as esferas da sociedade, desempenhando um papel crucial como agente propulsor do desenvolvimento.

A inclusão social é um processo que visa efetivar a garantia da igualdade de direitos humanos em todas as oportunidades. Ela busca assegurar o acesso aos recursos disponíveis na sociedade, promovidos pelo Estado, independentemente das características individuais dos cidadãos. Portanto, pode-se afirmar que é um processo que capacita os membros da sociedade a participarem plenamente de todas as oportunidades que esta oferece.

Neste contexto, o Estado Democrático de Direito tem como objetivo primordial a inclusão social, visando à consecução da homogeneidade social e à promoção de uma vida digna para todos, sem exceções. Suas ações são orientadas para a promoção da justiça e o respeito à diversidade, fundamentos essenciais da igualdade. Nesse sentido, Sassaki coloca que:

> [...] inclusão social é o processo pelo qual os sistemas sociais comuns são tornados adequados para toda a diversidade humana — composta por etnia raça, língua, nacionalidade gênero orientação sexual deficiência e outros atributos — com a participação das próprias pessoas na formulação e execução dessas adequações.(197)

---

(196) Rossi Junior, 2020, p. 46

(197) Sassaki, 2009, p. 10-16.

É evidente, portanto, que a inclusão social busca proporcionar de forma igualitária a todos as mesmas oportunidades, promovendo a integração mútua das pessoas, independentemente de suas características diversas, com o objetivo de garantir a plena acessibilidade aos recursos da sociedade.

A inclusão no esporte, por sua vez, significa que todos, sem exceção, têm o direito de participar do esporte, e cabe ao Estado assegurar a participação de todos, por meio da inclusão igualitária, que reflete o princípio da igualdade. Salomé Marivoet afirma que "a inclusão social no esporte se refere à existência de igualdade de oportunidades de todos no acesso à prática esportiva viva sem qualquer tipo de discriminação de ordem social, racial, étnica, religiosa, deficiência, gênero, classe social ou outra"(198), de maneira que possa afirmar que todos os seres humanos possuem o acesso de participação em todas as manifestações do esporte.

Além da isonomia de participação, o esporte promove a igualdade entre seus participantes, de modo a contribuir com o sucesso de sua equipe. Além do mais, estimula o desenvolvimento das habilidades sociais, melhora a autoestima por superação pessoal, melhora a qualidade de vida física e mental, e rompe barreiras sociais e culturais com respeito e diversidade.

O Brasil, seguindo a orientação dos documentos internacionais de direitos humanos, possui um conjunto de normas que formalmente estabelecem a igualdade das minorias por meio de dispositivos legais. Tais dispositivos retiram os fatores de crueldade do ser humano pela desigualdade social, mas que somente se tornam efetivos com a ação do Estado, através do fomento do Poder Público (que, segundo Paulo Feuz, "o fomento é muito mais do que financiar é propiciar que o esporte aconteça"(199)), cuja competência é concorrente da União, dos Estado, dos Municípios e do Distrito Federal, conforme prevê a Constituição Federal nos arts. 24, IX(200) e 217.

A Lei n. 9.394/1996(201), que estabelece as diretrizes e bases da educação nacional, destaca que os conteúdos circulares da educação básica observarão a promoção do desporto educacional e apoio às práticas desportivas não formais, de maneira que todas as

---

(198) Marivoet, 2017, p. 3-11. Disponível em: https://sciendo.com/article/10.2478/pcssr-2014-0017. Acesso em: 25 jun. 2022. Trad. livre: "Social inclusion in sport refers to the existence of equal opportunities for all in access to living sports without any kind of discrimination of a social, racial, ethnic, religious, disability, gender, social class or other order".

(199) FEUZ, Paulo Sergio. Do importante veto presidencial na lei geral do esporte para garantia da justiça desportiva constitucional. *Lei em Campo* [*site*]. Publicado em: 19 jun. 2023. Disponível em: https://leiemcampo.com.br/do-importante-veto-presidencial-na-lei-geral-do-esporte-para-a-garantia-da-justica-desportiva-constitucional/. Acesso em: 8 jul. 2023.

(200) "Art. 24. Compete à União, aos Estados e ao Distrito Federal legislar concorrentemente sobre: (...) IX – educação, cultura, ensino, desporto, ciência, tecnologia, pesquisa, desenvolvimento e inovação;" (Brasil, 1988).

(201) BRASIL. *Lei n. 9.394, de 20 de dezembro de 1996.* Estabelece as diretrizes e bases da educação nacional. Art. 27, IV. Disponível em: https://www.planalto.gov.br/ccivil_03/leis/l9394.htm. Acesso em: 10 jul. 2022.

escolas deverão ter em sua grade curricular, minimamente, práticas esportivas e promoção do esporte educacional para formação de um cidadão com condutas éticas e morais.

Rafael Fachada, acerca do esporte e educação para inclusão social, destaca que o esporte aliado à educação e à cidadania, é capaz de levar ao desenvolvimento social e à formação plena do indivíduo, como já foi assunto da Carta Internacional da Educação Física, da Atividade Física e do Esporte, editada pela UNESCO em 1978, que se debruçou sobre este fato social a partir de diversos ângulos: na relação com a família e comunidade, proteção de pessoas em situações de vulnerabilidades(202), direito de meninas e mulheres, políticas públicas, aspectos técnicos e de segurança ambientes sustentável, entre outros(203).

O Estatuto da Criança e do Adolescente, Lei n. 8.069/1990(204), postula ser dever da família, da comunidade, da sociedade em geral e do Poder Público assegurar, com absoluta prioridade, a efetivação dos direitos referentes à vida, à saúde, à alimentação, à educação, ao esporte, ao lazer, à profissionalização, à cultura, à dignidade, ao respeito, à liberdade e à convivência familiar e comunitária. Nesse sentido, José Ricardo Rezende afirma: "Tratando-se, portanto, de desporto educacional, percebe-se que este exerce papel fundamental, indispensável e precursor ao permitir que seja o desporto utilizado como meio de integração e inclusão social."(205)

Os idosos também possuem sua proteção e trazem no Estatuto do Idoso, Lei n. 10.741/2003,(206) a obrigação do Estado e da sociedade em assegurar à pessoa idosa a liberdade, o respeito e a dignidade, como pessoa humana e sujeito de direitos civis, políticos, individuais e sociais, compreendendo a prática de esportes e de diversões.

O Art. 8º da Lei n. 13.146/2015, conhecido como Estatuto da Pessoa com Deficiência, da mesma forma obriga o Estado, a sociedade e a família a assegurarem à pessoa com deficiência, com prioridade, a efetivação dos direitos referentes à vida, à saúde, à sexualidade, à paternidade e à maternidade, à alimentação, à habitação, à educação, à profissionalização, ao trabalho, à previdência social, à habilitação e à reabilitação, ao transporte, à acessibilidade, à cultura, ao desporto, ao turismo, ao lazer, à informação, à comunicação, aos avanços científicos e tecnológicos, à dignidade, ao respeito, à liberdade, à convivência familiar e comunitária, entre outros decorrentes da Constituição Federal, da Convenção

---

(202) O termo vulnerabilidade já assumiu várias conotações, entre estas, designando grupos ou indivíduos fragilizados, juridicamente ou politicamente, que necessitam de auxílio e proteção para a garantia de seus direitos como cidadãos.

(203) Fachada, 2021, p. 32.

(204) BRASIL. *Lei n. 9.394, de 20 de dezembro de 1996.* Estabelece as diretrizes e bases da educação nacional. Art. 4º. Disponível em: https://www.planalto.gov.br/ccivil_03/leis/l9394.htm. Acesso em: 10 jul. 2022.

(205) Rezende, 2010, p. 11.

(206) BRASIL. Lei n. 10.741, de 1º de outubro de 2003. Art. 3º e art. 10, § 1º, IV. Disponível em: https://www.planalto.gov.br/ccivil_03/leis/2003/l10.741.htm. Acesso em: 10 jul. 2022.

sobre os Direitos das Pessoas com Deficiência e seu Protocolo Facultativo e das leis e de outras normas que garantam seu bem-estar pessoal, social e econômico. Acerca das pessoas com deficiência, o Comitê Paralímpico Brasileiro, em parceria com o Comitê Paralímpico Internacional possuem a maior forma de inclusão mundial com a manifestação do esporte por excelência, pois, além de trabalhar a inclusão dos atletas, possibilita a pessoa com deficiência fazer do esporte sua forma de trabalho, que leva a sua própria subsistência a si e a de sua família.

O COI, em 2021, editou nova cartilha que traz como princípios básicos: inclusão, prevenção de danos, não discriminação, justiça, nenhuma presunção de vantagem, abordagem baseada em evidências, primazia da saúde e autonomia corporal, abordagem centrada nas partes interessadas, direito à privacidade e revisões periódicas. Por meio dessas diretrizes, as federações internacionais, como o CPB, desenvolvem seus critérios de elegibilidade dos seus atletas. Este passo foi importante, porque reafirma que o esporte por excelência, que tem como seu fundamento em um direito ao trabalho, que é naturalmente desigual, possui condições de trazer regras para a igualdade de participação.

Esta afirmação, veio esculpida no art. 173 da Lei Geral do Esporte, que consagra que: "Art. 173. A prática esportiva no nível da excelência esportiva, caracterizada por ser disputada por atletas de alto rendimento esportivo, e a busca pela melhor performance não prejudicam a conformidade com o princípio da igualdade de condições entre os competidores".

Neste ponto, o paradesporto pode ser verificado em outras dimensões, além do esporte por excelência. O Comitê Paraolímpico Brasileiro, por exemplo, promove as Paralimpíadas escolares, manifestação do esporte escolar, que tem como premissa o equilíbrio do esporte por formação e o esporte educacional, com olhar exclusivo na inclusão e desenvolvimento da pessoa com deficiência.

O Estatuto do Índio, Lei n. 6.001/1973(207), postula que cumpre à União, aos Estados e aos Municípios, bem como aos órgãos das respectivas administrações indiretas, nos limites de sua competência, a proteção das comunidades indígenas e a preservação dos seus direitos, além de estender os benefícios da legislação comum, como é o caso do acesso e inclusão no esporte.

A Lei de Migração, Lei n. 13.445/2017(208), prevê como princípio e garantia da política migratória brasileira o desenvolvimento econômico, turístico, social, cultural, esportivo, científico e tecnológico do Brasil, manifestando-se o esporte como meio de inclusão e resgate social.

---

(207) BRASIL. *Lei n. 6.001, de 19 de dezembro de 1973*. Dispõe sobre o Estatuto do Índio. Art. 2º, inciso I. Disponível em: http://www.planalto.gov.br/ccivil_03/leis/l6001.htm. Acesso em: 10 jul. 2022.

(208) A lei institui a Lei de Migração, e traz no seu art. 3º, inciso VII: "Art. 3º A política migratória brasileira rege-se pelos seguintes princípios e diretrizes: (...) VII – desenvolvimento econômico, turístico, social, cultural, esportivo, científico e tecnológico do Brasil;" (Brasil, 2017).

Já o Estatuto dos Refugiados, Lei n. 9.474/1997(209), declara que estes gozarão de direitos e estará sujeito aos deveres dos estrangeiros no Brasil, em conformidade com a Convenção sobre o Estatuto dos Refugiados de 1951, Protocolo sobre o Estatuto dos Refugiados de 1967 e o próprio Estatuto dos Refugiados, devendo estes acatar as leis, regulamentos e providências destinados à manutenção da ordem pública, os quais incluem o direito à participação no esporte.

Leonardo Quaresma entende ser "imperioso ressaltar o papel do esporte enquanto meio de inclusão social e integração dos povos, ao passo que reduz significativamente as diferenças, aproximando todos de um ideal de igualdade"(210).

Nesse sentido, as normas de proteção de grupos vulneráveis(211), referindo-se aos dispositivos legalmente estabelecidos para proteger esses grupos, demonstram que o esporte incorpora significados relacionados à educação e ao bem-estar social. O esporte é, portanto, um espaço de difusão de ideologias e de união nacional.

Conforme a Política Nacional de Assistência Social, grupos e pessoas vulneráveis são, por exemplo:

> [...] famílias e indivíduos com perda ou fragilidade de vínculos de afetividade, pertencimento e sociabilidade; ciclos de vida; identidades estigmatizadas em termos étnico, cultural e sexual; desvantagem pessoal resultante de deficiências; exclusão pela pobreza e, ou, no acesso às demais políticas públicas; uso de substâncias psicoativas; diferentes formas de violência advinda do núcleo familiar, grupos e indivíduos; inserção precária ou não inserção no mercado de trabalho formal e informal; estratégias e alternativas diferenciadas de sobrevivência que podem representar risco pessoal e social.(212)

Nota-se que a vulnerabilidade não está ligada às condições econômicas, pois a política social do Estado influencia na definição, ao passo que a desigualdade pode derivar da estrutura social.

Assim, segundo Ivanilda Figueiredo e Rodolfo de Noronha, a vulnerabilidade pode ser resultado negativo entre a "disponibilidade de recursos materiais e simbólicos

---

(209) A lei define mecanismos para a implementação do Estatuto dos Refugiados de 1951, e determina outras providências, e traz em seu art. 5º: "Art. 5º O refugiado gozará de direitos e estará sujeito aos deveres dos estrangeiros no Brasil, ao disposto nesta Lei, na Convenção sobre o Estatuto dos Refugiados de 1951 e no Protocolo sobre o Estatuto dos Refugiados de 1967, cabendo-lhe a obrigação de acatar as leis, regulamentos e providências destinados à manutenção da ordem pública." (Brasil, 1997).

(210) Quaresma, 2012 sp. Disponível em: http://repositorio.uniceub.br/bitstream/123456789/570/3/20726801_Leonardo%20Quaresma.pdf. Acesso em: 21 dez. 2022.

(211) Entende-se por vulneráveis, por exemplo, àqueles que se encontram fora do sistema, à margem às das políticas sociais, grupo que se encontra em uma situação desfavorável em relação a outros grupos populacionais e pessoas que vivenciam situações de adversidade em seu cotidiano, afetando-as negativamente.

(212) BRASIL. *Política Nacional de Assistência Social.* Brasília, 2023, p. 26. Disponível em: https://direito.mppr.mp.br/arquivos/File/politica-nacional-de-assistencia-social-2004.pdf. Acesso em: 02 fev. 2023.

dos atores, sejam eles indivíduos ou grupos, e o acesso à estrutura de oportunidades sociais, econômicas, culturais que preveem do Estado, do mercado e da sociedade".[213]

Identificados os grupos vulneráveis, o esporte trabalha como uma importante ferramenta para a aprendizagem, para a transformação e para a emancipação social, a gerar modificações comportamentais, sociais e políticas dentro e fora das quatro linhas.

O acesso de todos à prática esportiva reduz a discriminação de ordem social, racial, étnica, religiosa, deficiência, gênero e classe social, isso porque, como visto, o esporte é fenômeno global advindo de inúmeros reflexos culturais, que promove a diversidade social e difusão de ideologias, fomenta desenvolvimento integral da humanidade, oportuniza a integração da sociedade por intermédio da prática esportiva, sendo um importante agente propulsor de transformação social.

Diante desses benefícios do esporte, em 2021, como um exemplo de Política Pública, o Governo Federal Brasileiro, instituiu por meio do Decreto n. 10.650/2021[214] o Programa "Integra Brasil", que visa promover projetos esportivos e paradesportivos educacionais, de lazer e inclusão social no contraturno escolar, além de contribuir com a redução da exposição de crianças e adolescentes a situações de vulnerabilidade social e nas demais temáticas relacionadas aos direitos humanos.

O Integra Brasil possui um Comitê Gestor do Programa que conta com o Ministério da Cidadania, em conjunto com os Ministérios da Mulher, Ministério da Família, Ministério da Educação e Ministério dos Direitos Humanos, e é executado concorrentemente por todos os entes da federação e entidades públicas e privadas.

Esse exemplo demonstra o esporte como aliado e facilitador da inclusão no desenvolvimento humano, que, por ser um fenômeno social, econômico e cultural, pela sua permeabilidade, carece de ser compreendido na sua contribuição real ou potencial para os processos de desenvolvimento da humanidade, segundo Jorge Olímpio Bento e José Manuel Constantino.[215]

Nesse aspecto, embora seja atribuída ao Estado a competência de tutelar o interesse público, de maneira a assegurar a maior eficácia dos direitos fundamentais, haja vista, ser o Estado responsável pela harmonização dos interesses de seus membros[216],

---

(213) FIGUEIREDO, Ivanilda; NORONHA, Rodolfo Liberato de. A vulnerabilidade como impeditiva/ restritiva do desfrute de direitos. *Revista de Direitos e Garantias Fundamentais*, n. 4, 2008, p. 129-146. Disponível em: https://dialnet.unirioja.es/servlet/articulo?codigo=8697373. Acesso em: 02 fev. 2023.

(214) BRASIL. *Decreto n. 10.650/2021*. Institui o Programa Integra Brasil e o Comitê Gestor do Programa Integra Brasil. Disponível em: https://www.planalto.gov.br/ccivll_03/_Ato2019-2022/2021/Decreto/D10650.htm. Acesso em: 10 jul. 2023.

(215) Bento, 2009, p. 45-56.

(216) Segundo Willis Santiago Guerra Filho, o Estado harmoniza "os interesses de seus membros, individualmente considerados, com aqueles interesses de toda a comunidade onde de parte dela, donde se ter a possibilidade de individualizar três ordens distintas desses interesses: Interesses individuais, interesses coletivos

sejam eles individuais, coletivos públicos ou privados, é importante destacar que, no que diz respeito ao esporte, o Estado conta com entidades privadas para a promoção, organização e direção. Portanto, é necessário um estudo mais aprofundado desse cenário.

2.2. *Lex Sportiva*

> "Lex esportiva como ordem jurídica transnacional construída por meio da diferenciação funcional do esporte mediante a consolidação de arcabouço normativo institucional próprio e a pretensão contínua de afirmação e autonomia."(217)

A dinâmica do estudo apresentado deve necessariamente abordar os aspectos, a definição e os instrumentos da *lex esportiva*, que faz parte do formato de uma ordem jurídica transnacional do esporte, inserida em uma sociedade global.

Na introdução, verifica-se que a lei esportiva é considerada não apenas em solo brasileiro, mas possui abrangência no ordenamento jurídico privado e autônomo, sendo fruto da sociedade pós-moderna e da aproximação entre Estados.

É notório que a pós-modernidade propiciou o multiculturalismo e o interculturalismo mundial, de maneira que os choques de culturas e ordenamentos revelaram a complexidade das relações sociais, que, ao entrarem em linha de colisão, contribuíram para romper fronteiras territoriais(218).

Esse movimento de os Estados abrirem suas fronteiras para identificação em blocos, conjuntos ou duplas só passa a ter sentido jurídico quando, por meio do intercâmbio de interesses econômicos, os quais se citam como exemplo a *lex mercatória*, que surgiu em resposta às inadequações das normas jurídicas das ordens estatais do direito internacional

---

e interesses gerais ou públicos", sendo este resultado da percepção da tarefa básica a ser cumprida por uma comunidade política, pelo reconhecimento dessa 'dupla dimensionalidade' ou 'duplo caráter' dos direitos fundamentais (Guerra Filho, 2007, p. 82).

(217) Calixto, 2018, p. 53.

(218) Acerca da parte histórica do inicio da *lex sprotiva*, Alvaro Melo Filho, remonta a construção da seguinte forma: a legislação desportiva tem suas mais longínquas origens incrustadas nas regras que os povos primitivos aceitavam como sagradas e cumpriam todas até porque os próprios jogos antigos nunca perderam as ligações que terminavam com cerimônias religiosas a um Deus ou um herói. Na idade Moderna o desenvolvimento do desporto é fruto sobretudo dos estudantes universitários ingleses que recuperaram ou reinventarão quase todas as provas de atletismo, Salto com varas corridas com obstáculos entre outros. Eles também inventaram por exemplo o *rugby* e o futebol com regras universais. Já no plano da legislação desportiva criaram e regularam por escrita, regras fixas para os diversos Desportos que até então vinham sendo praticados de forma completamente distinta e variada com um caráter marcadamente regionalista o que se constituía como fator impeditivo de sua homogênea generalização e difusão. Desta forma podemos afirmar que sem essa legislação desportiva na era Moderna não se teria convertido o esporte em um fenômeno mundial. (Melo Filho, 1995, p. 19-23).

tradicional para regular as condutas de conflitos ocorridos no âmbito das relações comerciais transacionais.(219)

O exemplo demonstra como a renúncia parcial da soberania pelos Estados pode ser seletiva e adaptada às suas especificidades. Isso reflete a complexidade das relações internacionais, onde os Estados muitas vezes fazem concessões em determinadas áreas, como o esporte, enquanto mantêm a soberania em outras. Essa dinâmica pode levar a desigualdades na sociedade mundial, especialmente em um contexto capitalista, onde os Estados mais poderosos muitas vezes têm mais influência e capacidade de negociar em seu próprio benefício.

A desigualdade na sociedade mundial é uma questão complexa e multifacetada, e muitas vezes reflete desequilíbrios de poder, recursos e influência entre os Estados. A exploração econômica de países em desenvolvimento é uma preocupação legítima e deve ser abordada com base em princípios éticos e de justiça global. A busca por um sistema mais equitativo e justo nas relações internacionais é um desafio contínuo que requer cooperação e esforços de todos os atores globais.

Este fenômeno global é destacado por Vinicius Calixto como: "a criação de órgãos supranacionais decisórios, por sua vez, rompe com o modelo do Estado soberano de modo que os Estados acabam renunciando a parcela de sua tradicional soberania". E completa:

> [...] há, de fato, certa diluição do poder Estatal entre vários atores em três diferentes níveis – Internacional transnacional e supranacionais, o que é de desencadeado pelos novos elementos da sociedade mundial identificado por Eduardo Matias como (i) globalização e em especial a chamada globalização jurídica, (ii) a revolução tecnológica, (iii) a ascensão de atores privados transnacionais, (iv) o fortalecimento das organizações internacionais, (v) a valorização do indivíduo e (vi) a ascensão de uma sociedade civil transnacional.(220)

---

(219) Vinícius Calixto destaca ainda que "a emergência de atores privados no contexto Internacional, a partir do fortalecimento das empresas e instituições transnacionais, impulsionadas pelo processo de globalização econômica fez com que fossem criadas paulatinamente disposições mais concretas nas quais as partes poderiam se apoiar para solucionar conflitos mercantis internacionais. Assim a Lex mercatória pode ser entendida como uma ordem jurídica de criação espontânea desenvolvida sobretudo a partir de cláusulas usuais em contratos comerciais, de normas admitidas como jurídicas por instâncias jurisdicionais reconhecidas na esfera dos negócios ou de princípios estabelecidos por organizações não governamentais que estipulam padrões jurídicos para o comércio Internacional" (Calixto, 2018, p. 47-48).

(220) MATIAS, Eduardo Felipe Péres. A humanidade e suas fronteiras: do Estado Soberano à sociedade global. São Paulo: Paz e Terra, 2005. p. 419; *apud* CALIXTO, Vinicius. Lex Sportiva *e Direitos Humanos:* Entrelaçamentos transconstitucionais e aprendizados recíprocos. 2. ed. Belo Horizonte: Editora D'Plácido, 2018. p. 33-34.

A partir das premissas apresentadas, necessário se faz abordar qual a relação entre o fenômeno da globalização e sua relação com a *lex sportiva*, isto porque, para Andrei Kampff:

> A globalização tem como uma das características tirar os Estados do centro do poder, que passa a estar disperso em uma sociedade fragmentada. A partir disso, dessa transnacionalidade catalisada pelo fenômeno da globalização, é preciso entender como o transconstitucionalismo se apresenta de maneira definitiva no ambiente esportivo.(221)

A globalização, como já destacado, é um processo irreversível que cria mecanismos de pressões para concessão das zonas de influências e que interferem, sobremaneira, os organismos que têm por finalidade harmonizar os sujeitos e seus próprios efeitos, que são econômicos, ambientais, culturais, entre outros, mas que somente ganham relevância no mundo jurídico, no tema proposto, quando seus efeitos atingem os direitos humanos.

No esporte, a globalização trouxe efeitos como aproximação, ação à distância, compressão espaço-temporal, interdependência acelerada, mundo em processo de "encolhimento", integração global, mudança significativa no alcance espacial da ação e da organização social, que passa para uma escala inter-regional ou intercontinental, que impulsionaram a ascensão de atores privados transnacionais no esporte.

A evolução do esporte e sua crescente importância nas esferas informacional, cultural, política e econômica levaram os Estados a reconsiderarem suas concepções tradicionais do esporte. Isso resultou em um movimento para desenvolver um novo modelo que pudesse acomodar a função do esporte e a coexistência de diferentes ordens jurídicas, culminando na criação de uma ordem jurídica transnacional e supranacional no campo esportivo.

Os atores privados desempenharam um papel crucial nesse processo, ajudando a equilibrar as tensões entre os diferentes sujeitos do esporte e tomando decisões vinculativas que consolidaram seu papel de destaque na ordem mundial do esporte.

Essa evolução é fundamentada nos valores promovidos pelo Olimpismo Moderno, cujo pai, Pierre de Coubertin, enfatizava a igualdade, justiça, ética, excelência e equidade como princípios fundamentais do esporte. Esses valores foram consagrados na Carta Olímpica, que serve como um guia para o Movimento Olímpico e sua missão de promover o esporte como um meio de desenvolvimento pessoal e social.

A ruptura de um estado liberal pretendida e desenvolvimento por Pierre de Coubertin demonstrava uma neutralidade política e universalizada que não se sustentou durante a Primeira Guerra Mundial.

---

(221) Melo, 2023, p. 35.

É importante destacar que o Olimpismo, em seu nascedouro, não era visto como um sistema organizado, e sim como uma "religião da energia e ao cultivo da intensa vontade desenvolvido através da prática de esportes masculinos com base na higiene adequada e espírito público rodeado de arte e pensamento".(222)

E a ideia trazida pelo Olimpismo traduz quatro grandes elementos do ideário, dos quais Vinicius Calixto destaca:

> Em primeiro lugar, o olimpismo é construído a partir da convicção na possibilidade de desenvolvimento do indivíduo pautado em trabalhos educativos com a mente a alma e o corpo de modo que o esporte participaria ativamente nesse processo. esta é a perspectiva focada no indivíduo. O segundo objetivo que pode ser extraído das bases do olimpismo moderno é a possibilidade de desenvolver o respeito mútuo entre os indivíduos e consequentemente desenvolver a própria sociedade. Trata-se de sua perspectiva social. Ao atingir a sociedade de forma ampla a filosofia do olimpismo também utiliza o esporte para promover o entendimento de nações e povos sendo essa a sua perspectiva internacional. Por fim, Olimpismo tem como objetivo também promover o culto a grandeza humana e ao desempenho esportivo.(223)

Nota-se uma grande aproximação dos ideários do Olimpismo com a visão humanista e de paz, conforme previsto posteriormente na Carta das Nações Unidas.(224)

---

(222) Coubertin, OUBERTIN, Pierre de. Les Jardins de LÉffort. Almanach Olympique por 1918, Lausanne, 1917. p. 4; *apud* CALIXTO, Vinícius. Lex sportiva *e direitos humanos:* entrelaçamentos transconstitucionais e aprendizados recíprocos. 2 ed. Belo Horizonte: Editora D'Plácido, 2018. p. 55.

(223) CALIXTO, Vinícius. Lex sportiva *e direitos humanos:* entrelaçamentos transconstitucionais e aprendizados recíprocos. 2 ed. Belo Horizonte: Editora D'Plácido, 2018. p. 57.

(224) "CARTA DAS NAÇÕES UNIDAS. **NÓS, OS POVOS DAS NAÇÕES UNIDAS, RESOLVIDOS** a preservar as gerações vindouras do flagelo da guerra, que por duas vezes, no espaço da nossa vida, trouxe sofrimentos indizíveis à humanidade, e a reafirmar a fé nos direitos fundamentais do homem, na dignidade e no valor do ser humano, na igualdade de direito dos homens e das mulheres, assim como das nações grandes e pequenas, e a estabelecer condições sob as quais a justiça e o respeito às obrigações decorrentes de tratados e de outras fontes do direito internacional possam ser mantidos, e a promover o progresso social e melhores condições de vida dentro de uma liberdade ampla. **E para tais fins** praticar a tolerância e viver em paz, uns com os outros, como bons vizinhos, e unir as nossas forças para manter a paz e a segurança internacional, e a garantir, pela aceitação de princípios e a instituição dos métodos, que a força armada não será usada a não ser no interesse comum, a empregar um mecanismo internacional para promover o progresso econômico e social de todos os povos. **Resolvemos conjugar nossos esforços para a consecução desses objetivos.** Em vista disso, nossos respectivos Governos, por intermédio de representantes reunidos na cidade de São Francisco, depois de exibirem seus plenos poderes, que foram achados em boa e devida forma, concordaram com a presente Carta das Nações Unidas e estabelecem, por meio dela, uma organização internacional que será conhecida pelo nome de Nações Unidas." Decreto n. 19.841, de 22 de outubro de **1945, que** "Promulga a Carta das Nações Unidas, da qual faz parte integrante o anexo Estatuto da Corte Internacional de Justiça, assinada em São Francisco, a 26 de junho de 1945, por ocasião da Conferência de Organização Internacional das Nações Unidas".

O que é de suma importância destacar é que, com o olimpismo moderno, surge o movimento olímpico, que é marcado pelo movimento organizado e universal de entidades indivíduos ligados ao esporte, com os ideários dos jogos olímpicos, conhecido como Movimento Olímpico.

Foi através do movimento olímpico que surge o comitê olímpico Internacional e a carta olímpica, que teve como objetivo a construção, através da educação por via do esporte, e praticado com os valores do Olimpismo.

> Abaixo da autoridade Suprema e da liderança do comitê olímpico Internacional, o movimento olímpico envolve as organizações atletas e demais pessoas que estejam abrangidas pela carta olímpica. O objetivo do movimento olímpico é contribuir para a construção de um mundo melhor e mais pacífico educando a Juventude através de uma prática esportiva conforme o olimpismo e seus valores.(225)

O COI surge como órgão máximo do movimento olímpico, abrangendo as federações internacionais e nacionais, comitês nacionais, atletas, árbitros, entidades de práticas esportivas, entre outros, conforme a Carta Olímpica.(226)

O Anuário do Comitê Olímpico Internacional foi o primeiro documento do COI que, após sucessivas alterações, chegou à versão atual da Carta Olímpica que traz os princípios fundamentais do Olimpismo, as regras de aplicação do Comitê Olímpico Internacional, as condições de celebração dos Jogos Olímpicos Modernos, o funcionamento do Movimento Olímpico, e sua autoproclamação de documento constitucional, conforme sua introdução.(227)

---

(225) Tradução livre: "Bajo la autoridad suprema y el liderazgo del Comité Olímpico Internacional, el Movimiento Olímpico abarca las organizaciones, atletas y demás personas que se ajusten a la Carta Olímpica. El objetivo del Movimiento Olímpico es contribuir a la construcción de un mundo mejor y más pacífico, educando a la juventud a través de una práctica deportiva conforme con el Olimpismo y sus valores" (COI, 2020, p. 15).

(226) "2. Las tres principales partes constitutivas del Movimiento Olímpico son el Comité Olímpico Internacional (COI), las federaciones deportivas internacionales (FI) y los comités olímpicos nacionales (CON). 3. Además de sus tres principales partes constitutivas, el Movimiento Olímpico incluye también a los COJO, a las federaciones deportivas nacionales, a los clubes y a las personas dependientes de las FI y de los CON, particularmente a los atletas, cuyos intereses constituyen un elemento fundamental de la acción del Movimiento Olímpico, así como a los jueces, árbitros, entrenadores y demás personal oficial y técnico del deporte. Incluye, asimismo, a otras organizaciones e instituciones reconocidas por el COI" (COI, 2020, p. 15).

(227) "La Carta Olímpica es la codificación de los principios fundamentales del Olimpismo, de las Normas y de los textos de aplicación adoptados por el COI. Rige la organización, la acción y el funcionamiento del Movimiento Olímpico y fija las condiciones de la celebración de los Juegos Olímpicos. La Carta Olímpica tiene, esencialmente, tres objetivos principales: a) La Carta Olímpica, como instrumento de base de naturaleza constitucional, fija y recuerda los principios fundamentales y los valores esenciales del Olimpismo. b) La Carta Olímpica sirve también como estatutos del Comité Olímpico Internacional. c) La Carta Olímpica define, además, los derechos y obligaciones recíprocas de los tres componentes principales que constituyen el

A autoridade suprema do Movimento Olímpico e a posição internacional ocupada hoje pelo COI é resultado de esforços de relacionamento com as organizações internacionais, como a ONU, UNESCO, OIT, OMS entre outros, com o fim de obter legitimidade no sistema internacional, pós boicotes nas décadas de 1970 e 1980.

Essa aproximação fez com que as Nações Unidas reconhecessem o órgão esportivo no cenário Internacional com dimensão universal, independência e liberdade, destacando seu importante papel e influência no mundo para promoção da paz, justiça, amizade e solidariedade.

Importante destacar o papel da Trégua Olímpica, que desde a tradição grega da ekecheiria VIII a.C., os Jogos Olímpicos aspiram futuro de paz para toda a humanidade, tanto que em 1992, quando do chamamento formulado pelo COI em favor da observância de uma trégua olímpica, que contou com a adesão de 184 Comitês Olímpicos Nacionais, sendo enviado o resultado ao secretário-geral da ONU, e resultou na Resolução aprovada pela Assembleia Geral da ONU de novembro de 1993(228) para a observância, pelos Estados-membros da ONU, da trégua olímpica com especial atenção a opinião pública mundial ao fomento da compreensão Internacional e da manutenção da paz.

Importante ainda dizer, que a resolução reconhece os esforços do comitê olímpico Internacional das federações desportivas internacionais e dos comitês olímpicos nacionais para a mobilização dos jovens do mundo na causa da paz, o que significa dizer que a própria Nações Unidas reconhece os demais atores privados como órgãos internacionais autônomos.

Neste ponto específico, destaca-se os demais atores que compõem o Movimento Olímpico, que são as Federações Internacionais, protagonistas no processo de consolidação da *lex sportiva*, sobretudo para padronização das modalidades em âmbito mundial, de maneira que são as federações internacionais das modalidades esportivas que apresentam as estruturas organizacionais, diretrizes e regulamentos a serem replicados nas federações nacionais.

E, os Comitês Nacionais Olímpicos, que representam os Estados nos Jogos Olímpicos e nas demais competições internacionais e regionais da qual o COI elege, além de coordenar os trabalhos, replicando a autonomia, independência, de qualquer natureza no

---

Movimiento Olímpico, es decir el COI, las FI y los CON, así como los COJO, todos los cuales han de ajustarse a la Carta Olímpica" (COI, 2020, p. 9).

(228) Resolução A/48/L.9/Rev.1 y Add.1. 48/11. Tras a observancia da tregua olímpica. 36a. sesión plenaria 25 de octubre de 1993. ONU. *Observance of the Olympic Truce.* Doc A/RES/48/11. Disponível em: https://documents-dds-ny.un.org/doc/UNDOC/GEN/N93/602/65/PDF/N9360265.pdf?OpenElement. Acesso em: 21 jun. 2022.

Estado em que se encontra. O CNO do Brasil é o Comitê Olímpico do Brasil, sediado na cidade do Rio de Janeiro, desde 1914. Ainda:

> Existem 206 NOCs. O COI é a única autoridade para reconhecer um CON. Juntamente as Federações Esportivas Internacionais, os CONs são constituintes do Movimento Olímpico sob a liderança do COI. A missão dos CONs é desenvolver, promover e proteger o Movimento Olímpico em seus respectivos países, de acordo com a Carta Olímpica.(229)

O número expressivo de países componentes COI, assim como da FIFA, por exemplo que somam 211, demonstram que com objetivo de construir um mundo melhor em que reina a educação da paz aos jovens mediante a prática desportiva sem discriminação de nenhuma índole e com espírito olímpico, maiores são adeptos aos organismos esportivos do que da própria ONU, que conta hoje com 193 Estados-membros.(230)

Diante das inúmeras regras distintas, autores privativos que compõem o movimento olímpico e o número de campeonatos e embates, fez com que o COI juntamente a Corte Internacional de Justiça, desenha sem por um órgão especializado que pudesse oferecer soluções das disputas esportivas um, de maneira acessível, rápida e com os ideais esportivos.

Pela proximidade do COI com o Estado da Suíça, até por esta ser o Estado sede do COI, em 1983 aprovou-se o Estatuto de instituição e regulamentação do Tribunal Arbitral do Esporte, com sede, também na Suíça, mas com sua absoluta autonomia, imparcialidade e independência do COI, conforme decisão do Tribunal Federal Suíço, no caso Lazutina e Danilova *x* Comitê Olímpico Internacional, Federação Equestre Internacional e Tribunal Arbitral do Esporte, julgado em 27 de maio de 2003.

O Código do TAS contém os documentos normativos referentes aos estatutos dos órgãos de resolução de conflitos relacionados com o desporto (arts. S1 a S26) e uma referente às disposições processuais (arts. R27 a R70) a serem aplicadas por este. E, conforme Guilherme de Campos Moraes as decisões do TAS, podem servir como como fonte jurídica, devido a:

> Como a mais alta instância no mundo desportivo e pela competência em dirimir conflitos desse universo, sejam eles de natureza disciplinar e comercial, nos seus processos de interpretação, fez com que o próprio CAS introduzisse, nos mesmos, princípios característicos principalmente do direito

(229) COI. *Comitê Olímpico Nacionais.* Disponível em: https://olympics.com/ioc/national-olympic-committees. Acesso em: 21 jun. 2022.

(230) ONU. Disponível em: https://unric.org/pt/que-paises-sao-atualmente-membros-das-nacoes-unidas/. Acesso em: 21 jul. 2022.

> público. O devido processo legal, a igualdade de tratamento entre as partes e a motivação das suas decisões são princípios processuais emblemáticos na consecução de suas atividades. A influência do CAS, nesse sentido, ultrapassa as suas decisões e acaba por influenciar diretamente outras fontes, até mesmo público-privadas, como o CMA. Isso se deve muito ao reconhecimento que a corte tem alcançados nos últimos tempos.(231)

O TAS desempenha um papel fundamental na lex sportiva, interpretando o direito desportivo, harmonizando regimes complexos e estabelecendo procedimentos específicos para a aplicação das regras do esporte. Além disso, a Agência Mundial Antidopagem (WADA) desempenha um papel importante no controle da saúde, justiça, igualdade e lisura nas competições esportivas, combatendo a dopagem e promovendo a igualdade.

A preocupação com a dopagem no esporte remonta a 1966, quando o Conselho da Europa aprovou a Resolução contra a Dopagem em resposta à morte de um ciclista devido ao uso de substâncias dopantes. Embora essa ação fosse uma iniciativa do Comitê Olímpico Internacional (COI) para combater o uso de substâncias para ganhos esportivos, ela não alcançou pleno sucesso, levando os Estados a regulamentarem o uso de tais substâncias por meio de suas próprias leis e regulamentos.

Foi em 1988, após a descredibilização e preocupações com a integridade das competições durante os Jogos Olímpicos de Seul, que surgiu o ímpeto para a criação da WADA, por meio da edição da Declaração de Lausanne. Esse movimento deu origem a uma parceria entre os Estados e o Movimento Olímpico. Nesse sentido:(232)

> Após os escândalos ocorridos no Tour de France e no Campeonato Mundial de Natação, ambos de 1998, o COI, demandando prestígio e protagonismo na luta contra a dopagem organizou em fevereiro de 1999 a Conferência Mundial Antidopagem, da qual participaram, além de representantes do próprio Comitê, representantes de governos, comitês olímpicos nacionais e federações internacionais. O objetivo do evento era discutir e adotar medidas para evitar que novos casos manchassem o esporte.

Posteriormente à criação, buscou-se padrões éticos a serem seguidos pelo mundo do esporte guiados pelo Painel de Ética da WADA, até surgir o Código Mundial de Antidopagem e a Convenção Internacional contra a Dopagem no Esporte pela UNESCO, com participação de organizações internacionais e Estados nacionais, internacionalizado no Brasil pelo Decreto n. 6.653/2008.

---

(231) Moraes, 2016, p. 120.

(232) Vargas, 2017, p. 87.

Por fim o Comitê Paralímpico Internacional surgiu com o propósito de inclusão de pessoas com deficiência no mundo. O CPI abrange 178 comitês Paralímpicos nacionais, sobre o lema de mostrar ao mundo, através dos atletas Paralímpicos, a excelência esportiva com coragem, determinação inspiração e igualdade.

O movimento paralímpico segue o sistema tripiramidal do movimento olímpico, com aspectos diferenciados em suas categorias, que levantam discussões jurídicas, sobretudo no âmbito dos direitos humanos, tanto dentro quanto fora da esfera jurídica esportiva. Sua maior qualidade é a inclusão, permitindo o agrupamento dos atletas de acordo com as limitações causadas pela deficiência. Esse critério flexível é fundamental para a classificação dos atletas, visando alcançar a igualdade.

De acordo com diversos autores privados do mundo esportivo, podemos compreender que a *lex sportiva* está voltada para a ordem jurídica internacional do esporte. Dentro da sociedade global, ela se baseia em acordos voluntários e na submissão à jurisdição das federações esportivas por parte dos atletas e outros intervenientes. Essa estrutura hierarquicamente organizada, à luz do entendimento de Ken Foster sobre a incontestabilidade da ordem jurídica transnacional do esporte, direciona o foco para o estudo dos limites e do controle desses regimes.

Sob a perspectiva da *lex sportiva*, como ordem jurídica mundial do esporte, que regula um sistema autônomo privado na sociedade mundial, passa-se a análise do ordenamento jurídico brasileiro do desporto.

2.2.1. Autonomia Desportiva Constitucional

> Debruçando-se sobre os múltiplos aspectos da autonomia desportiva constata-se, *ab initio*, ser esta a pedra basilar e "medula espinal" do ordenamento desportivo brasileiro, que arquitetamos e inserimos na Constituição Federal de 1988. E é exatamente esta a dicção consagrada no art. 217, I, da *Lex Legum*, impondo ao Estado o dever de respeitar e observar "a autonomia das entidades desportivas dirigentes e associações quanto à sua organização e funcionamento".[233]

Como analisado no subcapítulo "2.1. Dimensões do Esporte", o debate em torno do contrato profissional do atleta foi importante para o desenvolvimento das normas desportivas no Brasil, isto porque no período entre 1824 à 1934, o desporto não era interesse normativo, sendo certo que nas constituições de 1891 a 1934 não havia menção ao objeto do estudo.

---

(233) Melo Filho, 2006, p. 33. Disponível em: https://edisciplinas.usp.br/pluginfile.php/5596840/mod_folder/content/0/DA%20AUTONOMIA%20DESPORTIVA%20NO%20CONTEXTO%20CONSTITUCIONAL.pdf. Acesso em: 04 mar. 2022.

Pode-se atribuir ao crescente número de jogadores de futebol brasileiros migrando para a Europa, oriundos de clubes nacionais, na década de 1930 e a Lei n. 152/1935, que autorizou a concessão, por aforamento, ao clube de regatas Flamengo, doou uma área de terreno, trazendo a ideia do fomento público do esporte no Brasil, às primeiras normas desportivas.

Foi a partir da Constituição de 1937 a elevação do esporte a nível constitucional, que trouxe importante dispositivo de vinculação do desporto a atividade relacionada à educação e cultura, que veio denominada, no art. 131 como educação física. "art. 131 – A educação física, o ensino cívico, os trabalhos manuais serão obrigatórios em todas as escolas primárias, normais e secundárias, não podendo nenhuma escola de qualquer desses graus ser autorizada ou reconhecida sem que satisfaça aquela exigência".

No entanto, a implementação do Conselho Nacional de Cultura pelo Decreto-lei n. 526/1938, e a criação da Comissão Nacional de Desportos em 1939, foram embrionárias com o estudo das questões desportivas no Brasil e impulsionaram o Decreto-lei n. 3.199/1941, que atribuiu competência de lei federal para a regulamentação do desporto e admitiu as regras das federações internacionais, separando o desporto da educação física(234).

Neste ponto, destaca-se que o Decreto-lei n. 3.199/1941 foi a primeira legislação geral para o desporto no Brasil. A cerca da legislação, Rafael Fachada destaca que: "sem maiores dificuldades, o referido decreto pode ser verificado como uma reprodução da

---

(234) Álvaro Melo Filho, também traz em sua obra O Desporto na ordem jurídico-constitucional brasileira, que historicamente no Brasil a legislação desportiva começou a ter um esboço com a criação do conselho nacional de cultura através do Decreto-lei n. 526, de 1º de julho de 1938 onde este órgão de coordenação de todas as atividades relacionadas com o desenvolvimento de cultura do país, sendo o esporte e a educação física uma mesma raiz. Para o estudioso, a legislação desportiva brasileira nasceu efetivamente com o Decreto n. 1.056 de 19 de janeiro de 1939, onde foi criado a comissão nacional de Desportos com a incumbência de realizar minucioso estudo do problema desportivo nacional e apresentar o plano geral de sua regulamentação com constituída de 5 membros escolhidos pelo governo a comissão a aludida elaborou o projeto do código nacional desporto com este preâmbulo essa lei tem por fim organizar a instituição desportiva do país. Em 1941 em meio a Segunda Guerra Mundial e o Brasil ainda um regime ditatorial que foi promulgado o Decreto-lei n. 3.199 que estabeleceu as bases da organização do desporto em todo o Brasil este decreto nasceu objetivando o controle pelo estado das atividades desportivas.

Com menos intenção de promover los mas pela necessidade política de vigiar as associações esportivas de modo a impedir inibir as atividades contrárias à segurança tanto do ponto de vista interno como externo. Este decreto é importante o 3.199 por que determinou que as confederações adotariam as regras desportivas emanadas das federações internacionais e fariam com que elas fossem observadas pelos seus filiados com isso o Brasil passou a ter de adotar na prática de Desportos as regras desportivas das federações internacionais já utilizadas por todos os países outro fator importante é que declarou que o preceito fundamental do desporto seria regulamentado por uma lei federal e também separou pela primeira vez no Brasil os assuntos de desporto dos assuntos de educação física. (Melo Filho, 1995, p. 25-27).

legislação italiana vigente na época de cunho fascista autoritário centralizador; características comuns a Mussolini e Vargas".[235]

No Estado Novo, o esporte ganhou novo status, sendo utilizado como ferramenta para a propagação do governo de Getúlio Vargas. Diferente do nascedouro, liberal e associativo, passou a ter regulamentações estatais, visto por uma identidade nacional e o fortalecimento da imagem do estado ligado as vitórias desportivas, que nesta época o Brasil despontava.

A Constituição Federal de 1946, fez silente no tema, mas a Constituição de 1967 a 1969, foi a primeira a trazer o esporte no texto constitucional, sob o pretexto de atribuir competência ao Estado, do controle normativo do esporte.

Coincidentemente ou não, foi na ditadura militar Brasileira que o sucesso desportivo ficou atrelado ao governo ditatorial, visto que o Brasil conquistou a Copa do Mundo de 1970[236].

Em 1975, foi editada a Lei n. 6.251/75, que relevou o esporte a dimensão social, como um desporto comunitário, estudantil militar e classista, e garantiu autonomia ao Comitê Olímpico Brasileiro[237]. Para Carlos Miguel Aidar, a lei:

> [...] embora fosse uma cópia daquele decreto-lei, veio com uma roupagem diferente, mas prevalecia um forte intervencionismo do Estado dento do esporte. O estado dizia, nesta lei de 1975, só para os senhores terem uma ideia do absurdo, que os clubes ou associações de prática, todos tinham que se organizar igualmente, pouco importando se eles estivessem no interior da Paraíba — ou estivesse na capital de São Paulo.[238]

No ano seguinte, em 1976, foi instituída a Lei n. 6.354 — Lei do Passe, que se destinava apenas ao esporte de alto rendimento, haja vista tratar-se de valor pecuniário relacionado aos direitos federativos de um atleta.

Mas foi com a Constituição Federal de 1988, que se inaugurou o sistema desportivo com regulação menos intervencionista e mais aberta, que rompeu com o modelo de regulamentação anteriormente prevista no Brasil, visto que alargou o espaço de autonomia,

(235) Rafael Fachada (2021, p. 12) cita Carlos Miguel Aidar nos seguintes termos: "os lemas positivistas que guiavam Getúlio eu tenentista da revolução de 1930 — ordem, progresso, unidade nacional, poder centralizado, era uma quimera no ambiente esportivo brasileiro. Tinha se um ambiente fértil do ponto de vista fatual, ideológico e econômico (...) Para que o estado substituísse Alex esportiva na organização do esporte no Brasil".

(236) "foi a época do 'Ninguém segura este País'. Da marchinha Pra frente Brasil, quem embalou a vitória Brasileira na Copa do Mundo de 1970" (Fausto, 2010, p. 484).

(237) "Art. 25. O Comitê Olímpico Brasileiro, assegurada a autonomia que lhe é reconhecida, integrará o Sistema Desportivo Nacional."

(238) Aidar, 2009, p. 70.

com menor interferência estatal nas entidades desportivas e classificou o esporte como fenômeno social.

A Autonomia Desportiva foi constitucionalmente identificada como princípio, servindo de base para toda a regulamentação, normativa ou administrativa e diretiva do esporte brasileiro. Sobre o tema, Leonardo Andreotti destaca que:

> A grande importância da Autonomia, como meio de proteção e garantia da atividade esportiva, salientando que não se trata de uma lei, mas sim de princípio, com grande superioridade e eficácia em relação à legislação ordinária, devendo o mesmo ser respeitado e aplicado sempre em favor das entidades desportivas que, em nosso país, assumem uma característica tipicamente jus privatista, afastando-se assim o predadorismo do Estado.[239]

A primeira lei promulgada sob o manto da Constituição Federal de 1988 foi a Lei Zico, Lei n. 8.672/93, que trouxe o modelo de desporto organizada a partir da privatização, de modo que as entidades de administração do desporto e de prática desportiva, assim como os atletas, puderam se auto-organizar através de contratos, exigindo-se que os clubes fossem pessoas jurídicas de direito privado.

Posteriormente em 1998, Lei Pelé — Lei n. 9615, que está em vigor, surgiu para instituir normas gerais sobre o desporto, abrangendo o fomento pelo Estado, a natureza e finalidades do desporto, o Sistema Brasileiro Do Desporto (com a composição, objetivos, destinação dos recursos do Ministério do Esporte, instituição do Conselho de Desenvolvimento do Desporto Brasileiro, regulação do Sistema Nacional do Desporto e Dos Sistemas do Desporto dos Estados, do Distrito Federal e dos Municípios) ,as relações privadas, regulamentando os direitos trabalhistas do atleta, e organizando em território nacional o futebol, tratou da ordem desportiva com as atribuições dos Comitês Olímpicos e Paraolímpicos Brasileiros, trouxe o controle de dopagem, regulamentou a Justiça Desportiva prevista na Constituição Federal, e por fim, revogou o arcabouço normativo anteriormente previsto.

Acerca da Justiça Desportiva, prevista no art. 217, §§ 1º e 2º da Constituição Federal, que é disciplinada pela Lei Pelé por dever de fomento do Estado, e respeitado o Princípio da Autonomia Desportiva, por validade do *caput*, tem como competência o controle do esporte, seja por questões disciplinares seja pela antidopagem, consagra exceção ao direito individual de ação, que demonstra o equilíbrio entre os pilares desportivos do esporte brasileiro. Segundo Paulo Feuz:

> A Justiça Desportiva exerce um papel fundamental no controle do esporte e substitui no único caso de exceção constitucional ao denominado Direito de

(239) Andreotti, 2013. Disponível em: https://ibdd.com.br/o-principio-da-autonomia-constitucional-desportiva/?v=19d3326f3137. Acesso em: 24 mar. 2022.

> Ação e não podendo obviamente este Poder Constitucional ser transferido para a própria entidade jurisdicionada. Não se pode dizer que a regulamentação da Justiça Desportiva pelo Estado como é feito atualmente pela Lei n. 9615/98, agride a autonomia desportiva, uma vez que é dever do Estado fomentar o Esporte Nacional. (...) Quando a Constituição traz a exceção da Justiça Desportiva ela restringi a apuração de casos relacionado diretamente a competição e disciplina dos envolvidos no esporte ao Poder Judiciário (...)" que "só pode se manifestar quando transitar em julgado a decisão desportiva, ou seja, somente quando esgotados os meios de manifestação da justiça desportiva, respeitando-se as regras internacionais e nacionais do esporte. Logo, podemos concluir é que a Justiça Desportiva é uma exceção Constitucional do Direito de Ação e sua previsão e regulamentação deve obrigatoriamente ser realizada por lei e não pela entidade de organização do esporte.(240)

Nesse sentido a Autonomia Desportiva deve ser analisada sistematicamente, de modo a equilibrar-se com o dever de fomento do esporte pelo Estado, além dos demais princípios da Constituição Federal, e um exemplo foi o Estatuto do Torcedor, que por intermédio da Lei n. 10.671/03(241), que, entre outras providências, instaurou modelo de proteção e respeito ao Torcedor a partir da transparência das competições e a preservação da competitividade e imprevisibilidade dos jogos como formas de legitimidade dos torneios.(242)

Autonomia desportiva possibilita flexibilidade no mecanismo funcional para eficiência e alcance dos objetivos do esporte, respeitando os limites da legislação desportiva nacional e resguardados os parâmetros das entidades desportivas internacionais. Isto porque, toda autonomia pressupõe necessariamente a existência de limites jurídicos. Como descrito por Roger Leal: "é considerada como a autonomia da determinação volitiva do ente nos limites do ordenamento estatal".(243)

---

(240) FEUZ, Paulo Sergio. Do importante veto presidencial na lei geral do esporte para garantia da justiça desportiva constitucional. *Lei em Campo* [*site*]. Publicado em 19 jul. 2023. Disponível em: https://leiemcampo.com.br/do-importante-veto-presidencial-na-lei-geral-do-esporte-para-a-garantia-da-justica-desportiva-constitucional/. Acesso em: 8 jul. 2023.

(241) Sendo inclusive parâmetro da igualdade na livre iniciativa. Nesse sentido: "No plano interno, quanto ao esporte no que diz respeito a possível colisão da livre iniciativa e a dignidade da pessoa humana, podemos citar o Estatuto do Torcedor, que, assim como direito do trabalho, direito do consumidor e regras de procedimentos, surgiu sob o manto da dimensão Igualdade dos direitos humanos, trouxe a paridade de armas entre os legitimados" (Feuz; Moura, 2023, p. 249).

(242) BRASIL. Lei n. 10.671/2003. "Art. 5º São assegurados ao torcedor a publicidade e transparência na organização das competições administradas pelas entidades de administração do desporto, bem como pelas ligas de que trata o art. 20 da Lei n. 9.615, de 24 de março de 1998".

(243) Leal In: Rocha, 2008, p. 443.

Visto, entende-se que a relatividade quanto à autonomia desportiva pressupõe a impossibilidade de liberalismo exacerbado das entidades desportivas brasileiras, que desta forma, pode agir de maneira prejudicial a toda a sociedade e descompassada do preceito fundamental do esporte. então os normativos desportivos ou não, nacionais e internacionais são instrumentos que retiram a autonomia absoluta do esporte para harmonizar o instituto com nas normas de ordem pública de proteção da dignidade humana.

Com este escopo, Álvaro Melo Filho traz aspectos para alcance da interpretação jurídico desportiva da autonomia, que segundo o Autor é "a faculdade de organizar-se juridicamente e de criar um direito, direito esse não só reconhecido pelo Estado, mas que este incorpora o seu próprio ordenamento jurídico e o declara obrigatório", que se revela em duas faces, autonomia (plano interno das entidades) e independência (plano externo das entidades), que não se confundem pois "supõe o exercício de competências restritos ao seu peculiar interesse, consoante prescrições estabelecidas pelo ordenamento jurídico que não admite que direitos sejam exercitáveis de maneira absoluta e ilimitada", que ultrapasse os limites das atividades internas, e que: "a própria Lei n. 9.615/98 resguarda a independência (e não autonomia) das ligas (art. 20, § 5º) e dispõe que os órgãos judicantes desportivos são "autônomos e independentes" (art. 52, *caput*)". Constando, da própria legislação desportiva a matriz diferencial entre autonomia e independência.(244) E conclui:

> Deflui-se, de tudo isso, que a autonomia desportiva refere-se a um certo poder de autonormação e de autogoverno que existe, sem intervenção estranha nem estatal, o que se reconhece e resguarda, constitucionalmente, dentro dos contornos traçados pela Carta Magna, que não delega ao legislador, administrador ou julgador competência para conceder direitos ou limitá-los, pois, só a própria Constituição pode fazê-lo. Recorde-se, por relevante, a advertência de Pontes de Miranda1 para quem não há "nada mais perigoso do que fazer-se Constituição, sem o propósito de cumpri-la. Ou de só se cumprir nos princípios de que se precisa ou se entende devam ser cumpridos — o que é pior(245).

Ainda:

> Autonomia desportiva delineia uma nova configuração, seja suprimindo o excesso de tutela do Estado no desporto seja estimulando o papel insubstituível

(244) Melo Filho, 2006, p. 33. Disponível em: https://edisciplinas.usp.br/pluginfile.php/5596840/mod_folder/content/0/DA%20AUTONOMIA%20DESPORTIVA%20NO%20CONTEXTO%20CONSTITUCIONAL.pdf. Acesso em: 04 mar. 2022.

(245) *Ibidem*, p. 33.

da sociedade no fomento do desporto, por quanto é permeada por uma filosofia profundamente devolutiva, em que se motivam a cumplicidade de entre o movimento associativo e o Estado, mas a primazia da iniciativa é manifestamente reconhecida à sociedade, em face de la autonomía de las entidades deportivas con respecto a las autoridades públicas, como asociaciones privadas, nacidas del derecho social", o que implica, para Bassols Comá "la aplicación a sí mismo de un estatuto jurídico vida administrativa distinta de la propia del Estado"(246).

A Lei n. 14.597/2023 — Lei Geral do Esporte, tratou da Autonomia Desportiva em uma subseção especifica II, denominada "Da Autonomia Esportiva", nela destaca que de acordo com a Carta Olímpica e a Constituição Federal de 1988, a autonomia é atributo da organização esportiva em todo o mundo, que visa a assegurar que não interferência indevida no esporte, que seja capaz de ameaçar a garantia da incerteza do resultado esportivo, a integridade do esporte e a harmonia do da *lex sportiva*, conforme art. 26(247).

A lei também discorre sobre a autonomia normativa interna, da autorregulação, das organizações esportivas, do autogoverno e da autoadministração de qualquer que seja sua natureza jurídica ou forma de estruturação, inclusive no que se refere ao regramento próprio da prática do esporte e de competições nas modalidades esportivas que rejam ou de que participem, à sua estruturação interna e à forma de escolha de seus dirigentes e membros, bem como quanto à associação a outras organizações ou instituições(248).

---

(246) Melo Filho, 1995, p. 219.

(247) BRASIL. *Lei n. 14.597/2023*. "Art. 26. A autonomia é atributo da organização esportiva em todo o mundo, na forma disposta na Carta Olímpica, e limita a atuação do Estado, conforme reconhecido pela Assembleia Geral da Organização das Nações Unidas (ONU) e inscrito na Constituição Federal, e visa a assegurar que não haja interferência externa indevida que ameace a garantia da incerteza do resultado esportivo, a integridade do esporte e a harmonia do sistema transnacional denominado *Lex Sportiva*. § 1º Entende-se por *Lex Sportiva* o sistema privado transnacional autônomo composto de organizações esportivas, suas normas e regras e dos órgãos de resolução de controvérsias, incluídos seus tribunais. § 2º O esporte de alto rendimento é regulado por normas nacionais e internacionais e pelas regras de prática esportiva de cada modalidade, aceitas pelas respectivas organizações nacionais de administração e regulação do esporte".

(248) Conforme art. 27: "Art. 27. As organizações esportivas, qualquer que seja sua natureza jurídica ou forma de estruturação, ainda que integrantes do Sinesp, são autônomas quanto à normatização interna para realizar a autorregulação, o autogoverno e a autoadministração, inclusive no que se refere ao regramento próprio da prática do esporte e de competições nas modalidades esportivas que rejam ou de que participem, à sua estruturação interna e à forma de escolha de seus dirigentes e membros, bem como quanto à associação a outras organizações ou instituições, sendo-lhes assegurado: I – estabelecer, emendar e interpretar livremente as regras apropriadas ao seu esporte, sem influências políticas ou econômicas; II – (VETADO); III – escolher seus gestores democraticamente, sem interferência do poder público ou de terceiros; IV – obter recursos de fontes públicas ou de outra natureza, sem obrigações desproporcionais; e V – (VETADO). Parágrafo único. (VETADO)."

Portanto, embora a Autonomia Desportiva seja um princípio constitucional e a base do direito desportivo nacional, para sua aplicabilidade é necessária à sua análise conjunta com toda a *lex sportiva*, como um sistema jurídico transnacional.

E, assim, a autonomia seja manifestação direta do direito de liberdade, este assim como a igualdade, é produto da democracia, que representa o equilíbrio entre, ambos direitos humanos, para a proximidade da homogeneidade social tutelada pelo Estado.

2.2.1.1. *Lex Pública* para o Esporte Brasileiro

> "Romper com a noção de que as questões de natureza constitucional se apresentam exclusivamente sob a égide do ordenamento jurídico estatal."(249)

O desporto não pode ser entendido como um dever constitucional que obriga o estado, e sim como um direito humano, sendo uma obrigação do estado e da sociedade, de modo que não adianta estar insculpido na *Lex Pública* para o Esporte Brasileiro e não fazer parte do cotidiano humano. Neste aspecto podemos entender por que o esporte é considerado um instrumento fundamental para a democratização das práticas desportivas e do lazer, para a promoção cultural e desportiva de todos, para a integração social e para o respeito dos direitos humanos.(250)

A Lei Pelé — Lei n. 9.615/1998, responsável para tratar, com viés democrático da regulamentação do sistema desportivo, surgiu como uma ruptura ao totalitarismo advindo do Estado que estava em processo de redemocratização.

Diante da dinâmica esportiva e a constante mutação na realidade social do esporte, verificou a necessidade de uma maior abertura nos normativos estatais, possibilitando inclusive, a aplicação em território nacional das normas transnacionais do esporte no alto rendimento, conforme arts. 1º, §§ 1º(251), 3º, III(252), ambas da Lei n. 9.615/1998 e, 25 anos após, nos arts. 6º,

(249) Calixto, 2018, p. 97.

(250) Melo Filho, 1995, p. 218.

(251) BRASIL. Lei n. 9615/1998. "Art. 1º O desporto brasileiro abrange práticas formais e não formais e obedece às normas gerais desta Lei, inspirado nos fundamentos constitucionais do Estado Democrático de Direito. § 1º A prática desportiva formal é regulada por normas nacionais e internacionais e pelas regras de prática desportiva de cada modalidade, aceitas pelas respectivas entidades nacionais de administração do desporto (...)".

(252) BRASIL. Lei n. 9615/1998. "Art. 3º O desporto pode ser reconhecido em qualquer das seguintes manifestações: (...) III – desporto de rendimento, praticado segundo normas gerais desta Lei e regras de prática desportiva, nacionais e internacionais, com a finalidade de obter resultados e integrar pessoas e comunidades do País e estas com as de outras nações."

III[253], 26, § 2º[254], 94, parágrafo único[255], 95, §2º, todos da Lei n. 14.597/2023.

A coexistência entre a *lex publica* para o esporte brasileiro e os normativos privados nacionais e internacionais são vistas como transversalidade de normas que regulamentam o mesmo objeto, que nem sempre é harmonioso e neutro como busca o ambiente desportivo, positivado no final do art. 26, como resultado da garantia da Autonomia Desportiva: "harmonia do sistema transnacional denominado *Lex Sportiva*".

A *lex publica* desportiva do Brasil tem como linhas gerais do esporte a Lei n. 9.615/1998 — Lei Pelé, Lei n. 14.193/2021 — Lei da Sociedade Anônima do Futebol e a Lei n. 14.597/2023 — Lei Geral do Esporte.

No entanto, deve-se destacar que há leis específicas esparsas, que não tratam do esporte em específico, mas que acabam compatibilizando seus objetos através do esporte. no entanto, pelo recorte metodológico do tema em dissertação, não serão analisadas. Da mesma forma, a Lei n. 14.193/2021 — Lei da Sociedade Anônima do Futebol[256] não será objeto de aprofundamento.

---

(253) BRASIL. Lei n. 14.597/2023. "Art. 6º A excelência esportiva abrange o treinamento sistemático direcionado à formação de atletas na busca do alto rendimento de diferentes modalidades esportivas, e compreende os seguintes serviços: (...) III – alto rendimento esportivo, com vistas ao treinamento especializado para alcançar e manter o desempenho máximo de atletas em competições nacionais e internacionais;"

(254) BRASIL. Lei n. 14.597/2023. "Art. 26. A autonomia é atributo da organização esportiva em todo o mundo, na forma disposta na Carta Olímpica, e limita a atuação do Estado, conforme reconhecido pela Assembleia Geral da Organização das Nações Unidas (ONU) e inscrito na Constituição Federal, e visa a assegurar que não haja interferência externa indevida que ameace a garantia da incerteza do resultado esportivo, a integridade do esporte e a harmonia do sistema transnacional denominado *Lex Sportiva* (...). § 2º O esporte de alto rendimento é regulado por normas nacionais e internacionais e pelas regras de prática esportiva de cada modalidade, aceitas pelas respectivas organizações nacionais de administração e regulação do esporte."

(255) BRASIL. Lei n. 14.597/2023. "Art. 94. Entende-se por direitos econômicos todo e qualquer resultado ou proveito econômico oriundo da transferência, temporária ou definitiva, do vínculo esportivo de atleta profissional entre organizações esportivas empregadoras, do pagamento de cláusula indenizatória esportiva prevista em contrato especial de trabalho esportivo ou de compensação por rescisão de contrato fixada por órgão ou tribunal competente. Parágrafo único. A cessão ou a negociação de direitos econômicos dos atletas submetem-se às regras e aos regulamentos próprios de cada organização de administração esportiva e à legislação internacional das federações internacionais esportivas."

(256) Acerca da análise da lei da SAF à luz dos direitos humanos do atleta, o artigo conclui que: "Dentre a Função Social dos Clubes e das Entidades de Prática Desportiva, está a necessidade de preservação de sua atividade, como fonte de emprego, renda, lazer, entretenimento e cultura, promoção e o respeito aos direitos humanos, em conformidade com diretrizes internacionais e nacionais, a maneira como os Clubes de futebol cumprem e se relacionam com seus Atletas, empregados, consumidores, fornecedores e investidores, é de interesse de toda a comunidade, pois a repercussão é imediata, seja de maneira negativa a contribuir para que violações ocorram, doutra forma, podem influenciar na promoção de condutas adequadas em respeito à dignidade humana. Neste cenário, o Estado não é o único ator responsável por violação de direitos humanos, ao passo que atualmente, seu papel supera o de assegurar o piso civilizatório mínimo a todos, pois tem o dever de estabelecer mecanismos para prevenir ou diminuir a violação à dignidade humana, seja por

Como já citado, a Lei Geral do Esporte não revogou expressamente a Lei Pelé, no entanto, esta trata de matérias constantes daquela. No tocante aos princípios gerais do esporte a Lei Geral do Esporte(257), além de abarcar os princípios fundamentais do esporte: I – autonomia; II – democratização; III – descentralização; IV – diferenciação; V – educação; VI – eficiência; IX – identidade nacional; XII – liberdade; XIII – participação (elevado aoa princípios gerais do esporte e não apenas à gestão do desporto profissional constituído como exercício de atividade econômica) ; XIV – qualidade; XVI – segurança, I – transparência financeira e administrativa e conformidade com as leis e os regulamentos externos e internos; II – moralidade na gestão esportiva; III – responsabilidade social de seus dirigentes, idênticos à Lei Pelé(258), traz os princípios os novos princípios: VII – especificidade; VIII – gestão democrática; X – inclusão; XI – integridade; XV – saúde; E, deixa de mencionar como princípios: I – da soberania, caracterizado pela supremacia nacional na organização da prática desportiva.

Veja, portanto que a Lei n. 14.597/2023 agregou como norte ao mundo jus desportivo, cinco princípios que demonstram a aproximação aos preceitos de direitos humanos, como cota para mulheres na gestão desportiva, participação social, promoção da a inclusão social, ampliando as possibilidades de acesso à prática esportiva regular para todas as pessoas, prevenção e o combate às práticas atentatórias à integridade esportiva com os órgãos e as entidades do poder público em todos os níveis, promoção da ética para integridade do resultado esportivo, como promoção de ética, estimulo ao desenvolvimento das práticas esportivas como forma de expressão da cultura, de promoção do ser humano, de fortalecimento da saúde e de prevenção de doenças, entre outros.

Ademais, ao deixar de tratar como princípio do esporte a supremacia nacional na organização da prática desportiva, a Lei Geral do Esporte, renova seu compromisso e abertura ao sistema internacional desportivo, deixando claro a relativização de sua soberania quanto ao objeto esporte.

---

instituição de princípios legislativos, seja pela atuação do Poder Judiciário. E, embora o poder econômico tenha ofuscado o poder cultural, social e muitas vezes político, haja vista as multinacionais e conglomerados empresariais, ainda insistem em atribuir ao Estado papel decisivo nas políticas sociais. E, dentro de um Estado Democrático de Direito, onde a função primordial é equilibrar as relações existentes, sempre a interpretar e deliberar os direitos em condição aditiva, e não alternativa, para o alcance da efetividade de suas decisões, o RCE surge para racionalizar a execução e maximizar a prestação jurisdicional, a fim de que haja o recebimento dos valores pelo credor, ao passo que evita, a penhora sobre a folha de salários do devedor" (Feuz; Moura, 2023, p. 249).

(257) Art. 2º da lei que institui a Lei Geral do Esporte. BRASIL. Congresso Nacional. *Lei n. 14.597/2023.* Disponível em: https: https://www.planalto.gov.br/ccivil_03/_ato2023-2026/2023/Lei/L14597.htm. Acesso em: 02 jul. 2023.

(258) Art. 2º da lei que institui normas gerais sobre desporto e dá outras providências. BRASIL. Congresso Nacional. *Lei n. 9.615/1998.* Disponível em: https://www.planalto.gov.br/ccivil_03/leis/l9615consol.htm. Acesso em: 02 jul. 2023.

Diferente entendimento, ao analisar a proteção do Atleta quanto aos seus direitos trabalhistas. A Lei Pelé, marcada pelo avanço na legislação trabalhista em proteção às relações de emprego do atleta, em conformidade aos preceitos dos documentos internacionais de Direitos Humanos, dentre eles a Declaração Universal dos Direitos Humanos, o Pacto Internacional dos Direitos Econômicos, Sociais e Culturais, bem como em atendimento à Agenda do trabalho decente e Convenções da Organização Internacional do Trabalho, determinou em seu texto normativo, que o atleta profissional se caracteriza e imprescinde de contrato formal de trabalho com a entidade de prática desportiva e pela percepção de remuneração, conforme art. 3º, § 1º, I, reiterado no art. 26 e, assegurada suas especificidades e condições mínimas, no art. 28.

Não é necessário, nesta altura, reiterar e trazer a balia a importância e necessidades dos direitos trabalhistas conquistados a preço de vidas, mas necessária é a disposição de destaque da Lei Pelé de aplicação subsidiaria da Consolidação das Leis do Trabalho(259) em proteção ao trabalhador atleta, isto porque, a Lei Geral do Esporte, à contramão de todo o reconhecimento, inclusive da Constituição Federal como direito e garantia social de todas as pessoas, do direito ao trabalho e de suas proteções, como garantia mínima para proteção mínima e capaz de proporcionar as pessoas os direitos humanos sociais que contemplam uma vida digna, não trouxe a aplicação subsidiária da Consolidação das Leis do Trabalho, para os atletas.

Ainda que assim, não fosse, a legislação especial, passou a tratar o atleta profissional como aquele que pratica o esporte no nível da excelência esportiva, conforme art. 6º(260) da Lei n. 14.597/2023, que pode se subdividir em: a) especialização esportiva, busca a consolidação do potencial dos atletas em formação, com vistas a propiciar a transição para outros serviços, b) aperfeiçoamento esportivo, para aumentar as capacidades e habilidades de atletas em competições regionais e nacionais; c) alto rendimento esportivo, para alcançar e manter o desempenho máximo de atletas em competições nacionais e internacionais, e d) transição de carreira, com a finalidade de assegurar ao atleta a conciliação da educação formal com o treinamento, para que ao final da carreira possa ter acesso a outras áreas de trabalho, inclusive esportivas. Sendo que as quatro possibilidades

(259) BRASIL. *Decreto-lei n. 5.452, de 1º de maio de 1943.* Aprova a Consolidação das Leis do Trabalho. Disponível em: https://www.planalto.gov.br/ccivil_03/decreto-lei/del5452.htm. Acesso em: 10 jul. 2022.

(260) BRASIL. Lei n. 14.597/2023. "Art. 6º A excelência esportiva abrange o treinamento sistemático direcionado à formação de atletas na busca do alto rendimento de diferentes modalidades esportivas, e compreende os seguintes serviços: I – especialização esportiva, direcionada ao treinamento sistematizado em modalidades específicas, buscando a consolidação do potencial dos atletas em formação, com vistas a propiciar a transição para outros serviços; II – aperfeiçoamento esportivo, com vistas ao treinamento sistematizado e especializado para aumentar as capacidades e habilidades de atletas em competições regionais e nacionais; III – alto rendimento esportivo, com vistas ao treinamento especializado para alcançar e manter o desempenho máximo de atletas em competições nacionais e internacionais; V – transição de carreira, com a finalidade de assegurar ao atleta a conciliação da educação formal com o treinamento, para que ao final da carreira possa ter acesso a outras áreas de trabalho, inclusive esportivas."

poderão ser entendidas como atletas profissionais e enquadradas no Capítulo II "Das Relações De Trabalho No Esporte", Seção I "Do Trabalhador Esportivo", dos quais se submeterão às Subseção I "Disposições Gerais".

A problemática levantada gira em torno do conceito trazido pelo art. 71 da Lei n. 14.597/2023 sobre trabalhador da área do esporte como: "O trabalhador da área do esporte desempenha atividades laborais permeadas por peculiaridades e especificidades, estabelecendo relações com as organizações esportivas, independentemente de sua natureza jurídica, por meio das formas previstas na legislação civil ou trabalhista".

E a lei continua, na Subseção II "Dos Atletas", retirado os treinadores, árbitros, entre outros que estabelecem relação de trabalho com as organizações esportivas, reforça a desproteção do trabalhador atleta ao retirar a caracterização da forma de sua remuneração, como requisito de sua condição, senão vejamos o art. 72, com ênfase no parágrafo único:

> Art. 72. A profissão de atleta é reconhecida e regulada por esta Lei, sem prejuízo das disposições não colidentes contidas na legislação vigente, no respectivo contrato de trabalho ou em acordos ou convenções coletivas.
>
> Parágrafo único. Considera-se atleta profissional o praticante de esporte de alto nível que se dedica à atividade esportiva de forma remunerada e permanente e que tem nessa atividade sua principal fonte de renda por meio do trabalho, independentemente da forma como recebe sua remuneração.

Ademais, acerca da *lex esportiva* brasileira do atleta profissional, quando este estiver com seu contrato de trabalho especial de atleta, a lei regulamentou as especificidades e assegurou a aplicação subsidiaria da legislação trabalhista, em conformidade com os preceitos constitucionais.

É de observar que a lei tenta atribuir roupagem protecionista ao atleta, que de fato é um trabalhador, mas que sob o manto de uma fraude contratual possui um contrato cível que não traz as proteções de um atleta profissional empregado, ao mencionar em seu art. 70 que as relações econômicas da praticas desportiva no nível da excelência esportiva baseia-se nas premissas do desenvolvimento social e econômico e no primado da proteção d trabalho e da garantia dos direitos sociais do trabalhador esportivo e da valorização da organização esportiva empregadora.

Destaco que o legislador, neste contexto, esqueceu da vedação ao retrocesso das normas protecionistas, muito embora, sob o discurso do equilíbrio social, sonegou direitos trabalhistas dos trabalhadores hipossuficientes.

No entanto, a lei trouxe muitas benesses no tocante à eficácia de outros direitos humanos sociais e econômicos. E, em respeito e observância da igualdade nas relações de consumo, por exemplo, destacou em um capítulo específico, denominado "Das relações de consumo nos eventos esportivos", comandos normativos de eficácia material em proteção à saúde, acessibilidade ao espectador com deficiência ou com mobilidade reduzida, segurança, transparência, entre outros. Deste modo, é direito do espectador ter segurança nos locais onde são realizados os eventos esportivos, tanto antes, durante quanto após a realização das provas ou partidas. Além disso, o espectador tem o direito à higiene e à qualidade das instalações físicas das arenas esportivas, bem como dos produtos alimentícios vendidos no local. Cabe à organização esportiva responsável pela competição, assim como ao Poder Público, promover e assegurar esses direitos.

A legislação também avançou em relação ao combate de crimes nos ambientes desportivos, trazendo tipos penais, de crimes contra a ordem econômica esportiva, caracterizando como crime a corrupção privada no esporte, crimes na relação de consumo em eventos esportivos, crimes contra a propriedade intelectual das organizações esportivas, crimes contra a integridade e a paz no esporte vírgula abrangendo crimes contra a incerteza do resultado esportivo e crimes contra a paz no esporte.

Reservou o Título III, denominado "da integridade esportiva e da cultura da paz no esporte", que trata do controle de dopagem para preservação da saúde, da justiça e da igualdade entre competidores, da preservação d combate à manipulação de resultado esportivos, a fim de afastar a possibilidade de conluio intencional, ato ou omissão que visem a alteração indevida do resultado ou do curso de competição esportiva, atentando contra a imprevisibilidade da competição, prova ou partida esportiva com vistas à obtenção de benefício indevido para si ou para outros. E traz como obrigação do Poder Público, em todos os níveis, das organizações esportivas, dos torcedores, dos espectadores e de todos os envolvidos com o espetáculo em promover e manter a paz no esporte.

Para tanto, a lei para efetivar os direitos consagrados, traça um Plano Nacional pela Cultura de Paz no Esporte — PNEsporte, da administração pública federal, com diretrizes para adoção de medidas preventivas e educativas direcionadas ao controle dos atos de violência relacionados ao esporte, para promoção de atividades que busquem o afastamento do torcedor violento das arenas esportivas e consequente trabalho de reinserção na assistência de eventos esportivos com comportamento pacífico, para permanente difusão de práticas e de procedimentos que promovam a cultura de paz no esporte, para estabelecimento de procedimentos padronizados de segurança e de resolução de conflitos em eventos esportivos e para valorização da experiência dos juizados do torcedor, em conformidade com o art. 181 da Lei Geral do Esporte.

Outra estratégia normativa para trazer efetividade dos direitos humanos, sobretudo à igualdade, além de objetivos do Sistema Nacional do Esporte — Sinesp, é a institucionalização da Autoridade Nacional para Prevenção e Combate à Violência e à Discriminação no Esporte — Anesporte, que em conjunto com as autoridades públicas poderão adotar as medidas necessárias para erradicar ou reduzir as manifestações antiesportivas, como a violência, a corrupção, o racismo, a xenofobia, a homofobia, o sexismo e qualquer outra forma de discriminação, o uso de substâncias ilegais e os métodos tipificáveis como dopagem.

A abrangência da esfera privada do esporte, trazida pela autonomia em manifestação à liberdade, está ligada à democracia, assim como a igualdade, de modo que ambas em harmonização trazem a homogeneidade social e a cultura da paz tutelada pelo Estado e por todas as pessoas como desenvolvimento.

Por fim, em relação à *lex publica* do esporte, é importante ressaltar que ela representa um marco histórico para as causas sociais no âmbito específico do esporte. Ela incorpora princípios, políticas de inclusão, transparência, segurança, promoção da paz e direcionamento e controle de recursos públicos. Além disso, inclui tipos penais específicos para aqueles que violam suas disposições.

O esporte, por si só, aponta o caminho que deve seguir para alcançar seus objetivos.

2.3. Regras do esporte e direitos humanos: uma dinâmica própria?

> "A FIFA está comprometida com o respeito aos direitos humanos internacionalmente reconhecidos e deverá empreender esforços para promover a proteção desses direitos."(261)

Apontamos, portanto, como centro da pesquisa, os encontros e/ou desencontros da *lex sportiva* com a *lex publica*, sobretudo quando aquela se apresenta contra a observância dos direitos humanos.

De início é importante ressaltar, como visto, a formação da *lex sportiva* é continua, está em constante aprendizado a partir dos acontecimentos que vão de encontro ao sistema esportivo das mais diferentes naturezas, e das mais diferentes culturas e legislações Estatais.

Nesta esfera, o esporte trabalha a partir da *lex esportiva*, ordem jurídica transnacional privada, que constitui a lógica da estrutura do esporte entre permitido e proibido, e que dentro deste aspecto, encontra na Autonomia Esportiva o poder de autodeterminação, controle e fiscalização.

Desta forma, Jean Nicolau destaca:

> Os litígios de dimensão internacional, quando submetidos às autoridades esportivas, são primariamente regidos pelo direito desportivo transnacional.

---

(261) Artigo terceiro do regulamento da FIFA. FIFA. *Regulations*. Disponível em: https://digitalhub.fifa.com/m/d31f8046f6c6311/original/Regulations-on-the-Status-and-Transfer-of-Players-May-2023-edition.pdf. Acesso em: 30 maio 2023.

> Ora, não é em nada surpreendente o fato de as autoridades judicantes que integram o movimento esportivo internacional priorizarem a aplicação do direito emanado do próprio movimento em questão.(262)

A autonomia esportiva, que já foi analisada no contexto constitucional, é uma expressão da liberdade, mas ela só se torna legítima quando está alinhada com princípios democráticos, justiça e igualdade, e quando é harmonizada com outros elementos da sociedade global.

Portanto, a autonomia atualmente desfrutada pelos atores privados no mundo do esporte é resultado de seu protagonismo conquistado, baseado nos valores e princípios que formam a essência do esporte. Esses princípios, quando incorporados ao ordenamento jurídico internacional privado, não devem ser usados como justificativa para a relativização dos direitos humanos.

Desta forma, a Autonomia Esportiva, que tem na Carta Olímpica expressão jurídica da autonomia do Movimento Olímpico, não possui carta branca ou paralelismo jurídico.

O adjetivo somente lhe possibilita e assegura organizar-se, dirigir-se e fiscalizar--se a partir de seus princípios reconhecidos à sua atividade, de maneira que não sofra a intervenção dos Estados. Desta maneira, o esporte encontrou na "neutralidade esportiva" aliança que o permitiu adentrar e permear por toda a sociedade mundial.

A neutralidade foi fundamental na ascensão do esporte como uma potência, marcada pelo unipartidarismo de sua bandeira, que se manteve à margem da complexidade social gerada pelo sistema democrático. Durante muito tempo, essa conduta neutra promoveu momentos significativos de união entre pessoas, classes, Estados e nações. O futebol, em particular, desempenhou um papel crucial nesse processo, unindo a sociedade bipartidária inglesa em seus primórdios, tornando-se um símbolo de paz e um senso de pertencimento para a classe trabalhadora. No entanto, também se tornou um palco para manifestações durante guerras, como será analisado no próximo capítulo.

A verdade é que a neutralidade do esporte foi conveniente para seus envolvidos, pois evitava que o esporte fosse confrontado com situações que pudessem colocá-lo em conflito com a ordem supranacional, frequentemente alegando sua especificidade esportiva, que supostamente não se enquadraria na *lex publica*, muito menos nos direitos humanos.

Para Jean Nicolau, não há que se falar em aplicação de *lex publica* pela seara desportiva, visto que a jurisprudência dos órgãos esportivos indica, sobre matéria de direitos humanos, que os tratados internacionais não têm aplicabilidade direta pelos juízes esportivos privados, já que são direcionados somente aos Estados.

---

(262) NICOLAU, Jean Eduardo. *Direito Internacional Privado do Esporte*. São Paulo: Quartier Latin, 2018. p. 56.

No entanto, paira a questão: a neutralidade esportiva e a autonomia desportiva são fundamentos capazes de mitigar a inafastabilidade da observância do respeito a algum direito humano? O esporte não lida com direitos humanos?

Embora essas questões possam parecer superadas, é importante ressaltar que o esporte é considerado um direito humano, e, como tal, a *lex sportiva* está intrinsecamente relacionada com questões de direitos humanos. Isso nos leva a uma pergunta importante: há conflito entre esses dois conjuntos de normas?

Neste ponto, é crucial lembrar que, devido à especificidade da matéria esportiva, esta deve ser respeitada em sua autonomia. Isso se aplica inclusive aos membros que julgam os processos desportivos. Os participantes de toda a sociedade mundial esportiva têm a obrigação de respeitar as normas impostas pelo esporte, pois essas normas possuem força de obrigação para todos os integrantes da Pirâmide Olímpica. É importante destacar que a adesão à comunidade desportiva é voluntária.

Ainda sobre a autonomia desportiva, a própria Resolução da Assembleia Geral das Nações Unidas (A/69/L.5) reconheceu a Carta Olímpica a constituição do Movimento Olímpico para o ambiente do Direito Internacional Público, ao destacar em seu preâmbulo que: "Reconhecendo a Carta Olímpica e que toda a forma de discriminação é incompatível com o pertencimento ao movimento olímpico (...)"[(263)], o que demonstra o reconhecimento da autonomia desportiva mundial.

Tal reconhecimento é de tamanha importância, pois as normas internacionais de defesa dos direitos humanos, passaram adotar os princípios olímpicos e tratar o esporte como meio para a promoção da paz e instrumento fundamental para propagação dos valores de respeito à dignidade da pessoa humana.

Isso fez com que nascesse preocupação, por partes das autoridades esportivas internacionais, com a preservação dos valores essenciais dos ordenamentos jurídicos estatais interessados frente à observância da autonomia absoluta desportiva que tenha se propagado, já que, de fato, circulado pela sociedade mundial que nenhuma norma, de nenhuma natureza, pode ser obstáculo ao cumprimento das mais diversas normas internacionais que buscam a realização da justiça social.

Aqui, é importante ressaltar que os direitos humanos não se destinam apenas aos Estados e seus Poderes. Eles são dirigidos a todas as pessoas do planeta, que são sujeitos de direitos e, ao mesmo tempo, sujeitos de deveres na preservação dos direitos das outras pessoas.

---

(263) ONU. *Sport as a means to promote education, health, development and peace.* Doc A/RES/61/10. Disponível em: https://documents-dds-ny.un.org/doc/UNDOC/GEN/N06/495/03/PDF/N0649503.pdf?OpenElement. Acesso em: 09 ago. 2022.

Este resgate é importante para destacar que toda pessoa, física ou jurídica, tem o dever de participar da promoção do desenvolvimento e da paz, independente da atuação e promoção estatal.

O que se vê, portanto, é um movimento de tentar atribuir apenas ao Estado a condução da programática e atendimento aos direitos humanos. Movimento contrário ao endereçado pela Declaração Universal dos Direitos Humanos e pela Declaração sobre o Direito ao Desenvolvimento e pelo Relatório Esporte para o Desenvolvimento e a Paz.

Neste aspecto, Vinicius Calixto diz que para a solução deste aparente conflito, entre a *lex sportiva* e os direito humanos, o transconstitucionalismo se apresenta como modelo ideal, já que:

> [...] "nascem dentro de regulação pluridimensional dos direitos humanos só se faz possível através da adoção pelos ordenamentos jurídicos de uma abertura e articulação que leva em conta justamente as experiências e provocações decorrentes dos entrelaçamentos transconstitucionais.(264)

A visão apresentada por Vinicius Calixto, baseada no transconstitucionalismo de Marcelo Neves, destaca que os entrelaçamentos entre a norma privada e os direitos humanos são inevitáveis. O resultado, seja para um lado, seja para o outro, deve servir como aprendizado mútuo, evidenciando o papel ambivalente da *lex sportiva*.(265)

Para Jean Nicolau o diálogo entre os organismos internacionais com a *lex sportiva*, então:

> Afirmou-se acima que as autoridades esportivas internacionais não promovem à aplicação direta dos tratados internacionais de direitos humanos. A consideração indireta dos mesmos pode, entretanto, ser uma consequência lógica da progressiva articulação entre as ordens esportivas e as ordens estatais. Os tempos de ampla autonomia do movimento esportivo internacional em relação às ordens jurídicas internas parece, com efeito, terminado: antes praticamente estanques, os sistemas em questão passaram a dialogar entre si.

Nesse sentido, a tensão e conflitos ocorrem devido as experiências dos ordenamentos Estatais e das organizações internacionais, além das decisões dos tribunais supranacionais, que impõe interpretações a *lex sportiva* de modo diverso aos quais está, entende dentro de sua autonomia.

---

(264) Calixto, 2018, p. 174.

(265) *Ibidem*, p. 182.

No entanto, a Autonomia Desportiva não implica, portanto, isenção em relação cumprimentos das leis, não autoriza qualquer poder absoluto que lhe permitiu a existência, de atuar em um universo totalmente particular e diferenciado das demais relações jurídicas.

Nas Resoluções das Nações Unidas não se verifica limitação à autonomia esportiva ao vinculá-la ao respeito aos direitos humanos, tampouco a especificidade da matéria esportiva, presente na *lex sportiva*, autorização para desrespeito aos direitos humanos. O que é manifestado pela ONU, é o reconhecimento do esporte como ambiente privilegiado para a disseminação da prática e a educação para os direitos humanos, de tal modo que ressalta a aplicabilidade do direito à igualdade em suas manifestações. Tanto que "toda a forma de discriminação é incompatível com o pertencimento ao movimento olímpico".

O diálogo promovido, demonstra ganho a todos os sistemas, e demonstra que a dinâmica é complementar, isto porque os Estados desenvolvidos são aqueles em que todo o povo está inserido na evolução política, econômica, social e cultural, que pode ser conquistado, através do esporte o acesso a níveis de subsistência esperados.

Nota-se, das regras e princípios da *lex sportiva*, que está encontra na igualdade a paridade de armas necessária para a justiça, de modo que sua observância transcende o desrespeito aos direitos humanos, representa a falência do próprio instituto do esporte.

Veja que a dignidade da pessoa humana é antes de tudo um dever que alicerça o direito à competição, que por sua vez, garante a competitividade entre os atletas, evitando que um tenha vantagem sobre o outro, o que preserva a imprevisibilidade do resultado que é o coração do esporte.

Os avanços e retrocessos são recíprocos, ambos, esporte e direitos humanos, são faces da mesma moeda que devem regulamentar normas de aplicação obrigatória como meio eficaz para a busca da paz, o desenvolvimento e a dignidade humana, sem esquecer que o esporte também representa atividade econômica.

O que nos remete a igualdade dos direitos humanos como agente regulamentador do esporte frente ao interesse econômico da atividade e os direitos do atleta, como binômio da imprevisibilidade do resultado esportivo.

E é exatamente neste aspecto que se apresenta as principais contradições do esporte de alto rendimento. Isto porque diante aos avanços dos interesses econômicos do esporte, fizeram com que surgissem inúmeras denúncias de violações a direitos humanos por parte do órgão máximo da cúpula do futebol, que é a FIFA.

A resposta foi rápida por parte da federação Internacional, que prontamente instituiu mudanças em sua organização interna com finalidade de recuperar seu prestígio

Internacional, que resultou em 2015 no "FIFA e Direitos Humanos"(266), documento realizado por John Ruggie, autor das UNGPs, que identificou as condutas que a FIFA deveria seguir para se alinhar a política dos direitos humanos, que representou um marco na relação do esporte como atividade econômica com seu papel de promoção dos Direitos Humanos.

Através do relatório Ruggie, a FIFA se comprometeu em articular com os Estados uma forma de sustentar a sua política de direitos humanos com os critérios para a escolha das sedes dos eventos da entidade, em principal da Copa do Mundo de Futebol. Para tanto o compromisso, com 25 recomendações, tratou dos direitos dos atletas, dos direitos trabalhistas, do combate à discriminação, do combate à corrupção e dos direitos de habitação. Este documento originou a política de direitos humanos da FIFA e foi implementado em maio de 2017.

O COI, por sua vez, comprometido com os direitos humanos, e com sua principal marca de promoção do desenvolvimento, estabeleceu três pilares para o cumprimento da Agenda 2030, conforme compromisso do Presidente Thomas Bach "a missão abrangente do Movimento Olímpico é contribuir, através do esporte, para um mundo melhor"(267), desta forma o COI é pautado pelo respeito dos direitos humanos, tanto por suas políticas quanto por suas práticas, pratica dos direitos humanos na seleção de anfitriões e medidas proativas relacionadas, e, medidas proativas relacionadas a esses direitos por parte dos Comitês Olímpicos Nacionais e Federações Internacionais.

Nota-se, portanto, que a neutralidade que foi benéfica ao esporte durante anos, tornou-se um obstáculo para seus fins, mas que de modo nenhum, pode ser um freio para a proteção de direitos humanos.

Isto porque, caso a *lex sportiva* não proteja os direitos humanos e se afaste de sua essência, esta afastará a sua própria autonomia, já que quanto mais proteção aos direitos humanos a *lex sportiva* trouxer, menor serão as interferências externas no sistema. Nesse sentido, Willis Santiago Guerra Filho: "Hoje as entidades coletivas requerem igualmente que se discipline suas atividades políticas e econômicas, de modo a que possam satisfazer o interesse coletivo que as anima, compatibilizando o com interesse de natureza individual e pública".(268)

---

(266) FIFA. *FIFAs Human Rights Policy*. Disponível em: https://www.fifa.com/about-fifa/official-documents. Acesso em: 24 ago. 2022.

(267) COCCETRONE, Gabriel. Plano estratégico do COI em defesa dos direitos humanos é grande conquista. *Uol Esporte*, 13 set. 2022. Disponível em: https://www.uol.com.br/esporte/colunas/lei-em-campo/2022/09/13/plano-estrategico-do-coi-em-defesa-dos-direitos-humanos-e-grande-conquista.htm. Acesso em: 24 ago. 2022.

(268) Guerra Filho, 2007, p. 24.

Assim, o esporte não se separa da *lex sportiva*, e esta, por sua vez, não deve se dissociar da proteção dos direitos humanos. Considerando todo o sistema internacional, regional e nacional dos direitos humanos, surge a reflexão sobre a maneira como a igualdade se relaciona com o esporte e como isso afeta efetivamente os grupos de minorias.

Capítulo 3

Regras de Participação no Esporte: Colisão com Direitos Humanos?

> Art. 2º O desporto, como direito individual, tem como base os princípios: (...) IV – da liberdade, expresso pela livre prática do desporto, de acordo com a capacidade e interesse de cada um, associando-se ou não a entidade do setor.(269)

O esporte é de suma importância para a sociedade por abranger diversos setores e camadas sociais, que propicia seu relevante papel de inclusão na educação, saúde, trabalho, lazer, turismo, economia entre outros setores da sociedade, haja vista a alta capacidade de desenvolver habilidades físicas, mentais, emocionais, sociais e éticas, que dependem apenas da qualidade da pessoa humana.

Diante da complexidade que envolve o ordenamento jurídico privado do esporte, das normas transnacionais e do intercâmbio intenso de cultura, o esporte reinventa-se a todo momento para conseguir dar vazão aos choques que surgem ao mesmo tempo em que estes acontecem, motivo pelo qual a dinamicidade e neutralidade são requisitos mínimos para o fenômeno, que independente de gênero, raça, nacionalidade, religião, ou qualquer outro meio para que se manifeste.

A neutralidade(270) é um desafio, sobretudo quando em ambiente de relações humanas, onde há preferências, escolhas, experiências e vontade, mas ela deve ser perseguida pelo esporte para continuar a ser um ambiente propício para contemplar o maior número de pessoas, em cenário mundial. Ao mesmo tempo que não pode significar um freio para proteção de direitos humanos.

Incontestável que o esporte é um direito humano, ainda mais pós 1978, quando a 1ª Carta da Educação Física e do Esporte adotada pela UNESCO declarou que o " (...)

---

(269) BRASIL. *Lei n. 9.615, de 24 de março de 1998*. Institui normas gerais sobre desporto e dá outras providências. Disponível em: https://www.planalto.gov.br/ccivil_03/leis/l9615consol.htm. Acesso em: 10 jul. 2022.

(270) Conforme Carta Olímpica. Tradução livre: "5. Como el deporte es una actividad que forma parte de la sociedad, las organizaciones deportivas en el seno del Movimiento Olímpico deben aplicar el principio de neutralidad política".

esporte é um direito humano fundamental para todos"[271], que significar dizer, inclusive, leia-se principalmente, os grupos de minorias vulneráveis que todas as pessoas não possuem apenas o direito de praticar esporte, mais também, possuem o direito de provisão da oportunidade de praticar o esporte, exigindo dos Estados que incentivem a possibilidade e programação de oportunidades apropriadas e iguais a todos, independente do gênero, idade, cor, nacionalidade, condições financeiras, entre outros.

Ainda quanto ao tema, a exemplo das Convenções ns. 138[272] e 182[273] da Organização Internacional do Trabalho, ambas entendem o esporte como forte papel inclusivo e de reabilitação de crianças e adolescentes resgatados do trabalho infantil, impondo ao Estado que estabeleçam políticas com o esporte para a eficácia da reabilitação da dignidade da criança.

A Carta Olímpica, por sua vez, ressalta que a prática esportiva é um direito humano, de modo que toda pessoa deve ter a possibilidade de praticar esporte sem discriminação de nenhum tipo e dentro do espírito olímpico, que exige compromisso mútuo, espírito de amizade, solidariedade e jogo limpo.[274] Além de:

> [...] o gozo dos direitos e liberdade estabelecidas nesta Carta Olímpica deve garantir-se sem nenhum tipo de discriminação, seja por raça, cor, sexo, orientação sexual, idioma, religião, opinião política ou de outra índole, origem nacional ou social, riqueza, nascimento ou outra condição.[275]

Apesar dos inúmeros documentos internacionais mencionados anteriormente, o direito ao esporte para todos ainda é negado devido à negligência política, falta de recursos, desconfiança em relação ao esporte como meio eficaz e à falta de consciência sobre o esporte como um direito humano, juntamente as discriminações sociais.

No entanto, é fundamental destacar o direito ao esporte como um direito humano, o que, por si só, impõe a responsabilidade aos Estados signatários da Declaração Universal

---

(271) UNESCO. *Carta da Educação Física e do Esporte*. 1978. Disponível em: https://www.mprj.mp.br/documents/20184/1330730/1978_cartainternacionaldeeducacaofisicaeesporte.pdf. Acesso em: 10 jul. 2022.

(272) OIT. *Convenção n. 138 sobre Idade Mínima para Admissão*. Disponível em: https://www.ilo.org/brasilia/convencoes/WCMS_235872/lang--pt/index.htm. Acesso em: 03 out. 2021.

(273) OIT. *Convenção n. 182 sobre Proibição das Piores Formas de Trabalho Infantil e Ação Imediata para sua Eliminação*. Disponível em: https://www.ilo.org/brasilia/convencoes/WCMS_236696/lang--pt/index.htm. Acesso em: 03 out. 2021.

(274) Tradução livre "4. La práctica deportiva es un derecho humano. Toda persona debe tener la posibilidad de practicar deporte sin discriminación de ningún tipo y dentro del espíritu olímpico, que exige comprensión mútua, espíritu de amistad, solidaridad y juego limpio".

(275) Tradução livre "6. El disfrute de los derechos y libertades establecidos en esta Carta Olímpica debe garantizarse sin ningún tipo de discriminación, ya sea por raza, color, sexo, orientación sexual, idioma, religión, opiniones políticas o de otra índole, origen nacional o social, riqueza, nacimiento u otra condición. Disponível em: https://library.olympics.com/Default/doc/SYRACUSE/355510/carta-olimpica-vigente-a-partir-del-17-de-julio-de-2020-comite-olimpico-internacional?_lg=en-GB. Acesso em: 22 jun. 2022.

dos Direitos Humanos de garantir a participação de todos de forma igualitária. Isso significa que é dever dos Estados, dentro do sistema das Nações Unidas, assegurar que todos desfrutem de seu direito ao esporte, já que o esporte desempenha um papel fundamental na promoção do respeito por todos os demais direitos humanos.

Nesta toada, analisaremos, à luz da *lex pública* e da *lex sportiva*, a relação do esporte com grupos vulneráveis da sociedade mundial.

3.1. Esporte e gêneros

> Incentivar e apoiar a promoção das mulheres no esporte em todos os níveis e em todas as estruturas com vista à implementação do princípio da igualdade entre homens e mulheres.(276)

Dentro da lógica que estrutura o esporte sob a premissa da igualdade, a segregação de sexos biológicos, entre homens e mulheres, é conhecida como código jurídico binário. Essa divisão é sustentada pelo melhor desempenho do homem, aparentemente, nas competições esportivas frente as mulheres, haja vista as diferenças de natureza físicas.

É fato que a história revela que, na origem do esporte, este era proibido às mulheres, de modo que não havia participação feminina no esporte, salvo como espectadora, conforme reafirmado no início dos Jogos Olímpicos da Era Moderna, por Barão de Coubertin:

> Nada se aprende vendo-as agir; e assim os que se reúnem para vê-las obedecem a preocupações de outra espécie [...] Talvez as mulheres compreendam logo que esta tentativa não é proveitosa nem para seu encanto nem mesmo para sua saúde. De outro lado, entretanto, não deixa de ser interessante que a mulher possa tomar parte, em proporção bem grande, nos prazeres esportivos do seu marido e que a mãe possa dirigir inteligentemente a educação física de seus filhos.(277)

A possibilidade de participação das mulheres pelo COI aos Jogos Olímpicos apenas se deu no início do século XX, e a primeira mulher brasileira participou do Jogos Olímpicos em 1932.(278)

---

(276) Capítulo 1, regra 2, parágrafo 8. da Carta Olímpica de 2021, p. 13. Tradução livre: "to encourage and support the promotion of women in sport at all levels and in all structures with a view to implementing the principle of equality of men and women;" Disponível em: https://stillmed.olympics.com/media/Document%20 Library/OlympicOrg/General/EN-Olympic-Charter.pdf. Acesso em: 18 out. 2022.

(277) Beauvoir, 2016, p. 357.

(278) Maria Lenk, atleta de natação, foi a primeira brasileira a participar dos Jogos Olímpicos que ocorreu em 1932, em Los Angeles.

Mas, em passos mais atrasados, o Brasil ainda restringia, através de normas internas, a prática esportiva por pessoas do sexo feminino, tanto que selecionava quais esportes eram de mulheres e quais eram proibidos, para ordem dos costumes: "Às mulheres não se permitirá a prática de desportos incompatíveis com as condições de sua natureza, devendo, para este efeito, o CND baixar as necessárias instruções às entidades desportivas do país".[279]

E, mesmo com a Declaração Universal dos Direitos Humanos em 1948, que trouxe a igualdade de direitos aos homens e às mulheres, o Brasil ainda restringia o acesso da mulher aos esportes, tanto que, em 1965, o extinto Conselho Nacional de Desportos deliberou: "2. Não é permitida a prática de lutas de qualquer natureza, futebol, futebol de salão, futebol de praia, polo-aquático, polo, rugby, hanterofilismo e baseball".[280]

Tal proibição foi tamanha que nos Jogos Olímpicos de 1964 de Tóquio a delegação feminina contou apenas com uma mulher, a atleta de salto altura Aída dos Santos que, mesmo sem recursos, conseguiu a quarta posição inédita para o Brasil, superada apenas em 1996 pelo primeiro pódio (e outro brasileiro) no vôlei de praia.

A Maratona feminina somente foi aceita como modalidade olímpica feminina em 1984, e o futebol feminino, que conta hoje com a maior artilheira de Copas do Mundo de Futebol, feminino e masculino, Marta, do Brasil, apenas teve seu primeiro campeonato em 1991, ou seja, há 32 anos.

É importante destacar que em 1979 foi editada a Convenção sobre a Eliminação de Todas as Formas de Discriminação contra a Mulher[281], que consolidou o longo caminho iniciado em 1948, quando da Declaração Universal dos Direitos Humanos. A CEDAW, como é conhecida, ratificada pelo Brasil em 1981 e promulgada sem ressalvas pelo Decreto n. 4.377 de 2022, coloca que discriminação contra a mulher significa:

> Toda a distinção, exclusão ou restrição baseada no sexo e que tenha por objeto ou resultado prejudicar ou anular o reconhecimento, gozo ou exercício pela mulher, independentemente de seu estado civil, com base na igualdade do homem e da mulher, dos direitos humanos e liberdades fundamentais nos campos político, econômico, social, cultural e civil ou em qualquer outro campo.[282]

---

(279) BRASIL. Decreto-lei n. 3.199 do Conselho Nacional de Desportos (CND) em 1941, art. 54.

(280) Deliberação n. 7 do Conselho Nacional de Desportos.

(281) ONU. *International Convention on the Elimination of All Forms of Discrimination against Women.* Doc A/RES/34/180. Disponível em: https://documents-dds-ny.un.org/doc/RESOLUTION/GEN/NR0/378/07/PDF/NR037807.pdf?OpenElement. Acesso em: 20 mai. 2023

(282) BRASIL. *Decreto n. 4.377, de 13 de setembro de 2002.* Promulga a Convenção sobre a Eliminação de Todas as Formas de Discriminação contra a Mulher, de 1979, e revoga o Decreto n. 89.460, de 20 de março de 1984. Disponível em: https://www.planalto.gov.br/ccivil_03/decreto/2002/D4377.htm. Acesso em: 10 jul. 2022.

Em 1993, durante a Conferência Mundial de Direitos Humanos realizada em Viena pela Organização das Nações Unidas, foi proclamado que os direitos das mulheres são direitos humanos. Esse marco impulsionou a introdução da perspectiva de gênero em todas as demais conferências da ONU na década de 90. Essas conferências reconheceram que a promoção e proteção dos direitos humanos das mulheres devem ser prioridades para a comunidade internacional.

O empoderamento de meninas e mulheres teve início com a Plataforma de Ação de Pequim em 1995, que se baseia no princípio de eliminar as barreiras sistemáticas que impedem o progresso de mulheres e meninas. Essa plataforma continua sendo a agenda mais ambiciosa para alcançar a igualdade de gênero. O sistema esportivo, juntamente todos os seus interessados, desempenha um papel crucial no avanço contínuo em direção à igualdade de gênero.

A *lex sportiva*, apenas a partir dos anos 2000, passou a tratar do tema, incentivados pelos programas de parcerias com as Nações Unidas, que desde a Declaração e Programa de ação de Viena, na Conferência Mundial sobre Direitos Humanos de 1993[(283)], reconheceu a preocupação com as várias formas de discriminação e de violência a que as mulheres estavam e estão expostas por todo o mundo.

Esta parceria uniu forças para que em 2018 surgisse o "Projeto de Revisão da Igualdade de Gênero" (*Gender Equality Review Project*)[(284)], do Comitê Olímpico Internacional (COI), com o fim de ratificar cinco temas-chave para a implementação da igualdade de gênero, que são: esporte, representação, financiamento, governança e avaliação.

Baseada na ética esportiva e na Carta Olímpica, os temas-chave têm o objetivo de efetivar a igualdade de gênero, de modo que as organizações precisam se comprometer com políticas de inclusão que não se restrinjam à participação de mulheres nos Jogos Olímpicos, e sim na participação das mulheres no esporte, para transpor barreiras culturais e possibilitar a propagação de mensagens positivas no empoderamento de meninas e mulheres.

Posteriormente, em 2020, aliado aos esses pilares, o movimento Geração Igualdade (*Generation Equality*), promovido pela ONU Mulheres, desenvolveu um protocolo de ação que convida novas parceiras e gerações para revitalizar e acelerar a implementação da histórica Declaração e Plataforma de Ação de Pequim (1995) e dos Objetivos de Desenvolvimento Sustentável (ODS), a fim de tornar a igualdade de gênero uma realidade

---

(283) ONU. *World Conference on Human Rights.* Doc A/RES/48/121. Disponível em: https://documents-dds-ny.un.org/doc/UNDOC/GEN/N94/080/24/PDF/N9408024.pdf?OpenElement.pdf?OpenElement. Acesso em: 19 abr. 2023

(284) COI. *Carta Olímpica.* 2018. Disponível em: https://stillmed.olympic.org/media/Document%20Library/OlympicOrg/News/2018/03/IOC-Gender-Equality-Report-March-2018.pdf. Acesso em: 24 jul. 2022.

viva. O ecossistema esportivo tem um papel importante a desempenhar nessa transformação social, especialmente com a aceleração da igualdade de gênero dentro e fora da comunidade esportiva.(285)

Apesar de todo o arcabouço normativo existente, juntamente as iniciativas no campo esportivo, ainda não temos alcançado plenamente a inclusão das mulheres no esporte. Preconceito, discriminação, insegurança, gestação precoce, falta de incentivo e acesso ao esporte educacional nas escolas, bem como a sobrecarga da dupla jornada, são fatores apontados pelo relatório do Programa das Nações Unidas para o Desenvolvimento (PNUD)(286) que destacam a necessidade urgente de políticas públicas voltadas para a inclusão das mulheres.

O Estatuto do COB, no art. 3, inciso XXVI, reconhece sua competência a fim de "encorajar e apoiar ações de promoção da mulher no esporte em todos os níveis e estruturas, visando a implementação do princípio da igualdade de gênero". No art. 5, a

---

(285) *Ibidem*, sp.

(286) "O PNUD e a ONU Mulheres acabam de lançar o relatório The Paths to Equal, dedicado a mapear de maneira mais abrangente o avanço da situação das mulheres no mundo. Por meio da análise de dois índices inéditos e complementares — o de Empoderamento das Mulheres (WEI, na sigla em inglês) e o Global de Paridade de Gênero (GGPI, na sigla em inglês) em 114 países, o documento revela que a liberdade das mulheres para fazer escolhas e conquistar oportunidades permanece amplamente restrita. O índice de empoderamento do Brasil está em 0,637, o que o localiza entre as nações de médio-baixo empoderamento. A liberdade restrita e as baixas oportunidades para fazer escolhas sobre a própria vida estão relacionadas ao desenvolvimento humano, que tem sido medido pelo PNUD desde a década de 1990. De acordo com o Índice Global de Paridade de Gênero, os indicadores que medem as dimensões-chave do desenvolvimento humano pontuam 28% mais baixo quando aplicados às mulheres, em comparação com os homens. Para o Brasil, o índice revela uma disparidade ainda maior entre homens e mulheres – no caso das brasileiras, os indicadores são 32% mais baixos nas dimensões de vida e saúde; educação, capacitação e conhecimento; inclusão no mercado do trabalho e financeira; e participação na tomada de decisões. No caso do Brasil, coexistem o alto desenvolvimento humano, o baixo-médio empoderamento de mulheres e a baixa-média paridade de gênero. Esses déficits e disparidades são prejudiciais não apenas para o bem-estar e avanço das mulheres, mas também para o progresso humano. O relatório indica a necessidade de uma ação política abrangente nas seguintes áreas: 1. Políticas de saúde: apoiar e promover uma vida longa e saudável para todas e todos, com foco em acesso universal à saúde sexual e reprodutiva; 2. Igualdade na educação: abordar as lacunas nas habilidades e na qualidade da educação, especialmente nas áreas como ciências, tecnologia, engenharias e matemática, para capacitar mulheres e meninas na era digital; 3. Equilíbrio entre vida profissional e familiar e apoio às famílias: investir em políticas e serviços que abordem o equilíbrio entre vida pessoal e profissional, incluindo serviços de cuidados infantis acessíveis e de qualidade, esquemas de licença parental e arranjos de trabalho flexíveis; 4. Participação igualitária das mulheres: definir metas e planos de ação para alcançar a paridade de gênero em todas as esferas da vida pública e eliminar leis e regulamentos discriminatórios e promotores de desigualdades; 5. Violência contra a mulher: implementar medidas integrais com foco na prevenção, mudar as normas sociais e eliminar leis e políticas discriminatórias. Disponível em: https://hdr.undp.org/content/paths-equal?_gl=1*1de9y08*_ga*MTMxNTI3NzE3NC4xNjkwMjI4NDAz*_ga_3W7LPK0WP1*MTY5MDIyODQwMy4xLjEuMTY5MDIyODQzMS4zMi4wLjA. Acesso em: 21 jul. 2023.

instituição também afirma que "atuará em defesa da dignidade humana, promoverá o bem de todos, sem preconceitos relativos à origem, identidade de gênero ou orientação sexual, cor, idade, crença e quaisquer outras formas de discriminação, e sem influência política, religiosa ou econômica".[(287)]

Por fim, os Objetivos de Desenvolvimento Sustentável e da Agenda 2030, aprofundam os esforços para o alcance da meta OSD 5 – Igualdade de Gênero, que é transversal a todos os ODS, uma vez não ser possível operar o avanço da Agenda 2030 e seus ODS sem avançar na agenda de gênero no país.

É necessário adentrar mais afundo ao tema de gênero, pois gênero feminino não é sexo biológico, gênero e sexualidade não são dados biológicos, mas construções sociais[(288)], sendo certo que as identidades de gênero são definidas por relações sociais e delimitadas pelas relações de poder na sociedade.[(289)] Gênero é "tudo aquilo que foi definido ao longo do tempo e que a nossa sociedade entende como o papel que cada ator social deveria desempenhar, a função ou comportamento esperado de alguém com base em seu sexo biológico", ou seja, os papéis previamente definidos na sociedade ao longo dos anos e arraigados nas pessoas, como se houvesse um "papel de mulher" e um "papel de homem" a ser exercido.[(290)]

A dificuldade e aceitação da concepção e conceituação dinâmica de gênero por parte dos atores sociais tem sido obstáculo de efetividade de direitos humanos e direitos fundamentais, silenciando e impedindo as conquistas humanistas[(291)] afirmadas e garantidas em muitos instrumentos normativos, dentre eles as já citadas Convenção sobre Eliminação de todas as formas de Discriminação contra a Mulher de 1979 e na Declaração de Viena de 1993, sendo que alcançar a igualdade de gênero e empoderar todas as mulheres e meninas é um dos 17 Objetivos de Desenvolvimento Sustentável, ODS 2015-2030.

---

(287) O COB continua: "Em outra parte do Estatuto, o COB reforça a necessidade de acelerar a igualdade de gênero na composição dos conselhos e comitês da entidade, especialmente com o art. 47, § 1, no qual afirma que "os Comitês de Assessoramento de Gestão serão regulados quanto a organização, estrutura e composição por regimento interno próprio, sendo resguardada a participação dos componentes da Comissão de Atletas não integrantes da Assembleia do COB e a busca do equilíbrio de gênero em sua composição", e também com o art. 52, § 4, acerca dos critérios de candidatura para a Comissão de 19 Atletas, em que o inciso I registra que esses critérios de elegibilidade deverão "possibilitar a equidade de gênero". Além de normativa estatutária, outro ponto importante foi a aprovação, pelo Conselho de Administração do COB, dos 13 indicadores do Programa GET (Gestão, Ética e Transparência) relacionados à área Mulher no Esporte. Essa ferramenta objetiva um refinamento do desenvolvimento da governança nas confederações esportivas e representa um dos critérios para os investimentos realizados nas modalidades."

(288) Butker, 2003, p. 200.

(289) Louro, 2010, p. 11.

(290) Rodrigues, 2021, p. 8-9.

(291) Um exemplo de conquista humanista é o reconhecimento de trinta e uma identidades de gênero pela Comissão de Direitos Humanos da Cidade de Nova Iorque.

Em 2003, durante uma reunião em Estocolmo para definir as regras dos jogos de 2004, a Comissão Médica do COI determinou as regras para a participação de atletas que passaram pela redesignação sexual nos jogos olímpicos, já deixando clara a necessidade da cirurgia de redesignação sexual, conforme Consenso de Estocolmo sobre Mudança de Sexo nos Esportes. Sendo que a pessoa que fosse redesignada sexualmente antes da puberdade estaria automaticamente aprovada para a participação nos Jogos Olímpicos, enquanto a pessoa que fosse redesignada sexualmente após a puberdade poderia participar dos Jogos Olímpicos mediante algumas condições: a realização da cirurgia de redesignação completa, incluindo genitália externa, o reconhecimento legal e a terapia hormonal apropriada por, pelo menos, dois anos.

Posteriormente, em 2015, a necessidade da cirurgia foi retirada, e a duração necessária da terapia hormonal passou a ser de um ano, conforme a publicação Reunião de Consenso do COI sobre Redesignação Sexual e Hiperandrogenismo, em novembro de 2015. E, junto com essas determinações, ficou estabelecido que o controle de quem pode ou não pode participar dos Jogos Olímpicos na modalidade feminina ou masculina observa os níveis hormonais, principalmente da testosterona, no que toca a transição de homem para mulher.

Acontece que no Princípio 3 "Direito de Reconhecimento Perante a Lei" destaca-se que nenhuma pessoa deverá ser forçada a se submeter a procedimentos médicos, inclusive cirurgia de mudança de sexo, esterilização ou terapia hormonal, como requisito para o reconhecimento legal de sua identidade de gênero:

> A orientação sexual e identidade de gênero autodefinidas por cada pessoa constituem parte essencial de sua personalidade e um dos aspectos mais básicos de sua autodeterminação, dignidade e liberdade. Nenhuma pessoa deverá ser forçada a se submeter a procedimentos médicos, inclusive cirurgia de mudança de sexo, esterilização ou terapia hormonal, como requisito para o reconhecimento legal de sua identidade de gênero. [...] nenhuma pessoa deve ser submetida a pressões para esconder, reprimir ou negar sua orientação sexual ou identidade de gênero.

As medidas tratadas pelo COI soam completamente desumanas, e em desencontro com os entendimentos de inclusão de gênero, já que a igualdade formal tem impedido a promoção de ações voltadas para a integração social de menorizados. Gênero, identidade de gênero e raça têm impactado em todas as relações sociais, inclusive nas relações de trabalho, e não tem sido diferente no exercício da advocacia, tanto é verdade que não se nega o *lawfare* de gênero e nem os desafios na promoção das mulheres e LGBTQIAPN+, o que nos impõe a necessidade de um mecanismo legal e político de combate à discriminação negativa, viabilizando a redução das disparidades entre grupos, operando a partir da análise conjunta das relações estruturais entre dois elementos centrais: igualdade e a discriminação.

No entanto, o esporte tem avançado. Os Jogos Olímpicos de Tóquio foram os primeiros a possibilitar uma atleta transgênero mulher a participar de uma disputa olímpica, a neozelandesa Laurel Hubbard. Acerca do tema:

> Desta feita, quero evocar a participação de atletas LGBTQIA+ nos Jogos Olímpicos e suas buscas por visibilidade e, consequente, representatividade. Os Jogos de Tóquio 2021 terminaram e podem ser considerados os mais "LGBT" da história: deixaram os do Rio-2016 para trás, pois se naquela época cerca de 56 atletas se autodeclararam lésbicas, bissexuais e gays, na edição japonesa tais participações aumentaram e mais de 180 atletas se disseram não estar alinhados com a matriz heteronormativa em vigor no esporte.Os números podem ser relativizados, e em que pese quase 200 pessoas num universo de 11 mil não ser uma cifra tão expressiva, vale a nota da particularidade.(292)

Pensar nas relações estruturais entre igualdade e discriminação requer reflexões jurídicas, sociológicas, psicológicas e filosóficas sobre como o princípio da igualdade deve ser interpretado e aplicado, daí a necessidade de identificar e eliminar os mecanismos que impedem o reconhecimento da igual humanidade das pessoas e que mantem grupos em situação de desvantagem estrutural, como é o caso das mulheres, mulheres gays, trans e travestis.

3.2. Esporte e raça

> O desporto tem o poder de mudar o mundo. Tem o poder de inspirar. Tem o poder de unir as pessoas de uma maneira que pouco mais o faz. O desporto pode criar esperança onde antes havia apenas desespero. É mais poderoso que o governo ao derrubar barreiras raciais.(293)

Assim como a desigualdade de gênero, a desigualdade e discriminação em razão de raça é uma questão global que afeta milhões de pessoas em todo o mundo. Apesar dos avanços significativos nas últimas décadas, ainda há muito a ser feito para garantir uma sociedade mais justa e igualitária para todas as pessoas, independentemente de sua cor.

Declarado o fim da escravidão, o preto continua sendo estigmatizado e sendo alvo de discriminação em todas as esferas da vida, inclusive no esporte, espaço de inclusão e amizade, que já fora palco de relevância política mundial do fim a discriminação e segregação racial.

---

(292) Todt, 2021, p. 163.

(293) Nelson Mandela (1918-2013). Citação retirada do seu discurso proferido no 20º aniversário do Laureus World Sports Awards, no Mónaco, em 2000. Disponível em: https://exame.com/carreira/100-anos-de-nelson-mandela-confira-discurso-historico-feito-em-harvard/. Acesso em: 04 abr. 2023.

Oficializadas em 1948, as políticas de segregação racial da África do Sul — o *apartheid* — geraram uma série de pressões da comunidade internacional. Num primeiro momento, porém, o COI não se envolveu e permitiu que os sul-africanos participassem dos Jogos Olímpicos entre aquele ano e 1960. Apenas atletas brancos eram inscritos para as competições, e os pretos foram privados de seu direito.

A pressão subiu em março de 1960, com o assassinato de 69 manifestantes no massacre em Sharpeville. A ONU, então, adotou resoluções para dificultar as relações dos países com o governo sul-africano enquanto durasse o *apartheid*.

Essas primeiras pressões tiveram efeito limitado, mas foram suficientes para que o COI desse um ultimato ao Comitê Olímpico Sul-Africano: ou eles se colocariam contrários às políticas de apartheid, que afetava também o esporte, ou estariam fora dos Jogos Olímpicos de 1964.

Sem uma manifestação contrária ao regime segregacionista, o COI retirou o convite à África do Sul. O país ficaria banido das Olimpíadas até 1992, quando competiu com uma bandeira especial após o início da saída do *apartheid*.

Até o fim do *apartheid*, as pressões internacionais contra o governo sul-africano continuaram e trouxeram outras consequências aos Jogos Olímpicos: em 1976. O COI se negou a expulsar os neozelandeses que haviam realizado amistoso de rúgbi com os sul-africanos, argumentando, entre outras coisas, que o rúgbi não era esporte olímpico à época. Então, em protesto, 29 países, a maioria africanos, anunciaram um boicote aos Jogos Olímpicos de Montreal — o primeiro boicote em larga escala na história das Olimpíadas.

Símbolo da luta pela igualdade racial na África do Sul, Nelson Mandela usou o esporte como grande arma para unir negros e brancos num país historicamente dividido pelas diferenças étnicas.

Uma nação que ficou quase 50 anos (1948 – 1994) segregada pelo regime chamado *apartheid* — que permitiu que a minoria branca se mantivesse no poder e isolasse as outras etnias da vida política do país — se viu unida novamente por ocasião de um evento esportivo, a Copa do Mundo de Rúgbi. A África do Sul estava marcada para sediar o principal torneio de rúgbi do mundo, um ano depois que Mandela foi eleito presidente.

O contexto da África do Sul em 1995, porém, ainda contradizia os ideais do novo líder sul-africano. O preconceito entre brancos e negros ainda predominava nas ruas e havia até mesmo a tensão de que, a qualquer momento, uma guerra racial pudesse acontecer.

Nelson Mandela viu em um dos esportes mais praticados no país a grande oportunidade de unir a nação inteira pelo mesmo objetivo. E usou a própria seleção do país para isso. No time que disputou a Copa do Mundo de Rúgbi e que, historicamente, era formado somente por jogadores brancos, houve um integrante negro que ajudou

Mandela a trazer todas as raças juntas na torcida pela equipe nacional. O resultado foi o histórico e inédito título do torneio.

Cabendo lembrar, ainda, que a África do Sul foi o primeiro país do território africano a sediar uma Copa do Mundo da FIFA, em 2010, fato que segmentou a união racial naquele país e é símbolo da igualdade racial no esporte. Este marco demonstra que a desigualdade racial é uma questão global. Em todas as partes do mundo, pessoas negras enfrentam obstáculos em suas vidas pessoais e profissionais. Apesar dos avanços significativos na luta contra essa desigualdade, ainda há muito a ser feito para garantir que todos tenham igualdade de oportunidades e tratamento justo.

Uma abordagem para lidar com essa questão é por meio de compromissos internacionais em prol da igualdade racial, e a efetiva implementação desses compromissos demonstra sua relevância em escala global.

Além disso, embora a ideia de diferentes raças tenha sido historicamente usada para categorizar e discriminar pessoas com base em características físicas e ancestralidade, avanços na ciência e na compreensão cultural têm mostrado que a raça é uma construção social, histórica, política, cultural e geográfica, e não uma realidade biológica. Portanto, a discriminação racial constitui uma violação direta da dignidade humana.

Para os direitos humanos, tanto a discriminação racial quanto a de gênero são as violações fundamentais dos direitos humanos, porque se manifestam em várias formas, desde a discriminação no acesso à saúde, habitação, emprego, educação, quanto as decorrentes de violência policial, detenções arbitrárias e outras formas de opressão. E, apesar dos séculos de luta contra essas formas de a discriminação, ainda há disparidades significativas na qualidade de vida e oportunidades de vida entre as pessoas em decorrência de gênero e raça.

A Convenção Internacional sobre a Eliminação de Todas as Formas de Discriminação Racial (CERD) de 1965, que tem como objetivo promover a eliminação de todas as formas de discriminação racial em todo o mundo, e estabelece que a discriminação racial é qualquer distinção, exclusão, restrição ou preferência baseada na raça, cor, descendência, origem étnica ou nacional que tenha por objetivo ou efeito anular ou restringir o reconhecimento, gozo ou exercício, em igualdade de condições, de direitos humanos e liberdades fundamentais nos campos político, econômico, social, cultural ou qualquer outro campo da vida pública, foi importante marco para o combate à discriminação racial, de modo que a alta adesão de ratificação, por 182 são Estados significou o início da promoção da igualdade de direitos e respeito e proteção das minorias étnicas e culturais, e o do monitoramento do cumprimento por parte do Comitê para a Eliminação da Discriminação Racial a política para a efetividade deste direito.

Existem diversas formas de tentar definir o que é o racismo, que pode ser entendido como a prática de desumanização ou subcategorização do indivíduo por sua raça ou etnia, mas a designação como indivíduos de categoria mais baixa foi o fundamento principal que levou à escravização de milhões de pessoas negras e à subalternidade vivida ainda atualmente, com o aumento do racismo em 20%[(294)], segundo o observatório da discriminação racial do futebol.

É esse o pilar que sustenta a Lei n. 7.716/89, na qual está a noção genérica de que é crime impedir o acesso ao bem da vida pretendido por determinada pessoa, em razão de sua "raça, cor, etnia, religião ou procedência nacional".

A fim de extirpar essa chaga histórico-social, a Constituição Federal estabelece em seu preâmbulo, em seus arts. 3º, 4º e 5º, a necessidade de coletivização da responsabilidade da desconstrução das relações racializadas no país.

Dentro desse direcionamento sistemático constitucional, surge o Estatuto da Igualdade Racial que, no seu art. 2º, estabelece que "é dever do Estado e da sociedade garantir a igualdade de oportunidades, reconhecendo a todo cidadão brasileiro, independentemente da etnia ou da cor da pele, o direito à participação na comunidade, especialmente nas atividades políticas, econômicas, empresariais, educacionais, culturais e esportivas, defendendo sua dignidade e seus valores religiosos e culturais".

Portanto, os programas de esportes para o desenvolvimento da paz devem priorizar o apoio ao desenvolvimento social de cada indivíduo e devem ser inclusivos para todos os grupos, independentemente de raça, fortalecendo a ideia de que o esporte é um direito humano e um meio para alcançar o desenvolvimento e a paz.

3.3. Paradesporto

> Art. 19. O CPB tem, de acordo com suas finalidades e competências, dentre outros, por objetivos, promover e apoiar: I – As ações que deem oportunidades ao envolvimento e o desenvolvimento de pessoas com deficiência, em especial: a) Na participação em competições de alto-rendimento; b) Na inclusão, reabilitação e socialização destas, por meio do esporte; c) Na organização e participação em competição do esporte escolar e universitário; [...].[(295)]

---

(294) O Observatório da Discriminação Racial no Futebol divulgou durante o 'Seminário de Combate ao Racismo e à Violência no Futebol', realizado em novembro de 2022, o relatório de 2021 com o levantamento dos casos de discriminação racial e preconceito no esporte. Segundo os dados divulgados, foram registrados um total de 158 ocorrências, sendo 124 (78%) no futebol e 34 (22%) em outros esportes. Desse total, 137 casos de preconceito no esporte aconteceram em território brasileiro e 21 no exterior. No futebol, são 64 registros de racismo no Brasil e 10 fora. No ano de 2021, foram registrados 24 casos de LGBTfobia, 15 de machismo e outros seis de xenofobia no futebol brasileiro.

(295) COB. Estatuto Social do Comitê Paralímpico Brasileiro. Art. 19 do Estatuto Social do Comitê Paralímpico Brasileiro: "Art. 19. O CPB tem, de acordo com suas finalidades e competências, dentre outros, por objetivos, promover e apoiar: I – As ações que deem oportunidades ao envolvimento e o desenvolvimento de pessoas com deficiência, em especial: a) Na participação em competições de alto-rendimento; b) Na inclusão, reabilitação e socialização destas, por meio do esporte; c) Na organização e participação em competição do esporte escolar e universitário; II – As ações que visem a realização de eventos esportivos regionais, nacionais

O paradesporto é praticado por pessoas com deficiência, utilizando o esporte como uma ferramenta para transformar vidas e promover uma sociedade inclusiva para todos. Muito embora há quem entenda que o esporte paralímpico representa apenas as manifestações de esporte como educação e esporte escolar, o paradesporto também é de alto rendimento.

A origem do esporte focado na reabilitação foi iniciada por Ludwig Guttman, em 1948, quando organizou uma competição esportiva com os veteranos da Segunda Guerra Mundial com lesão na medula espinhal. O primeiro evento aconteceu na Inglaterra, e quatro anos depois contou com competidores da Holanda. Doze anos depois, em Roma, foi organizado pela primeira vez jogos com estilo olímpico para atletas deficientes.

Os primeiros Jogos Paralímpicos de Inverno ocorreram na Suécia em 1976. Estes foram os primeiros Jogos Paralímpicos de Inverno e resultaram de um acordo entre o Comitê Olímpico Internacional e o Comitê Paralímpico Internacional. Esse acordo garante que os Jogos Olímpicos e Paralímpicos ocorram nos mesmos locais e no mesmo ano.(296)

O paradesporto sofre questionamentos que envolvem direito à igualdade e não discriminação quanto aos seus critérios de divisão, haja vista focar na conquista pessoal do atleta mais do que no resultado obtido.

A igualdade, neste caso, está ligada à igualdade de condições e não à igualdade de resultados, de maneira que a igualdade equitativa de oportunidades exige a correção da igualdade formal de oportunidades. Nesse sentido Vinícius Calixto postula: "Assim

---

e internacionais, assim como eventos político-administrativos, técnico-científicos e outras atividades afins; III – As ações que visem oferecer as suas filiadas a estrutura administrativa e organizacional indispensável para o seu funcionamento; IV – As ações que visem oferecer às suas filiadas a participação em eventos político administrativos, técnico-científicos, e em competições desportivas nacionais e internacionais; V – As ações voltadas para o fomento e o desenvolvimento de atividades do segmento esportivo paraolímpico junto às escolas do ensino fundamental e médio e instituições de ensino superior, em todo o Brasil; VI – As ações que visem a capacitação, formação e especialização de recursos humanos, nas áreas técnicas e gerenciais do segmento esportivo paraolímpico; VII – As ações de incentivo a estudos e pesquisas direcionados a: a) Obtenção de formas e mecanismos que favoreçam a atividade física e a aprendizagem da prática desportiva por pessoa com deficiência; b) Obtenção de formas adequadas e métodos inovadores de treinamento desportivo para atleta com deficiência; c) Facilidades no acesso de pessoa com deficiência a material técnico e equipamentos adequados, para a prática desportiva, assim como para outras atividades; d) Estímulo a campanhas de divulgação com o fim de informar, esclarecer e conscientizar a sociedade, o poder público, o meio empresarial e a mídia acerca da potencialidade da pessoa com deficiência. VIII – As ações que visem a captação de recursos financeiros, humanos e técnicos para o segmento esportivo paraolímpico brasileiro, constituindo se necessário, para apoio institucional e operacional, fundações, institutos ou congêneres, objetivando o acesso das entidades desse segmento, aos acordos, convênios e parcerias firmados com órgãos, ou entidades públicas ou privadas, empresas públicas ou privadas, instituições de ensino, associações, clubes, federações e confederações desportivas nacionais e internacionais". Disponível em: https://www.cpb.org.br/upload/link/1d2ede410d474ceaa6d12e2978e30ce4.pdf. Acesso em: 27 maio 2023

(296) Disponível em: https://www.paralympic.org/paralympic-games. Acesso em: 27 jul. 2023.

como a divisão binária masculino/feminino, a divisão olímpico/paralímpico também vem sendo por vezes questionada vinda sobretudo diante dos rápidos avanços tecnológicos que possibilitam aos atletas Paralímpicos melhores condições de disputa".(297)

Diante da verificação pela sociedade mundial de que as pessoas com deficiência estavam à margem de seus direitos de dignidade, igualdade, inalienabilidade garantidos a todos os membros da família humana como o fundamento da liberdade, da justiça e da paz no mundo desde 1948, foi editada a Convenção Internacional sobre os Direitos das Pessoas com Deficiência e seu Protocolo Facultativo, assinados em Nova York, em 30 de março de 2007.

A convenção, embora muito tardia, é de sua importância, pois reconhece:

> [...] que a deficiência é um conceito em evolução e que a deficiência resulta da interação entre pessoas com deficiência e as barreiras devidas às atitudes e ao ambiente que impedem a plena e efetiva participação dessas pessoas na sociedade em igualdade de oportunidades com as demais pessoas; a importância de trazer questões relativas à deficiência ao centro das preocupações da sociedade como parte integrante das estratégias relevantes de desenvolvimento sustentável; que a discriminação contra qualquer pessoa, por motivo de deficiência, configura violação da dignidade e do valor inerentes ao ser humano.(298)

A importância de trazer a deficiência ao centro das preocupações da sociedade como parte integrante das estratégias relevantes de desenvolvimento sustentável se consubstancia pela importância dos princípios e das diretrizes de política, contidos no Programa de Ação Mundial para as Pessoas Deficientes e nas Normas sobre a Equiparação de Oportunidades para Pessoas com Deficiência, para influenciar a promoção, a formulação e a avaliação de políticas, planos, programas e ações em níveis nacional, regional e internacional para possibilitar maior igualdade de oportunidades para pessoas com deficiência, para o alcance da justiça, desenvolvimento e paz.

O Brasil promulgou a Convenção Internacional sobre os Direitos das Pessoas com Deficiência e seu Protocolo Facultativo, em 2009, com o Decreto n. 6.949/2009, e posteriormente a Lei n. 13.146, de 6 de julho de 2015, a Lei Brasileira de Inclusão da Pessoa com Deficiência, que tem como objetivo combater as discriminações e perseguições que resultam na marginalização do cidadão com deficiência.

O Comitê Paralímpico Brasileiro em conjunto com a Secretaria Nacional de Paradesporto promovem e articulam ações Paradesportivas visando ao acesso das pessoas

---

(297) Calixto, 2018, p. 137-138.

(298) UNICEF. *Convenção sobre os Direitos das Pessoas com Deficiência e Protocolo Facultativo à Convenção sobre os Direitos das Pessoas com Deficiência.* Disponível em: https://www.unicef.org/brazil/convencao-sobre-os-direitos-das-pessoas-com-deficiencia. Acesso em: 10 jul. 2022.

com deficiência à prática esportiva em todas as suas manifestações, da iniciação ao alto-rendimento, em todas as faixas etárias e para as diversas deficiências independente do *status* da prática.

As regras de participação na modalidade paralímpica trabalham com a igualdade e inclusão frente a diferentes tipos de deficiência, por exemplo, atletas com deficiências e atletas que sofrem lesões graves, demonstrando o papel da inclusão do paradesporto.

3.4. Esporte e religião

> A religião e o futebol estão entre as maiores paixões do povo brasileiro e por isso não raramente têm se embrenhado das mais diversas formas dentro do país, como visto nesse texto. A religião está presente tanto no gramado, entre os jogadores e técnicos, como também na arquibancada, invocada pelos torcedores. O fato de no Brasil o futebol está relacionado à ideia de jogo, devido ao seu alto grau de imprevisibilidade, as pessoas rogam a seus deuses que ajudem o time para o qual torcem, na esperança de terem credibilidade o bastante para terem seu pedido atendido.[299]

A liberdade religiosa pode ser entendida como: liberdade de crença, que é a liberdade de escolha de uma religião, liberdade de aderir a qualquer seita religiosa, liberdade de mudar de religião e liberdade de não ter religião; liberdade de culto, que se compreende na liberdade de culta a de orar e a de práticas os atos próprios das manifestações exteriores em casa ou em público, bem como a de recebimento de contribuições para isso[300]; e liberdade de reunião.[301]

A Declaração Universal de Direitos Humanos e o Pacto Internacional de Direitos Civis e Políticos destacam que toda pessoa possui direito à liberdade religião, correspondente à liberdade de ter ou adotar uma religião ou uma crença de sua escolha e a liberdade de professar sua religião ou crença, individual ou coletivamente, tanto pública como privadamente, por meio do culto, da celebração de ritos, de práticas e do ensino, além de proibição de ser submetido a medidas coercitivas de restrição desses direitos, que somente estará sujeita a limitações previstas em lei e que se façam necessárias para

---

(299) Autora desconhecida. Sabe-se graduada em Jornalismo pela Universidade Federal de Ouro Preto e mestranda em Comunicação Social pela Universidade Federal de Juiz de Fora. Artigo publicado no sítio eletrônico Universidade do futebol. Conclusão do artigo "A relação entre o futebol e religião no Brasil". Disponível em: https://universidadedofutebol.com.br/2013/07/28/a-relacao-entre-o-futebol-e-religiao-no-brasil/. Acesso em: 21 maio 2022.

(300) Miranda, 1987, p. 129.

(301) "Art. 19. É vedado à União, aos Estados, ao Distrito Federal e aos Municípios: I – estabelecer cultos religiosos ou igrejas, subvencioná-los, embarcar-lhes o funcionamento ou manter com eles ou seus representantes relações de dependência ou aliança, ressalvada, na forma da lei, a colaboração de interesse público;" (Brasil, 1988).

proteger a segurança, a ordem, a saúde ou a moral públicas ou os direitos e as liberdades das demais pessoas.[302]

Internamente, a Constituição Federal prevê em seu art. 5º VI a inviolabilidade da liberdade de consciência e de crença, sendo "assegurado o livre exercício dos cultos religiosos e garantida, na forma da lei, a proteção aos locais de culto e a suas liturgias". O inciso VIII destaca que "ninguém será privado de seus direitos por motivo de crença religiosa ou de convicção filosófica ou política, salvo se as invocar para eximir-se de obrigação legal a todos imposta e recusar-se a cumprir prestação alternativa, fixada em lei"[303]. A Lei n. 17.346/2021, por sua vez, diz que a liberdade de religião "e de culto é inviolável e garantida a todos, em conformidade com a Constituição Federal, a Declaração Universal dos Direitos Humanos e o Direito Internacional aplicável".[304]

A *lex publica* protege o direito de todas as pessoas manifestarem e praticarem sua religião. Além disso, a legislação brasileira, conforme demonstrado, traz proteção específica aos cultos religiosos, em compatibilidade com o princípio da igualdade. Isso ocorre porque qualquer estigmatização resultante de preconceito religioso merece especial atenção do Estado.

Da mesma maneira seguem os dispositivos de não discriminação negativa na *lex sportiva*, em especial no Princípio Fundamental do Olimpismo. No entanto, o que se verifica são a incompatibilidade de vestimenta, modo de vida e disponibilidades de dias que impendem a participação de todos no esporte, como é o caso do uso do *hijab*, estilo de barbas e cabelos e jogos aos sábados, encontrados nos critérios de autodeterminação da *lex sportiva*.

Essas normas específicas criam incompatibilidades que prejudicam a participação de todas as pessoas. Ao contrário do que idealiza o esporte, elas acabam por criar desigualdades nas condições de participação.

3.5. Esporte e nacionalidade

A nacionalidade é um critério de elegibilidade esportiva. Dessa forma, o vínculo político-jurídico que liga uma pessoa a um Estado também é o critério utilizado para sua participação em campeonatos internacionais e mundiais. No entanto, o esporte, ao priorizar critérios pessoais e físicos na escolha dos atletas para representar seu país, permite que

---

(302) ONU. Declaração Universal dos Direitos Humanos. Artigo XVIII da Declaração Universal dos Direitos Humanos e artigo 18 do Decreto n. 592, de 6 de julho de 1992 (Pacto Internacional dos Direitos Civis e Políticos).

(303) BRASIL. Congresso Nacional. *Constituição Federal, de 05 de outubro de 1988*. Art. 5º, VI e VIII. Disponível em: http://www.planalto.gov.br/ccivil_03/constituicao/constituicao88.htm. Acesso em: 19 nov. 2021.

(304) BRASIL. *Lei n. 17.346, de 12 de março de 2021*. Art. 2º: "A liberdade de consciência, de religião e de culto é inviolável e garantida a todos, em conformidade com a Constituição Federal, a Declaração Universal dos Direitos Humanos e o Direito Internacional aplicável".

as federações internacionais concedam licenças esportivas, possibilitando que um atleta represente um Estado diferente de sua nacionalidade jurídico-política. Isso significa que a nacionalidade esportiva de um atleta pode ser diferente de sua nacionalidade oficial.

A regra 41 da Carta Olímpica coloca que qualquer competidor dos jogos deve ser um nacional do país ao qual está competindo.(305) No entanto, destaca que o atleta que possui mais de uma nacionalidade ao mesmo tempo pode representar um deles a sua escolha, mas depois de já ter representado um país nos Jogos Olímpicos ou em campeonatos mundiais ou regionais reconhecidos pela federação Internacional, o atleta não poderá representar outro país.

No caso de um atleta que já tenha representado seu país nos Jogos Olímpicos, em competições continentais ou regionais, ou em campeonatos mundiais, e que tenha mudado sua nacionalidade ou adquirido uma nova nacionalidade, ele se enquadra na exceção à regra. Nesse caso, ele pode obter a nacionalidade esportiva e a elegibilidade esportiva para representar outro Estado.

O Brasil adota o critério do *ius solis* para a nacionalidade. De 1920 a 2006, um total de 52 atletas nascidos fora do território brasileiro representaram o Brasil em jogos. Esses números foram revelados em uma tese elaborada por William Douglas Almeida, na Universidade de São Paulo, que investigou o senso de pertencimento e identidade nacional entre os esportistas que nasceram no exterior e representam o Brasil nos Jogos Olímpicos.(306)

Neste aspecto, a *lex sportiva* adentra as questões sensíveis da Autonomia de cada Estado soberano, tanto que, quando dos Jogos Olímpicos de 2016, no Rio de Janeiro, flexibilizou-se a emissão de vistos a todos os turistas que viessem assistir aos Jogos no Brasil, conforme a Lei n. 12.035/2009.

Além do mais, as políticas de migração de atletas internacionais deverão seguir alguns requisitos diferentes ao tratar do atleta, como: dever de informação dos problemas relacionados com a migração no esporte, para que possam tomar decisões mais informadas sobre a concessão de vistos; considerar a introdução de um visto que reflita a natureza específica das atividades esportivas e que possibilite o monitoramento da migração dos atletas; discutir a recepção de jovens atletas, o que pode incluir a obrigação dos clubes que contratam menores de: facilitar sua integração, oferecer educação dual (treinamento

(305) Regra 41. Tradução livre: "41 Nacionalidad de los competidores* 1 Todo competidor en los Juegos Olímpicos ha de tener la nacionalidad del país del CON que lo inscribe. 2 Todas las cuestiones relativas a la determinación del país al que puede representar un competidor en los Juegos Olímpicos serán resueltas por la Comisión Ejecutiva del COI" (COI, 2021, p. 82).

(306) ALMEIDA, William Douglas. Os atletas estrangeiros que representam o Brasil nas Olímpiadas. *Nexo*. Publicado em: 04 ago. 2021. Disponível em: https://www.nexojornal.com.br/academico/2021/08/04/Os-atletas-estrangeiros-que-representam-o-Brasil-nas-Ol%C3%ADmpiadas. Acesso em: 03 fev. 2022.

esportivo e educação escolar ou profissional), canalizar atletas malsucedidos para outras atividades, fornecer alojamento adequado para jovens atletas; e ajudá-los a encontrar outro emprego quando sua carreira ou contrato terminar.

Outro tema referente à nacionalidade que pode ter como causa guerras (próximo subcapítulo deste estudo), diz respeito aos atletas refugiados.

Na atualidade, é impossível falar em refúgio sem associar às tragédias humanitárias e violações do direito à vida, sendo, inclusive, as maiores causas de êxodo humano. Flavia Piovesan ensina que:

> A proteção internacional dos refugiados tem como fundamento a universalidade dos direitos humanos, que afirma que a dignidade é inerente à pessoa e dessa condição decorrem direitos, independentemente de qualquer outro elemento. Os refugiados são, assim, titulares de direitos humanos que devem ser respeitados em todo momento, circunstância e lugar.[(307)]

A vulnerabilidade dos refugiados é agravada por regimes autoritários, grupos de extermínio, perseguições injustificadas, guerras e todo tipo de violência. Isso torna a vida dessas pessoas ainda mais difícil e as força a deixar seus países de origem em busca de novas terras. Tanto que: "Ser refugiado é estar em uma condição atrelada à perseguição ocasionada por motivos de raça, religião, nacionalidade opinião política ou pertencimento a algum grupo social que, evidenciando claras evidências de violação de direitos humanos".[(308)]

A Convenção sobre o Estatuto dos Refugiados — Convenção de Genebra de 1951 foi adotada em 28 de julho de 1951 pela Conferência de Plenipotenciários, realizada em Genebra, com base na Resolução 429 (V) de 14 de dezembro de 1950 da Assembleia Geral da ONU, a qual traz na parte 2 do art. 1º que:

> [...] para os efeitos da presente convenção, o termo refugiado se aplicará a toda a pessoa: (...) 2) que virgula como resultado de acontecimentos ocorridos antes de primeiro de janeiro de 1951 e devido ao temor de ser perseguidos por motivo de raça religião, nacionalidade pertencimento a determinado grupo social ou opinião política, se encontrem fora do país de sua nacionalidade e não posso ou, a causa dos ditos temores, não queira acolher a pretensão de tal país; o que carecendo de nacionalidade a consequência de

---

(307) Piovesan, 2016, p. 58.

(308) De acordo com a ACNUR, refugiados são pessoas que estão fora de seu país de origem devido a fundados temores de perseguição relacionados a questões de raça, religião, nacionalidade, pertencimento a um determinado grupo social ou opinião política, como também devido à grave e generalizada violação de direitos humanos e conflitos armados (ACNUR, sa, sp).

> tais acontecimentos, fora do país onde antes vivia sua residência habitual não pode ouvir a causa dos ditos temores, não queira regressar a ele.(309)

A Declaração de Cartagena de 1984 ampliou a definição de pessoas refugiadas destacando que:

> [...] a definição ou o conceito de refugiado recomendável para sua utilização na região é o que, além de conter os elementos da Convenção de 1951 e do Protocolo de 1967, considere também como refugiados as pessoas que tenham fugido dos seus países porque a sua vida, segurança ou liberdade tenham sido ameaçadas pela violência generalizada, a agressão estrangeira, os conflitos internos, a violação maciça dos direitos humanos ou outras circunstâncias que tenham perturbado gravemente a ordem pública.(310)

No entanto, somente com a Lei n. 9.474/1997 o Brasil regulamentou o regime jurídico de proteção ao refúgio, amparado na Convenção de Genebra de 1951 e no Protocolo Facultativo de 1967.(311)

Na esfera desportiva, a dignidade humana foi promovida com a criação da Equipe Olímpica de Refugiados. Essa iniciativa, alinhada aos princípios fundamentais do olimpismo, proporcionou inclusão para os atletas refugiados. O responsável por essa ação foi o presidente do COI, Thomas Bach. Diante da crise global de refugiados que resultou em milhões de pessoas deslocadas em 2015, ele anunciou a criação da Equipe Olímpica de Refugiados (EOR), que fez sua estreia nos Jogos Olímpicos do Rio em 2016.

Em 2020, o Comitê Paralímpico Internacional também aderiu à iniciativa em parceria com a Agência das Nações Unidas para os Refugiados. Eles conseguiram a participação de uma equipe composta por seis atletas paralímpicos refugiados, representando uma parcela significativa dos 82 milhões de refugiados estimados a terem deficiências.(312)

Nesse sentido, a dignidade humana dos refugiados foi firmemente estabelecida com a criação da Equipe Olímpica de Refugiados. Isso mais uma vez demonstrou ao mundo que o esporte é um promotor da paz.

---

(309) Tradução livre de "A. A los efectos de la presente Convención, el término "refugiado" se aplicará a toda persona: [...] 2) Que, como resultado de acontecimientos ocurridos antes del 1º de enero de 1951 y debido a fundados temores de ser perseguida por motivos de raza, religión, nacionalidad, pertenencia a determinado grupo social u opiniones políticas, se encuentre fuera del país de su nacionalidad y no pueda o, a causa de dichos temores, no quiera acogerse a la protección de tal país; o que, careciendo de nacionalidad y hallándose, a consecuencia de tales acontecimientos, fuera del país donde antes tuviera su residencia habitual, no pueda o, a causa de dichos temores, no quiera regresar a él." (Convención sobre el Estatuto de los Refugiados, p. 2).

(310) Disponível em: https://www.acnur.org/fileadmin/Documentos/portugues/BD_Legal/Instrumentos_Internacionais/Declaracao_de_Cartagena.pdf. Acesso em: 25 jul. 2023.

(311) "Com a Lei, foi criado o Comitê Nacional para os Refugiados (Conare), órgão administrativo colegiado, vinculado ao Ministério da Justiça, com atribuição de processar e decidir sobre as solicitações de refúgio" (Rodrigues, 2021).

(312) Todt, 2021, p. 121.

3.6. Esporte e guerras

> As atividades atléticas sempre estiveram relacionadas às instituições nas sociedades passadas. Na Grécia Antiga elas faziam parte da religião e da educação grega. Na época do Império Romano, os jogos públicos foram utilizados para alienar o povo evitando insurreições populares na chamada "política do pão e circo" (...) A regulamentação de jogos populares na Inglaterra fez surgir, em meados do século XIX, o Esporte Moderno. Este, impregnado de valores da revolução industrial, foi utilizado pela burguesia industrial para disciplinar os operários. Os Jogos Olímpicos da era Moderna propagarão o esporte por todo o mundo. (...) Com o desenvolvimento da mídia, o esporte foi englobado pelas estruturas econômicas do mundo capitalista e tornou-se uma mercadoria da indústria cultural.(313)

As experiências de eventos esportivos e guerras remontam aos conflitos na Europa em 1914, que levaram ao cancelamento dos Jogos Olímpicos programados para Berlim em 1916. Esses Jogos só puderam ser realizados em 1920, na cidade de Antuérpia, na Bélgica, devido à proibição de participação dos países derrotados na Primeira Guerra Mundial, incluindo o Império Otomano.

Embora tenha sido o primeiro país asiático a sediar os Jogos Olímpicos em 1932, o Japão teve seus planos frustrados em 1938 devido ao conflito com a China, que se estendeu até 1945. Desta forma, os Jogos Olímpicos de 1940 foram originalmente planejados para serem sediados em Helsinque, na Finlândia. No entanto, esses planos foram frustrados pelo início da Segunda Guerra Mundial, que durou de 1939 a 1945. Como resultado, os Jogos Olímpicos de 1944, que deveriam ser realizados em Londres, também não ocorreram devido à continuação do conflito. No entanto, Londres foi posteriormente designada para sediar os Jogos Olímpicos de 1948.

Nos campeonatos mundiais de futebol, a quarta e quinta edições da Copa do Mundo, que seriam realizadas em 1942 e 1946, respectivamente, foram canceladas devido à Segunda Guerra Mundial. Após o término do conflito, uma nova tensão surgiu entre os Estados Unidos e o bloco de países aliados à União Soviética, conhecida como a "Guerra Fria", que perdurou de 1945 a 1991.

Apesar de períodos mais pacíficos, a invasão soviética ao Afeganistão em 1979 levou ao boicote aos Jogos de Moscou em 1980. Por ordem do presidente americano Jimmy Carter, alguns países aliados aos Estados Unidos tomaram medidas diversas. Alguns competiram sob bandeira neutra, como a Austrália, enquanto outros usaram seus próprios comitês olímpicos, como Espanha e Portugal. Já Alemanha Ocidental, China e Japão se retiraram dos jogos devido à pressão da Casa Branca.

---

(313) SIGOLI, Márcio André. A história do uso político do esporte. In: *RBCM*, v. 12, jun. 2004.

As Olimpíadas de 1984, realizadas em Los Angeles, foram marcadas por um boicote solicitado pela União Soviética e seus aliados. O Kremlin emitiu um comunicado poucos meses antes da cerimônia de abertura expressando preocupações com a segurança de seus atletas, o que resultou na desistência de 17 países, incluindo notavelmente Cuba, Polônia e Alemanha Oriental.

Curiosamente, a Romênia, apesar de ser uma aliada da União Soviética, optou por participar dos Jogos Olímpicos de Los Angeles. Surpreendentemente, a Romênia conquistou a segunda colocação no quadro de medalhas, com os Estados Unidos liderando. Os líderes soviéticos não alegaram oficialmente um boicote aos jogos, mas afirmaram preocupações com a segurança de seus atletas.

Em 1972 os Jogos Olímpicos foram sediados pela Alemanha, que buscava, por meio dos jogos, reconquistar seu papel internacional, desassociado das barbáries vividas pelo nazismo e pela Segunda Grande Guerra Mundial. No entanto, os Jogos Olímpicos daquele ano acabaram marcados pelo massacre praticado pelos terroristas da facção palestina Setembro Negro, que invadiram a Vila Olímpica e fizeram reféns um grupo de atletas e técnicos da delegação de Israel.

Os criminosos, utilizam do evento para exigir a libertação de 200 palestinos presos em solo israelenses e pediram um avião para fuga de Munique. O governo de Israel não cedeu, e autoridades alemãs ofereceram dinheiro para resgate e outras saídas diplomáticas, mas nada surtiu efeito, até que a história remonta que durante as negociações, um dos reféns foi morto. E, em uma tentativa de emboscada, a polícia alemã atraiu os sequestradores até o aeroporto, com a promessa de lhes providenciar o avião exigido.

Já com os terroristas na pista, as forças de segurança abriram fogo, mas os criminosos devolveram os tiros, que resultaram com a morte de 11 reféns israelenses, um policial alemão e cinco sequestradores.

A possibilidade de interromper os Jogos de Munique chegou a circular pelos organizadores, mas o COI decidiu seguir adiante após um dia inteiro sem nenhuma competição. Uma cerimônia no Estádio Olímpico homenageou os atletas mortos no massacre, as bandeiras foram colocadas a meio mastro, e as competições foram retomadas no dia seguinte.

Outro conflito que marcou a história do esporte foi a guerra de independência envolvendo Bósnia-Herzegovina, Croácia e Eslovênia em 1991. A situação levou o COI a abandonar sua neutralidade devido à repercussão global dos terríveis crimes de guerra ocorridos durante o conflito. Como resultado, a Iugoslávia foi banida de dois importantes eventos esportivos em 1992. No entanto, o COI permitiu que atletas classificados competissem sob o nome e bandeira de "Participantes Olímpicos Independentes", e eles conquistaram um total de 3 medalhas, incluindo uma de prata e duas de bronze.

Na sequência da Guerra da Iugoslávia, a UEFA proibiu a participação do país nos torneios europeus. Como resultado, a vaga foi concedida à Dinamarca, que havia ficado em segundo lugar no grupo liderado pela Iugoslávia e, posteriormente, conquistou o título do torneio na Suécia.

Após a independência da Bósnia-Herzegovina, Croácia e Eslovênia, esses países fizeram sua estreia nos Jogos Olímpicos de Sydney em 2000, o que aconteceu doze anos depois de boicotarem os Jogos Olímpicos de Seul em 1988. Vale ressaltar que, em Seul, a Coreia do Sul concordou em desfilar em conjunto com a Coreia do Norte na cerimônia de abertura, apesar de desentendimentos políticos.

Neste contexto, é relevante ressaltar que as duas delegações representavam seus países em guerra, embora um cessar-fogo estivesse em vigor. De forma notável, ambas as delegações entraram juntas e foram calorosamente ovacionadas ao adentrar o Estádio Olímpico. Durante a cerimônia, seguravam uma bandeira neutra com o desenho da Península Coreana em azul. Essa experiência positiva foi repetida apenas nos Jogos Olímpicos de Atenas, em 2004.

Antes dos jogos olímpicos de Tóquio, inicialmente programados para 2020, porém adiados em razão da pandemia da Covid-19, foram programados para o ano subsequente. Em parte, por questões políticas que separam os norte coreanos dos japoneses. Em abril de 2021, poucos meses antes da realização dos jogos o governo norte coreano anunciou que deixaria de participar alegando temores relacionados a pandemia do coronavírus — sendo a primeira desistência desde 1988 pela própria Coreia do Norte.

Devido à ausência em Tóquio, o Comitê Olímpico Internacional suspendeu os norte-coreanos até o final de 2022. O presidente da entidade, o alemão Thomas Bach, anunciou que a Coreia do Norte deixará de receber a ajuda financeira que o COI distribui aos seus membros. No entanto, Bach assegurou que os atletas norte-coreanos serão preservados para qualquer um que estiver classificado para os Jogos de Inverno de Pequim.

Além disso, é importante mencionar que a Revolução Comunista Chinesa de 1949 resultou na ascensão dos comunistas liderados por Mao Tsé-Tung, que se tornaram governantes de todo o território continental, proclamando a República Popular da China. Os nacionalistas, que estavam confinados na ilha de Taiwan, mantiveram a República da China lá como um governo em exílio. Durante os anos 1950 e 1960, a ONU e o Ocidente consideravam Taiwan como o verdadeiro representante da China, e os atletas da ilha competiam sob o nome República da China nos Jogos Olímpicos. No entanto, em 1971, a ONU deixou de reconhecer Taiwan como a representação legal dos chineses e transferiu a vaga olímpica para Pequim.Nota-se que esse período foi o mesmo do congelamento das relações da China comunista com a União Soviética, e a consequente aproximação de Pequim com os EUA. Os novos laços entre chineses e americanos levaram até à desistência da China em participar das Olimpíadas de Moscou, como parte do boicote ocidental aos soviéticos em 1980. Então, a solução encontrada para Taiwan, que não poderia usar mais o nome China, foi passar a competir com a nomenclatura "Taipé Chinesa" a partir de 1984 não só nos Jogos Olímpicos, mas também em outros eventos esportivos.

Estes conflitos foram motivadores para que o COI, em 1992, fizesse o chamamento em favor da observância de uma trégua olímpica, que contou com a adesão de 184 Comitês Olímpicos Nacionais e enviado ao secretário-geral da ONU.

No entanto, em fevereiro de 2023(314), o COI confirmou a suspensão da Rússia e Belarus em competições internacionais devido ao conflito com a Ucrânia. Foi destacada a possibilidade de atletas russos e bielorrussos competirem em eventos pré-olímpicos na Ásia. A proibição abrange a participação em eventos esportivos internacionais organizados ou apoiados por Federações Internacionais ou Comitês Olímpicos Nacionais da Rússia ou Belarus, incluindo a proibição do uso de bandeira, hino, cores e outras identificações nacionais. Além disso, funcionários do governo e/ou do Estado russo e bielorrussos estão proibidos de participar como convidados ou credenciados em eventos esportivos internacionais.

(314) A decisão foi confirmada, por unanimidade, pela reunião da Cúpula Olímpica em 9 de dezembro de 2022.

Capítulo 4

Discriminação no Esporte

As normas e princípios internacionais dos direitos humanos impõe aos estados a obrigação de prevenir a discriminação e oferecer uma reparação no caso de discriminação. A esse respeito, existem disposições convencionais específicas que estabelecem a obrigação dos estados de não discriminação em razão de sexo, raça e gênero, em particular as consagradas no Pacto Internacional de Direitos Econômicos, Sociais e Culturais, o Pacto Internacional de Direitos Civis E Políticos, a Convenção Internacional sobre a Eliminação de todas as Formas de Discriminação Racial e a Convenção Sobre A Eliminação De Todas As Formas De Discriminação Contra A Mulher assim como na jurisprudência dos correspondentes órgãos dos tratados. A Convenção sobre os Direitos da Criança, também garantem o direito das meninas a participarem do esporte em condições de igualdade e a proteção dos direitos dos atletas menores de 18 anos.[315]

Os recortes apresentados no capítulo anterior demonstram a existência de normas, às vezes antagônicas, nas ordens jurídicas distintas da *lex esportiva* e dos direitos humanos, que podem acarretar o descumprimento do direito aos documentos internacionais que formam a dignidade da pessoa humana.

A ausência de igualdade acarreta a discriminação. No mundo do esporte, não é diferente. A história, bem como os noticiários, demonstra os inúmeros casos, internacionais

(315) ONU. Conselho de Direitos Humanos. Tradução livre de: "Las normas y principios internacionales de derechos humanos imponen a los Estados la obligación de prevenir la discriminación y ofrecer una reparación en caso de discriminación. A ese respecto, existen disposiciones convencionales específicas que establecen la obligación de los Estados de no discriminar en razón del sexo, la raza y el género, en particular las consagradas en el Pacto Internacional de Derechos Económicos, Sociales y Culturales, el Pacto Internacional de Derechos Civiles y Políticos, la Convención Internacional sobre la Eliminación de Todas las Formas de Discriminación Racial y la Convención sobre la Eliminación de Todas las Formas de Discriminación contra la Mujer, así como en la jurisprudencia de los correspondientes órganos de tratados. La Convención sobre los Derechos del Niño también garantiza el derecho de las niñas a participar en el deporte en condiciones de igualdad y la protección de los derechos de los atletas menores de 18 años" (Informe de la Alta Comisionada de las Naciones Unidas para los Derechos Humanos Consejo de Derechos Humanos. 44º período de sesiones. 15 de junio a 3 de julio de 2020. Disponível em: https://documents-dds-ny.un.org/doc/UNDOC/GEN/G20/144/07/pdf/G2014407.pdf?OpenElement. Acesso em: 5 jun. 2023. Arts. 2, párr. 2; y 3. Véase también Comité de Derechos Económicos, Sociales y Culturales, observación general núm. 20 (2009), relativa a la no discriminación y los derechos económicos, sociales y culturales, párrs. 20 y 32. Arts. 2, párr. 1; 3 y 26. Véanse también Comité de Derechos Humanos, observaciones generales núm. 18 (1989) relativa a la no discriminación, y núm. 28 (2000) relativa la igualdad de derechos entre hombres y mujeres; y *Genero c. Italia* (CCPR/C/128/D/2979/2017), párr. 7.6).

e nacionais, de discriminação dentro das quatro linhas. Exemplos que nos deixam perplexos, diante do caminho contrário ao idealizado pelo Pai dos Jogos Modernos, transbordando as formas mais desumanas de exclusão social.

Racismo, homofobia, misoginia, xenofobia, discriminação religiosa e discriminação por deficiência no palco esportivo revelam a morte do espírito esportivo.

O art. 7º da Declaração Universal dos Direitos Humanos, assim como o Pacto Internacional dos Direitos Civis e Políticos e o Pacto Internacional dos Direitos Econômicos, Sociais e Culturais, reconhecem que todos são iguais e merecem igual proteção da lei, isto porque as guerras do século XX demonstraram e demonstram que a ideia de superioridade de uma pessoa em relação a outra, ou de um grupo em relação ao outro, leva à extinção da humanidade.

A Carta Internacional de Direitos Humanos repugna também qualquer tipo de discriminação e o próprio incitamento à discriminação, uma vez que, segundo Maria Luiza Marcilio:

> Os preconceitos nascem na cabeça dos seres humanos, como ensina Bobbio. Por isso, é preciso combatê-lo na cabeça dos homens, proibindo o incitamento à discriminação preconceituosa e, ao mesmo tempo, estimulando, com a educação, a luta contra toda forma de sectarismo.[316]

A igualdade e a não discriminação, como visto, só são alcançadas como resultado de um processo que representa o compromisso de toda a humanidade e de todos os povos. Neste aspecto, as pessoas humanas, assim como todos os organismos estatais e não estatais, devem se comprometer com a garantia da dignidade humana, de modo que apenas é possível chegar à paz, desenvolvimento e harmonia entre os povos se houver igualdade e garantia mínima da dignidade da pessoa humana a todas as pessoas do mundo.

A igualdade, nesta esfera, depende de ação e pressupõe inclusão social, de forma que a ausência desta implica em exclusão, discriminação e intolerância à diversidade. O combate à discriminação é uma medida fundamental para garantir o pleno exercício dos direitos civis, políticos, sociais, econômicos e culturais, sendo uma medida emergencial.

Portanto, o binômio igualdade-não discriminação constitui o ponto de partida para a proteção dos direitos humanos, que dependem da inclusão e não exclusão para sua efetividade.

Nesse sentido, a ciência, o direito, o ordenamento jurídico e o sistema esportivo não podem ser neutros. Cabe aos Estados respeitarem e não violarem o direito à igualdade, proibir a discriminação e obstarem a violação desses direitos por todos, inclusive

(316) Marcílio, 2008, p. 36.

pelo sistema desportivo, implementando medidas necessárias para a plena realização do direito à igualdade, como as ações afirmativas, que visam acelerar o processo de construção da igualdade em prol de grupos socialmente vulneráveis.

As medidas são necessárias porque a mera tolerância, o respeito à diferença e a punição da discriminação não se mostram suficientes para alcançar a igualdade de fato, especialmente onde há uma hierarquização social. Nestes casos, faz-se necessária a adoção de medidas concretas, urgentes e temporárias para compensar um passado discriminatório, até que os grupos vulneráveis se igualem aos demais e alcancem sua emancipação.

As ações afirmativas possuem duplo efeito, quais sejam: um retrospectivo, que busca aliviar e remediar um passado discriminatório, e um prospectivo, no sentido de fomentar a transformação social, criando uma nova realidade, sob a inspiração do direito material.

No âmbito global, a possibilidade de adoção de políticas públicas para reduzir as desigualdades sociais encontra previsão, entre outras, nas Convenções Internacionais de proteção de minorias vulneráveis, citadas no capítulo 3. No âmbito regional, a Convenção Interamericana contra o Racismo, a discriminação racial e todas as formas de intolerância demonstra-se forte na implementação progressiva da igualdade racial. No âmbito interno, a Constituição Federal de 1988, em seu art. 3º, destaca como objetivo da República Federativa do Brasil a construção de uma sociedade livre, justa e solidária, mediante a redução das desigualdades sociais e a promoção do bem de todos, sem quaisquer formas de discriminação.

Da mesma forma, o art. 7º, XX da Constituição Federal traz a proteção do mercado de trabalho da mulher, mediante incentivos específicos, como ação afirmativa. O art. 37, VII da Constituição Federal estabelece que a lei reservará percentual de cargos e empregos públicos para pessoas com deficiência.

No âmbito infraconstitucional, a Lei n. 9.100/1995, conhecida como "Lei de Cotas", a Lei n. 9.504/1997 e a Lei n. 12.288/2010 são exemplos de efetivação da igualdade de oportunidades, estabelecendo a possibilidade de ações afirmativas.

A Lei Geral do Esporte, Lei n. 14.597/2023, determinou que somente serão beneficiadas com repasses de recursos públicos federais da administração direta e indireta e de valores provenientes de concursos de prognósticos e de loterias as organizações de administração e de prática esportiva do Sistema Nacional do Esporte que tenham a presença mínima de 30% (trinta por cento) de mulheres nos cargos de direção, como forma de inclusão. A lei também garantiu isonomia nos valores pagos a atletas ou paratletas homens e mulheres nas premiações concedidas nas competições que organizarem ou de que participarem.

Nos últimos anos, muitas foram as conquistas das mulheres na busca pela igualdade de gênero, dentre elas destaco a própria participação no esporte. Infelizmente, ainda nos deparamos com preconceitos e discriminações. Neste contexto, é assertiva a lei que traz à luz o preconceito e discriminação em face das mulheres, pois além de oportunizar e renovar a necessidade de proteção nos ambientes desportivos, também busca conscientizar a sociedade de que a promoção da igualdade entre homens e mulheres depende do trabalho conjunto de toda a humanidade.

A discriminação contra a mulher, além de violar os princípios da igualdade de direitos e do respeito à dignidade humana, constitui também um obstáculo ao aumento do bem-estar da sociedade e da família, e dificulta o pleno desenvolvimento das potencialidades da mulher.

Nota-se que, quanto à busca pela isonomia remuneratória entre homens e mulheres, houve avanços, mas ainda deixou a desejar. Isso porque, embora tenha tratado da equivalência das premiações a atletas homens e mulheres nas competições que organizarem, nas competições com as seleções nacionais em todas as modalidades esportivas, continuou silente quanto à discriminação remuneratória por gênero, cuja vedação encontra-se no art. 7º do Pacto Internacional dos Direitos Econômicos, Sociais e Culturais e no art. 7º da Constituição Federal. Vale dizer que, no Brasil, a convocação das atletas mulheres e homens não circunscreve uma relação de emprego desportivo com seleções nacionais, de modo que a discrepância salarial entre os atletas de mesma modalidade em decorrência do gênero ainda continuará a existir.

Ainda quanto à inclusão feminina no esporte, o projeto de lei determinou uma cota de 30% de participação mínima de mulheres nos cargos de direção das Entidades do Sistema Nacional do Esporte, que, embora seja um marco através de ação afirmativa, deixou mais uma vez de privilegiar a igualdade entre homens e mulheres ao não fixar em 50%, já que mulheres qualificadas, dentro e fora das quatro linhas, existem.

Outro ponto de avanço na lei foi a proibição de contratos com atletas mulheres que tenham qualquer tipo de condicionante relativo à gravidez, à licença-maternidade ou a questões referentes à maternidade em geral, conforme o art. 86, § 10.

Por fim, a Lei Geral do Esporte, com o fim de coibir atos discriminatórios, previu a aplicação em dobro das penalidades dos crimes contra a paz no esporte, conforme o art. 201 da Lei, quando se tratar de casos de racismo no esporte brasileiro ou de infrações cometidas contra as mulheres. Esse foi um significativo avanço, que demonstra que no Esporte não há espaço para nenhum tipo de crime, e que muitas condutas que antes eram "apagadas" são máculas na sociedade e devem ser combatidas com a participação de todos.

O Código Brasileiro de Justiça Desportiva prevê a penalidade para pessoas que praticarem, durante uma partida ou competição, ato discriminatório, desdenhoso ou ultrajante, relacionado a preconceito em razão de origem étnica, raça, sexo, cor, idade, condição de pessoa idosa ou portadora de deficiência, conforme o art. 243-G. A resolução também prevê que, no caso de a discriminação ser praticada simultaneamente por um considerável número de pessoas vinculadas a uma mesma entidade de prática desportiva, há a possibilidade de perda de pontos e de mando de campo do Clube, como forma de punir, mas principalmente reprimir e coibir tal prática.[317]

Acontece que, embora previsto no diploma normativo, são poucos os casos em que, na prática, os tribunais assim decidem, e muitas são as críticas por parte dos clubes pelas penas aplicadas, sobretudo na perda de pontos. No entanto, é importante ressaltar que as discriminações devem ser reprimidas por toda a sociedade, e o esporte desempenha um papel imprescindível de inclusão, harmonia e respeito, elencando os clubes e seus atletas como importantes ferramentas para o combate às discriminações e preconceitos.

Nesse aspecto, no caso do futebol, por exemplo, devido ao aumento dos casos de discriminação, o Superior Tribunal de Justiça Desportiva emitiu a Recomendação 01/2019, a fim de que os árbitros, auxiliares e delegados das partidas relatem na súmula e/ou documentos oficiais dos jogos a ocorrência de manifestações preconceituosas e de injúria por torcedores ou partícipes das competições. Além disso, recomenda-se que os clubes e federações realizem campanhas educativas junto aos torcedores, atletas e demais participantes das competições, com o objetivo de evitar a ocorrência de infrações desta natureza o mais breve possível.

A Federação Paulista de Futebol, por sua vez, na mesma esteira, lançou em novembro de 2022 o seu Comitê de Diversidade e Inclusão, capitaneado pelo Vice-Presidente Mauro Silva. Além de estar de acordo com a Agenda 2030, esse comitê demonstra a importante função social do futebol para a materialização da dignidade humana. Registra-se que o Comitê surge em um triste momento de crescentes casos de preconceitos no futebol, mas que já tem um grande papel de reconhecer, dar luz, conscientizar e incluir as "minorias" para o bom desenvolvimento da sociedade.

A Federação Paraense de Futebol é outra federação estadual que abraçou os projetos relacionados à função social do esporte para o desenvolvimento. No lançamento do Campeonato de 2023, a federação destacou o poder do futebol na luta contra o racismo e outros preconceitos. Além disso, aproveitou a grande audiência do futebol para apresentar questões relacionadas à discriminação e problemas sociais que nossa sociedade

---

(317) As críticas são variadas, mas os Clubes entendem ser três pontos, literalmente, os cruciais para a impossibilidade de tal pena: 1. O CBJD não traz quem são as "pessoas vinculadas a uma mesma entidade de prática desportiva" que levariam à perda de mando de campo e aos pontos, quando cometido o ato discriminatório previsto no art. 243-G, causando insegurança aos próprios Clubes, na ação ao combate do racismo; 2. Entendem que não podem ser responsáveis disciplinarmente pela atitude de seus torcedores, por exemplo, tendo em vista que o torcedor não é jurisdicionado da Justiça Desportiva e existem outras searas que podem identificar pessoalmente quem são os agentes da prática criminosa de racismo; e 3. Sustentam que pena a perda de pontos impacta diretamente o trabalho realizado pelo próprio Clube e pelos Atletas, dentro e fora do campo, além de interferir significativamente no resultado do campeonato.

enfrenta. O objetivo é gerar reflexão e promover a cultura da paz, respeito e combate à violência.

Em setembro de 2022, o Comitê Olímpico Internacional[318] aprovou, através de seu Conselho Executivo, o Quadro Estratégico de Direitos Humanos, cuja estrutura "moldará fundamentalmente as práticas de trabalho do COI, dos Jogos Olímpicos e do Movimento Olímpico, garantindo que os direitos humanos sejam respeitados em suas respectivas áreas de atuação". Este foi um importante passo do COI em cumprir os Preceitos dos Objetivos de Desenvolvimento Sustentável da ONU, sobretudo na busca e materialização da Justiça, Inclusão e Não Discriminação. Identificou-se que os objetivos são imediatos, levando a identificar 16 diretrizes a serem implementadas até 2024. Isso ocorre porque o estabelecimento de um Quadro Estratégico do COI para os Direitos Humanos abrange e fornece planos de ação específicos para o COI como organização, COI como proprietário dos Jogos Olímpicos e COI como líder do Movimento Olímpico, deixando claro a atenção do mundo ao ser humano, à sua saúde, ao seu lazer, ao seu trabalho e, sobretudo, à fraternidade.

Ao longo desse processo de construção de igualdade, de forma paulatina, ocorrerão transformações sociais, alterando-se a consciência e cultura da sociedade em relação às diferenças, que são inerentes aos seres humanos.

Na medida em que se reconhece o outro como merecedor de igual consideração e respeito, surge o que Hannah Arendt chamou de "o direito a ter direitos". A igualdade implica o reconhecimento, o respeito e a tolerância em relação às diferenças. Isso leva ao reconhecimento do direito à diferença, que permite que cada indivíduo desenvolva suas potencialidades e projete sua vida de acordo com sua identidade única, sem sofrer violência[319] ou discriminação.

É necessário destacar, a título de exemplo desumano, o Caso Vini Jr.[320], que não se trata apenas de um caso de racismo, mas sim de vários, não se restringindo somente

(318) Disponível em: https://olympics.com/ioc/news/ioc-approves-strategic-framework-on-human-rights. Acesso em: 23 nov. 2022.

(319) Sobre a violência no esporte, Natalie e longo ei Tibério Machado destacam que nos últimos anos aumentou sobremaneira no universo esportivo: "não só advinda dos jogadores de alto rendimento, mas, principalmente entre torcedores e até estudantes que praticam o desporto educacional. Entretanto, muito antes de pensarmos em confronto entre torcidas outra forma de violência contra a dignidade humano-social já assolava muitos Campos, quadras e arena as esportivas". (Vargas, 2015, p. 189)

(320) Reportagem Ge.com: "Neguinho safado" (03/2018) No Flamengo, Vinicius Junior foi chamado de "neguinho safado" na saída de campo, no estádio Nilton Santos, em um clássico contra o Botafogo. Em agosto de 2017, um torcedor chegou a ser detido após injúria racial contra familiares do jogador, também em uma partida contra o Bota. Barcelona x Real Madrid (10/2021) Torcedores do Barça gritaram "macaco" para Vinícius Junior no Camp Nou. LaLiga apresentou denúncia à Procuradoria de Ódio de Barcelona. Os autores dos ataques não foram identificados e o caso foi arquivado. Mallorca x Real Madrid (03/2022) A emissora espanhola *Gol* flagrou insultos racistas da torcida do Mallorca contra o brasileiro. No trecho divulgado, é

a ele. Os incidentes tiveram início na Espanha durante um jogo entre Barcelona e Real Madrid, em outubro de 2021, e o ponto culminante ocorreu em 21 de maio de 2023,

---

possível ouvir algumas pessoas imitando sons de macaco e mandando o brasileiro "pegar bananas". LaLiga abriu nova denúncia, que foi arquivada, pela Procuradoria de Ódio local. Técnico do Mallorca pede para bater em Vini (09/2022)

A emissora Movistar+ flagrou o momento em que Vini discute com o técnico Javier Aguirre, do Mallorca. O brasileiro acusou o treinador de ter mandado seus jogadores baterem nele: "Ele disse 'Bate nele! Bate nele!'... o técnico", disse o atacante do Real Madrid, a Nacho. Comemorações viram polêmica (09/2022) As trocas de provocações exibidas após o jogo com o Mallorca geraram debate na imprensa espanhola sobre as danças que Vinicius Junior faz em suas comemorações. A semana era prévia a um clássico com o Atlético de Madrid. Em entrevista ao canal *Movistar+*, Koke foi perguntado se entenderia uma reação hostil de sua torcida caso Vini comemorasse um gol com uma dança. Ele respondeu: "Haveria confusão, com certeza. É normal". Agente usa expressão racista em programa de TV (09/2022) Em debate sobre as danças de Vinicius Junior, um convidado do programa El Chiringuito usou uma expressão racista para criticar o brasileiro. Pedro Bravo, presidente da Associação Espanhola de Empresários de Jogadores, afirmou: "Aqui o que você tem que fazer é respeitar os companheiros de profissão e deixar de fazer macaquice". A declaração provocou forte reação da opinião pública, e Vinicius fez um primeiro manifesto mais forte contra os ataques racistas. Em vídeo, ele disse: "Aceitem, respeitem ou surtem. Eu não vou parar de bailar" Atlético de Madrid x Real Madrid (09/2022) No clássico contra o Atlético de Madrid daquela semana, no Estádio Metropolitano, a torcida do Colchonero chamou Vinicius de macaco. Em um vídeo, é possível ver um torcedor exibindo um macaco de pelúcia. LaLiga apresentou denúncia, com 24 ocorrências no jogo. O caso foi novamente arquivado pela Procuradoria de Ódio de Madri em dezembro: "Uma vez contextualizados os insultos racistas, não constituiriam um crime contra a dignidade de a pessoa", justificou o MP. O atacante do Real Madrid reagiu ao arquivamento e disse que "seguiria na luta". Capitão do Mallorca diz que Vini usa racismo como coringa (09/2022) O zagueiro Antonio Raíllo, do Mallorca, acusa Vinicius de usar a bandeira do racismo como uma maneira de se proteger: — Vinicius que dance, mas não falte com respeito, não insulte e não menospreze os companheiros de profissão. Quando é chamado de provocador, usa o racismo como coringa. Valladolid x Real Madrid (12/2022) Vinicius Junior foi chamado de "negro de merda", "macaco" e ouviu sons de macaco da torcida do Valladolis ao ser substituído. Após a partida, ele foi às redes sociais e fez sua primeira cobrança a LaLiga. Horas depois, o presidente da entidade, Javier Tebas, retrucou o brasileiro e falou para ele "se informar melhor". LaLiga apresentou denúncia em três frentes: na Comissão Anti-Violência, na Comissão da Competição e diretamente no Tribunal de Valladolid. Vários responsáveis pelos insultos foram identificados e o processo penal foi instaurado. O clube abriu processo interno com 11 identificados e retirou seus ingressos da temporada. Real Madrid x Atlético de Madrid (01/2023) Antes do clássico pela Copa do Rei, a torcida do Atlético de Madrid simulou um enforcamento de Vinicius Junior. Um boneco, com a camisa do brasileiro, foi pendurado pelo pescoço em uma ponte na cidade. Acima, estenderam uma faixa com a frase "Madrid odeia o Real". LaLiga apresentou uma queixa ao Tribunal de Instrução de Madri. Quase quatro meses depois, apenas depois do episódio no jogo contra o Valencia, quatro pessoas foram presas, acusadas de envolvimento na ação. Mallorca x Real Madrid (02/2023) Imagens exibidas pela emissora "DAZN" mostram ao menos um torcedor gritando para o atacante do Real Madrid: "Vinicius, macaco! É um p*** macaco". O caso foi relatado novamente e o processo foi aberto. Através de um vídeo no TikTok, o autor foi identificado. Ele já havia proferido ataques racistas ao jogador Chukwueze dias antes. Ele perdeu a carteira de sócio por três anos. Comissão especial é criada (02/2023) LaLiga decide criar uma comissão específica para cuidar dos casos de racismo contra o atacante Vinicius Junior. A ação previu maior fiscalização em todos os jogos do Real Madrid. Osasuna x Real Madrid (02/2023) Insultos racistas foram proferidos contra o brasileiro no estádio El Sadar. LaLiga fez denúncia perante os tribunais de instrução de Pamplona. Os autores ainda não foram identificados. Betis x Real Madrid (03/2023) Gritos de "macaco" foram dirigidos a Vinícius Junior nas arquibancadas do estádio Benito Villamarín. LaLiga apresentou denúncia ao tribunal investigativo de Sevilha após detectar o autor dos insultos, que segue em investigação. Barcelona x Real Madrid (03/2023)

Mais uma vez no clássico contra o Barça gritos de "macaco" e "morra" para Vinicius Junior foram ouvidos nas arquibancadas do Camp Nou. O caso foi denunciado nos tribunais de instrução de Barcelona e ainda não foi

durante a partida entre Valencia e Real Madrid, quando torcedores cometeram atos de racismo, resultando na expulsão do atleta ofendido, Vini Jr. Por cerca de um ano e meio, o atleta foi alvo de ofensas, tanto dentro quanto fora de campo, chegando a receber ameaças de morte, incluindo a pendura de um boneco com sua semelhança em uma ponte, pelo pescoço. A inércia do sistema desportivo foi tamanha que somente em maio de 2023 ocorreram as primeiras punições aos agressores do atleta. Para Andrei Kampff:[(321)]

> O combate ao preconceito precisa ser coletivo. Estado, movimento esportivo e sociedade, juntos, exercendo mecanismos de coerção, como as punições as estabelecidas para atitudes discriminatórias. O direito tem um papel fundamental para mudar uma cultura do preconceito, apresentando caminhos legais para punições. Eles estão na Declaração Universal de Direitos Humanos, em tratados internacionais e nos próprios regulamentos esportivos. É preciso tornar o direito eficaz.

Outro caso que merece especial destaque são as regras de elegibilidade de atletas trans da Federação Internacional de Natação, que, em seu Congresso Geral em 19 de

---

concluído. Valencia x Real Madrid (21/05/2023) Torcedores do Valencia chamavam Vinicius de macaco desde a chegada do ônibus no estádio. Durante o jogo, os insultos seguiram. No segundo tempo, o brasileiro apontou dois torcedores que estavam imitando sons do animal e cometendo racismo contra ele.

O jogo ficou paralisado por alguns minutos, e foi retomado. Nos minutos finais, uma confusão entre jogadores das duas equipes gerou expulsão de Vini após interferência do VAR. Após a partida, o brasileiro reagiu nas redes sociais e deixou a entender que poderia até deixar a Espanha: "Vou até o fim contra os racistas. Mesmo longe daqui". O presidente de LaLiga, Javier Tebas, voltou a responder Vinicius e disse que não poderia permitir que o jogador "manchasse a liga". As reações ao caso em Valência (22/05/2023)

O presidente Lula e várias autoridades brasileiras manifestaram apoio a Vinicius Junior. O Real Madrid se manifestou pela primeira vez de forma mais direta e pressionou o poder público e a federação espanhola por decisões. Prisões e a primeira punição a um clube (23/05/2023) Dois dias depois do caso em Valencia x Real Madrid, três torcedores foram detidos, acusados de insultos a Vini no jogo. Eles logo foram liberados. Em Madri, a polícia espanhola prendeu quatro suspeitos de simularem o enforcamento do brasileiro em janeiro. Em decisão inédita nos casos que envolvem Vinicius Junior, a Federação Espanhola fechou um setor do estádio Mestalla e multou o Valencia. A entidade também anulou a expulsão de Vinicius Junior no jogo ao indicar mau uso do VAR. Apoio e vandalismo na Espanha (24/05/2023) Torcedores brasileiros foram à embaixada da Espanha, em São Paulo, manifestar apoio a Vinicius Junior com cartazes e gritos de solidariedade ao jogador do Real e contra a LaLiga (assista mais abaixo). Por outro lado, na Espanha, um cartaz com a foto de Vini Jr próximo ao Santiago Bernabéu, estádio do Real, foi vandalizado.

Em entrevista ao ge, o presidente de LaLiga, Javier Tebas, pediu desculpas a Vinicius Junior e assumiu que há racismo direcionado ao jogador (assista a baixo). A Procuradoria-Geral da Espanha anunciou que um procurador de tribunal delegado contra crimes de ódio será nomeado. O Real Madrid entrou em campo pela primeira vez desde o jogo contra o Valencia. A partida contra o Rayo Vallecano, no Santiago Bernabéu, foi marcada por várias ações de apoio a Vinicius Junior." Disponível em: https://ge.globo.com/futebol/futebol-internacional/futebol-espanhol/noticia/2023/05/24/racismo-contra-vinicius-junior-veja-tudo-sobre-o-caso.ghtml. Acesso em: 24 maio 2023.

(321) COCCETRONE, Gabriel. Falta de punições rigorosas contra torcedores alimenta racismo contra Vini J.r, dizem especialistas. *Lei em Campo* [*site*]. Publicado em: 22 maio 2023. Disponível em: https://leiemcampo.com.br/falta-de-punicoes-rigorosas-contra-torcedores-alimenta-racismo-contra-vini-jr-dizem-especialistas/. Acesso em: 22 jun. 2023.

junho de 2022, anunciou a proibição de atletas transgênero nas competições de elite internacionais para a categoria feminina, a menos que preencham os requisitos de atletas transgêneros que tenham passado por alguma etapa da puberdade masculina. A justificativa se dá porque, segundo as regras da FINA, a puberdade masculina faz com que a pessoa adquira adaptações fisiológicas que trazem diferenças substanciais entre meninos e meninas, o que inviabiliza a equidade e integridade da competição. Deste modo, entendeu-se que há necessidade de criação de uma modalidade aberta, onde haverá a inclusão dos Transgêneros que tiveram sua transição de gênero até os 12 anos de idade.

O assunto em pauta não é tão simples e transcende ao mundo do esporte. Não podemos esquecer que nas últimas décadas muitas mudanças ocorreram nos direitos e obrigações dos transgêneros, tanto que levou o Comitê Olímpico Internacional a alterar seu regulamento na última Olimpíada.

Ao fixar critérios etários para a transição de gênero até os 12 anos de idade, a FINA criou obstáculos fundamentais para a inclusão dos atletas transgêneros, pois, em muitos países e legislações, a idade elegida não é permitida para a realização da transição. Além disso, exigir de um atleta, em muitas modalidades ainda não profissionais e nem de alto rendimento, aos 12 anos de idade que emancipe sua decisão quanto a um direito fundamental de sua personalidade é extremamente desarrazoável e desumano.

Neste tocante, a FINA retrocedeu, inclusive em relação às regras do COI, quanto à preservação dos direitos humanos. E aqui não podemos olvidar que a criança tem que brincar, tem que descobrir, tem que se formar, tem que viver sua infância. Para Monica Sapucaia:

> Uma pessoa que passa por um processo de transição sofreu bastante, passou por um momento difícil em sua vida. Me impressiona muito, que se gaste esse tempo, tentando excluir um grupo pequeno proporcionalmente da possibilidade de competir nesses espaços. É claro que você pode fazer ajustes, é preciso buscar critérios técnicos e científicos para comprovar grau inicial de competição para todos. Agora colocar a barreira impeditiva é uma clara violação dos Direitos Humanos dessa pessoa que está sendo barrada.(322)

Ainda sobre as discriminações no esporte, o COI, em 28 de fevereiro de 2022, diante da guerra da Rússia com a Ucrânia, entendeu, por meio do seu Conselho Executivo, recomendar que atletas dos países da Rússia e Belarus fossem impedidos de participar de competições internacionais, em apoio aos atletas ucranianos que foram impedidos de

---

(322) COCCETRONE, Gabriel. Nova política de elegibilidade de atletas trans da Federação Internacional de Natação gera polêmica. O que pensam especialistas? *Lei em Campo* [*site*]. Publicado em: 22 jun. 2022. Disponível em: https://leiemcampo.com.br/nova-politica-de-elegibilidade-de-atletas-trans-da-federacao-internacional-de-natacao-gera-polemica-o-que-pensam-especialistas/. Acesso em: 22 jun. 2022.

competir pelos ataques em seu país.[(323)] Esse é mais um caso de discriminação do esporte que merece atenção, porque, segundo Jean Nicolau:

> Penso que o ideal é, na medida do possível, não confundir esporte e política. Não me parece haver fundamentação clara, sob uma perspectiva da regulamentação associativa da FIFA, para a exclusão da Federação Russa de Futebol. Afinal, não se trata de situação em que se verifica, por exemplo, interferência política em assuntos afeitos ao futebol. Talvez não se possa descartar, no entanto, remota possibilidade de aplicação de sanção de cunho político, motivada por pressão da comunidade internacional e da opinião pública, a mesma lógica serve em relação ao COI.[(324)]

Por outro lado, pode-se destacar que a FIFA foi fortemente criticada, no último ano, pela escolha do país-sede da Copa do Mundo de 2022, o Qatar. As denúncias foram desde discriminações de raça, gênero e orientação sexual até de trabalho escravo. Não é novidade que, antes da escolha pelo país, a FIFA foi alvo de inúmeros escândalos de corrupção e de envolvimento com grupos políticos Estatais extremistas. E para dar uma resposta a todos os últimos acontecimentos, em dezembro de 2022, a FIFA discutiu cooperação com OIT para prevenção de abusos de direitos sociais e trabalhistas, uma vez que houve denúncia, por relatório do jornal britânico *'The Guardian'*, que conta com morte, no Qatar, de cerca de 6,5 mil trabalhadores migrantes, sendo esse o maior número de mortes já registrados na preparação para uma Copa do Mundo.[(325)]

Visto que o esporte transcende as quatro linhas há décadas, em ano de Copa do Mundo, o tema "futebol" torna-se um dos assuntos mais discutidos no mundo, desde o almoço de família aos domingos até às mesas de grandes investidores, demonstrando o seu potencial social, político e econômico, não apenas do esporte em si, mas também do país sede. A FIFA, como órgão máximo da modalidade, deve observar os impactos do país escolhido e estabelecer critérios para a candidatura. Um dos grandes, senão o maior tema em relação a supostas violações aos direitos humanos, foi a escolha do Catar como sede. Por isso, acredito ser fundamental a aliança e a cooperação das entidades de Administração do Esporte com os Órgãos Internacionais para o cumprimento dos direitos humanos.

É importante ainda destacar que, nas últimas décadas, embora o poder econômico tenha ofuscado o poder cultural, social e muitas vezes político, ainda há uma insistência

---

(323) VECCHIOLI, Demétrio. Esporte rasga cartilha, toma lado na guerra e boicota Rússia. Uol. Publicado em: 01 mar. 2022. Disponível em: https://www.uol.com.br/esporte/colunas/olhar-olimpico/2022/03/01/esporte-rasga-cartilha-toma-lado-na-guerra-e-busca-boicotar-russia.htm. Acesso em: 10 mar. 2022.

(324) *Ibidem*, 2022.

(325) *Ibidem*, 2022.

em atribuir ao Estado papel decisivo nas políticas sociais e humanitárias, papel este que é de toda a sociedade mundial.

E assim, com os aprendizados e medidas efetivas contra a discriminação, em junho de 2023, a FIFA anunciou uma ferramenta de proteção de assédio na Copa do Mundo Feminino de 2023[(326)], porque a FIFA:

> Escaneou mais de 20 milhões de postagens e comentários no *Facebook*, *Instagram*, *TikTok*, *Twitter* e *YouTube* durante todo o torneio e, seguindo a sinalização de inteligência artificial (IA) especializada de comentários abusivos, fortalecido por duas camadas de análise humana, 19.636 postagens/comentários foram confirmados pelo provedor de serviços como abusivo, discriminatório ou ameaçador.

Apesar de ser um assunto digital, trata-se do mundo real e merece especial atenção, pois há tendência de as pessoas elevarem as liberdades individuais a patamares isolados dentro de uma sociedade, esquecendo que a liberdade da outra pessoa também deve ser resguardada, o que leva à pseudônima ideia de injustiças.

Neste aspecto, a ação promovida pela FIFA destaca e protagoniza seu papel fundamental na promoção do desenvolvimento e da paz, pautada nas três dimensões dos direitos humanos: liberdade, igualdade e fraternidade – que enfatizam o valor maior da dignidade humana. A ferramenta destaca-se ao demonstrar o basta do esporte à discriminação, discurso de ódio e violência, sem perder de vista outra de suas funções, que é promover, de maneira ordenada em escala mundial, o futebol.

Não há conflito de interesses ou colisão de direitos humanos; pensar que estes podem sofrer restrições apequena o gigante que é o ser humano. O fato de alguém ser responsabilizado por se expressar ou ter uma opinião que viole o direito de outrem pressupõe o uso de seu direito de se manifestar. Além disso, a ferramenta tende a proteger, de maneira efetiva, as atletas trabalhadoras que têm o direito de exercer seu trabalho em um âmbito sadio e humanizado, livre de todo tipo de preconceito, discriminação e violência.

Nestes contextos, alcançar o balanço razoável e adequado entre, de um lado, a proteção da autonomia e especificidade da *lex sportiva* e, por outro, a promoção e a proteção dos direitos econômicos, sociais e culturais é exigência para alcance da dignidade humana. A ponderação deve ser balizada pelos princípios da dignidade humana e proporcionalidade.

---

(326) COCCETRONE, Gabriel. Falta de punições rigorosas contra torcedores alimenta racismo contra Vini Jr, dizem especialistas. *Lei em Campo* [*site*]. Publicado em: 22 maio 2023. Disponível em: https://leiemcampo.com.br/falta-de-punicoes-rigorosas-contra-torcedores-alimenta-racismo-contra-vini-jr-dizem-especialistas/. Acesso em: 22 jun. 2023.

Não é demais destacar que o debate instaurado nas quatro linhas internacionais redefine a medicina no plano constitucional, visto que a *lex sportiva* não pode ser impeditivo para que os Estados implementem as obrigações internacionais e constitucionais em relação aos direitos humanos, compreendido sob uma ótica coletivista e de interesse público, que também é o fim do esporte.

O debate tem relevância imensurável, haja vista estar situado em uma sociedade global em que o bem-estar e o direito do desenvolvimento estão cada vez mais condicionados à cultura, ao lazer, à saúde, ao trabalho e ao esporte final. Sendo o esporte um produto social, este não pode se distanciar de sua função social de promoção do desenvolvimento e da paz, que impactará no campo dos direitos humanos. O processo necessita de diálogo e delineamento conceitual do esporte, considerada a proteção da igualdade para o alcance da dignidade humana.

Sem esquecer que a pessoa é o sujeito central do desenvolvimento, sendo ela mesma a beneficiária do desenvolvimento, que terá programas e políticas nacionais de cooperação internacional, com vistas a facilitar a plena realização dos direitos humanos.

Desta forma, reafirmar a igualdade de tratamento e de acesso a todos, para todas as pessoas, como luta contra a discriminação, não é um projeto, mas sim uma construção permanente de toda a sociedade mundial.

4.1. Discriminação e a Corte Europeia de Direitos Humanos

> Os legisladores, a jurisprudência constitucional e a ciência jurídica constitucional formam, na Europa um substrato jurídico indissociável capaz de conter o tipo de estado constitucional que respeita a dignidade da pessoa humana e a democracia pluralista, os direitos humanos e liberdades fundamentais, o estado de direito, o império da lei, a justiça social, a autogestão administrativa em nível municipal, a subsidiariedade, a tolerância e a proteção das minorias, o regionalismo e o federalismo. As variantes das formas particulares o grau de diferenciação é abstração a concreção dos princípios, que decorrem das formas que o coloca em evidência o legado comum e os valores ético espirituais, ao lado dos princípios gerais do direito, contidos em cada uma das instituições, os standards europeus, A homogeneidade de conceitual é a categoria de estado europeu constitucional, fornecem-nos os dados essenciais para a efetivação de novo modelo de estrutura constitucional.[327]

A interpretação dos direitos humanos, assim como a interpretação do direito constitucional e da teoria jurídica em geral, é influenciada pela época, pelo contexto histórico, pelos fatos avaliados, pelas circunstâncias do intérprete e pelos valores subjacentes

(327) Baracho, 2008b, p. 657-658.

à norma. Portanto, entende-se que o intérprete deve, dentro dos limites estabelecidos pelo ordenamento jurídico, considerar as escolhas fundamentais, afastando-se de qualquer preconcepção que possa envolver a matéria, e comprometer-se com o dever ético de proteger a dignidade humana.

E é neste ponto que analisamos a efetividade da igualdade dos direitos humanos nas relações esportivas, sob a perspectiva das decisões da Corte Europeia de Direitos Humanos, bem como a repercussão do sistema esportivo após tais medidas.

Primeiramente, é importante remontarmos à jurisdição, para além do Estado, e ao caminho percorrido pelo esporte até a Corte Europeia dos Direitos Humanos.

Os tribunais estatais não são os únicos que possuem o poder decisório, de modo que a garantia da justiça e da observância do direito não está limitada ao Estado. Sobre essa premissa Roberto Barracco disserta:

> Não se afirma que a jurisdição estatal deva ser deixada de lado, o que se busca é uma harmonização entre o que já ocorre na realidade e os conceitos nos quais se baseiam o estudo dessa realidade refletida no plano do direito processual. Afinal, o exercício da tutela jurisdicional pela jurisdição estatal não é caminho único para que se busque o escopo jurídico, social e político da jurisdição tendo em vista a manutenção da coesão social de maneira pacífica. Mesmo quando ausentes requisitos de imperatividade ou inevitabilidade por parte de jurisdições para além do Estado, estas possuem inegável poder de influência sobre a atuação da jurisdição estatal (...). Negar a existência desse fenômeno é, hoje em dia, fechar os olhos a uma justiça que consiga satisfazer seus escopos de maneira adequada — e somente assim é que se deixará de se aproximar aquilo que se pode trazer à justiça do que é verdadeiramente a justiça.(328)

O dogma de que Estado e Justiça são sinônimos, devido à sua relação como detentores do poder de definir e aplicar o direito, é questionado quando se admite que outros órgãos além do Estado possam se autorregular e exercer funções judiciais.

Pela análise já realizada, verifica-se que o esporte é um exemplo da evidência do fim do monopólio do Estado na jurisdição. Nas palavras de Guilherme Campos de Moraes:(329)

> A noção de lex sportiva é extremamente complexa e envolve uma heterogeneidade de normas regulamentares, tais como as oriundas do COI, híbridas

(328) Barracco, 2018, p. 127.

(329) Moraes, 2016.

público-privadas, como o CMA, e próprias de organizações internacionais, como as convenções da UNESCO e Contra o *Doping*.

Elas são regulatórias e, mais do que isso, integradas, afetando as esferas internacionais do COI, WADA e das federações internacionais, as esferas nacionais com os comitês olímpicos nacionais, as autoridades antidopagem e as federações nacionais, e a esfera individual, como no caso dos atletas.

Acima de tudo, representa também uma ordem jurídica transnacional, marcado pelo poder judicial de seus órgãos de resolução de conflitos e da principia sportiva, princípios inerentes ao desporto, além do processo legal e o da equidade. Ou seja, há uma série de regimes regulatórios, tanto públicos e, mais ainda, provados.

Quando o esporte olha para si, e para sua jurisdição, verifica que esta é específica, e apesar desse modelo autônomo, “extra estatal”, do esporte, seu diálogo com o processo estatal é inevitável em decorrência de sua matéria.

Para Roberto Barracco, a cultura, o entretenimento e a globalização, reflexos e pilares do esporte moderno, dialogam diretamente com o Estado, de modo que o reconhecimento entre as jurisdições deve ser recíproco:

> Esses são os paradigmas para o estudo do processo desportivo. Paradigmas que passam pelo esporte e pela sociedade como cultura, entretenimento e globalização que são os fundamentos da lex sportiva. Paradigmas que passam pelo esporte e pelo direito como ponto de origem da ordem jurídica desportiva e de sua jurisdição. Paradigmas que passam pelo Esporte e pelo Estado como ponto de inflexão entre o que é genérico e o que é específico.(330)

O órgão máximo de jurisdição do esporte é o Tribunal Arbitral do Esporte, destacado no capítulo 2, que é conhecido como autoridade suprema da ordem desportiva, com sede em Lausanne, Suíça. Suas atividades iniciaram-se em 30 de junho de 1984, e sua independência já foi questionada em 1992, no processo n. 561/1993, Elmar Gundel vs. Fédération Equestre Internationale, com fundamento na Declaração Universal dos Direitos Humanos de 1948, que determina, em seu art. 10, a obrigação de os tribunais serem independentes e imparciais para alcance de um julgamento justo.

O TAS foi criado com o intuito de afastar da justiça comum as disputas internacionais relacionadas ao esporte. Diante da constante evolução no esporte de alto rendimento, o TAS surgiu como uma instituição dinâmica, eficiente e capaz de absorver e solucionar as mais diversas demandas relacionadas ao mundo desportivo. Quando de

(330) Barracco, 2018, p. 92.

sua criação, era controlado e financiado pelo Comitê Olímpico Internacional, sendo essa entidade a única com poder de revisão dos estatutos da corte.

Nesse sentido, a garantia que se deve ter é a de que, se a lei é única, ela deve ser aplicada a todos, de forma igualitária e por um tribunal independente e imparcial. Sobre isso Moacyr Amaral Santos aponta que:

> (...) inseparável da figura do juiz é o seu caráter de órgão imparcial. Situado entre e acima das partes, condição primária é que o juiz exerça atividade na relação processual com integral e manifesta imparcialidade. Pressuposto pois da relação processual é a imparcialidade do juiz.(331)

A independência e imparcialidade do TAS e de seus julgadores são reconhecidas na Ordem Mundial, e, assim, possui competência de fonte jurídica, interpreta o direito desportivo, harmoniza a complexa rede de regimes desportivos e cria princípios de aplicação restritamente ao fenômeno desportivo.

O Pacto de São José da Costa Rica dispõe em seu art. 8º que:

> toda pessoa tem direito a ser ouvida, com as devidas garantias e dentro de um prazo razoável por um juiz ou tribunal competente independente e imparcial estabelecido anteriormente por lei, na apuração de qualquer acusação penal formulada contra ela ou para que se determinem seus direitos ou obrigações de natureza civil, trabalhista, fiscal ou de qualquer outra natureza.

A Convenção Europeia, para a Proteção dos Direitos Humanos e Liberdades Fundamentais, em seu art. 6º, § 1º prevê que:

> qualquer pessoa tem direito a que a sua causa seja examinada, equitativa e publicamente, em um prazo razoável por um tribunal independente e imparcial estabelecido pela lei o qual decidirá quer sobre a determinação dos seus direitos e obrigações de caráter civil, quer sobre o fundamento de qualquer acusação em matéria penal dirigida contra ela.

Nesse sentido, Guilherme de Campos Moraes reafirma a jurisdição do TAS:

> Como a mais alta instância no mundo desportivo e pela competência em dirimir conflitos desse universo, sejam eles de natureza disciplinar e comercial, nos seus processos de interpretação, fizeram com que o próprio CAS introduzisse, nos mesmos, princípios característicos principalmente do direito público. O devido processo legal, a igualdade de tratamento entre as partes e a motivação das suas decisões são princípios processuais emblemáticos na

(331) Santos, 1999, p. 339-340.

> consecução de suas atividades. A influência do CAS, nesse sentido, ultrapassa as suas decisões e acaba por influenciar diretamente outras fontes, até mesmo público-privadas, como o CMA. Isso se deve muito ao reconhecimento que a corte tem alcançados nos últimos tempos.

O Tribunal Federal da Suíça ratificou que o TAS possui todas as características necessárias para ser considerado um tribunal arbitral nos termos da Convenção de Nova Iorque, mas levantou alguns questionamentos quanto ao relacionamento entre o TAS e o COI.

Em decorrência desse julgamento, em 1994, foi estabelecido o Conselho Internacional de Arbitragem Desportiva, o que levou o TAS a adotar uma nova estrutura. Nesse mesmo contexto de autoridade suprema no âmbito esportivo, também em 1994, foi criado o Conselho Internacional de Arbitragem Desportiva e elaborado o Código de Arbitragem. As competências do TAS incluem disputas resolvidas por meio de cláusula arbitral específica, prevista em regulamento, ou por meio de compromisso arbitral posterior ao surgimento da disputa, bem como disputas por via recursal, desde que haja previsão regulamentar ou estatutária.

> As arbitragens ordinárias submetidas ao TAS tratam de casos relacionados à atividade esportiva ou ao esporte de modo geral, mas não necessariamente atinentes ao direito desportivo. As mesmas podem tratar de disputas acerca, por exemplo, de contratos comerciais relacionados à prática esportiva (ex: contratos de publicidade, de patrocínio, de teledifusão de competições, de licença do uso de imagem, de cessão de direitos econômicos sobre cessão futura de atletas, de agenciamento de atletas) ou, ainda, de contratos relacionados à construção ou à renovação de arensa esportivas, entre outros.
>
> Já as arbitragens recursais, por implicarem a reapreciação das decisões emanadas de autoridades esportivas, envolvem diretamente a aplicação da lex sportiva: esta é a razão pela qual os litígios visados por estas arbitragens recursais são os únicos aqui considerados como verdadeiramente desportivos, porquanto são oriundos de questões disciplinares ou relativas às competições.[332]

O ICAS ficou, a partir de então, responsável por zelar pelo bom funcionamento e financiamento do TAS, substituindo o COI. O ICAS é composto por 20 membros familiarizados não só com questões relativas à matéria, mas também com questões arbitrais.

(332) Nicolau, 2018.

A corte competente para apreciar a regularidade das sentenças arbitrais proferidas pelo TAS é o Tribunal Federal Suíço, conforme rol taxativo do art. 190 da Lei Suíça de Direito Internacional Privado, que são: irregularidade na composição da formação arbitral ou na nomeação do árbitro único; tribunal arbitral interpreta erroneamente sua competência ou incompetência para a apreciação de um litígio; o tribunal não se atém à missão que lhe foi conferida pelas partes; quando a igualdade entre as partes ou seu direito ao contraditório é violado; e quando a sentença é incompatível com a ordem pública. Diogo Medeiros destaca que:

> A excepcionalidade desses casos deve-se, sobretudo, a duas razões: a) a primeira resulta do temor de sanções, pois os vários ordenamentos desportivos costumam dispor de dispositivos com o fito de dissuadir seus filiados a socorrerem-se dos tribunais estatais. A prática demonstra, com efeito, os atores do esporte demonstram cautela antes de, em transgressão às regras do jogo impostas pelas federações, optar pelo recurso a autoridades cuja competência não é reconhecida pelas ordens desportivas; b) a segunda razão decorre da habitual ineficácia prática de medidas intentadas perante os poderes públicos: a dimensão global do movimento esportivo e sofisticada articulação entre as ordens desportivas internas e a ordem internacional referente a cada modalidade implica a habitual ineficácia de decisões judiciais internas no que tange à modificação de situações jurídico-desportivas.(333)

Ao tratar dos direitos humanos, a parte insatisfeita pode recorrer à Corte Europeia de Direitos Humanos, também conhecida como Corte de Estrasburgo, devido à sua localização, ou TEDH. A Corte é formada pelos Estados representados pelo Conselho da Europa e foi fundada em 1959. No entanto, apenas em 1998 tornou-se uma Corte permanente, focada nos valores europeus de direitos humanos, com jurisdição internacional sobre os Estados-Membros do Conselho da Europa que ratificaram a Convenção para a Proteção dos Direitos do Homem e das Liberdades Fundamentais.

Diferente da Corte de Luxemburgo, que se concentra em questões econômicas e na Lei dos Refugiados, cujos membros são os Estados que compõem a União Europeia, a Corte Europeia de Direitos Humanos julga apenas casos de violação de direitos humanos, sobretudo os direitos previstos na Convenção Europeia de Direitos Humanos. Desta forma, qualquer cidadão que tenha seu direito humano violado por Estados-Membros da Convenção tem acesso à Corte, desde que esgote todas as esferas domésticas do Estado-Membro.

---

(333) Souza, 2021, p. 153. Disponível em: https://experteditora.com.br/wp-content/uploads/2021/08/DIREITO-DESPORTIVO.pdf. Acesso em: 02 fev. 2022.

Neste aspecto, importante destacar, que os casos julgados pelos TAS, ele órgão julgador internacional do esporte, somente poderá ter discutida a sua constitucionalidade de acordo e na competência do Tribunal Federal Suíço, de modo que por este motivo, havendo violação a um direito humano, a Corte Europeia de Direitos Humanos poderá ser acionada.

Considerando o caminho e o porquê das questões da *lex sportiva* que tratam de direitos humanos, pode-se apreciar pela Corte Europeia de Direitos Humanos. Passa-se à análise do Caso Semenya.

Mais uma vez, o tensionamento entre conflitos da *lex sportiva* e direitos humanos é notícia. Isso ocorre porque a prevalência dos direitos humanos, por parecer óbvio, muitas vezes não se concretiza devido à mola propulsora dos valores éticos e morais. O direito à igualdade, pilar da dignidade humana, é fonte majoritária para as relações humanas sociais, e esta foi a decisão que prevaleceu no presente caso da atleta Semenya.

Antes de adentrar nas nuances dos dispositivos conflitantes e fixando a acertada decisão do Tribunal Europeu de Direitos Humanos, o direito à não discriminação é princípio básico de qualquer Estado Democrático, e sua inobservância pelo Estado Suíço consubstancia violação à dignidade humana, que é valor fonte supremo de toda a comunidade internacional.

Caster Semenya é uma atleta sul-africana, bicampeã olímpica em Londres 2012 e Rio de Janeiro 2016, nos 800 metros de atletismo, e possui hiperandrogenismo, um desenvolvimento sexual em que o corpo produz mais testosterona do que o normal para mulheres.

A saga da atleta iniciou em 2018, quando a Federação Internacional de Atletismo alterou sua regulamentação, ainda em vigor, permitindo que as atletas com DSD (caso da Semenya) só possam competir em eventos de pista entre 400m e a milha se fizerem tratamento para redução dos níveis de testosterona no sangue. A concentração do hormônio no sangue não deve passar de 5 nmol/litro por pelo menos seis meses antes da competição, visto que influencia em corridas, por aumentar a explosão muscular.

Na mesma esteira caminhou a Federação Internacional de Atletismo, que proibiu mulheres transgêneros em provas internacionais de atletismo. O assunto em pauta não é tão simples e transcende o mundo do esporte. Não podemos esquecer que nas últimas décadas muitas mudanças ocorreram nos direitos e obrigações dos transgêneros, tanto que levou o Comitê Olímpico Internacional a alterar seu regulamento.

Diante do impedimento de competir da maneira natural do seu corpo, a atleta ingressou com recurso no TAS, juntamente a Federação Sul-africana de Atletismo, sob o argumento de que os regulamentos da Federação Internacional de Atletismo violam os princípios fundamentais da política pública suíça. Na corrida pela justiça, os direitos humanos devem estar de acordo com interesses esportivos.[334]

No dia 1º de maio de 2019, o TAS decidiu, por maioria de 2 votos a 1, negar o pedido da atleta e decidir favoravelmente à Federação Internacional de Atletismo, sob o argumento de que, embora a aplicação do regulamento seja complexa e precise ser observada casuisticamente, ela é válida em sua integralidade. Dessa forma, para competir, a atleta deveria fazer uso de medicação, já que em provas específicas do atletismo, atletas portadoras de hiperandrogenismo têm vantagens competitivas relevantes em relação a outras atletas.

Diante desse cenário, a atleta recorreu à Suprema Corte Federal da Suíça em 29 de maio de 2019 para afastar a decisão do TAS e declarar inválido o regulamento da Federação Internacional de Atletismo, além de declarar desnecessárias e indesejadas as intervenções com medicamentos hormonais em atletas do sexo feminino, por falta de embasamento técnico e alto risco de sequelas na saúde.

Em 3 de junho de 2019, o Tribunal Federal da Suíça concedeu uma ação cautelar à atleta para que ela pudesse participar do Mundial, suspendendo temporariamente as novas regras da Federação. No entanto, no final de maio, o Tribunal Federal da Suíça não concedeu o mérito, destacando que a exigência de submeter certas atletas a intervenções cirúrgicas ou medicamentosas como pré-condição para competir não constitui uma violação da política pública suíça, mantendo, assim, a decisão do TAS sobre as regulamentações de testosterona.

Diante dessa decisão, a atleta ingressou com uma queixa na Corte Europeia de Direitos Humanos em face do governo da Suíça, por não proteger seus direitos humanos na decisão da Suprema Corte, deixando de incluir no polo passivo da demanda a Federação Internacional.

Os pontos altos de seu recurso basearam-se nos no art. 14.º (proibição de discriminação), em conjunto com o art. 8.º (direito ao respeito pela vida privada) da Convenção Europeia dos Direitos do Homem, uma vez que se queixou de ter que se submeter a tratamento discriminatório por causa de seu DSD, o que resultou em um nível naturalmente mais alto de testosterona. Ainda, embasou-se no art. 13.º (direito a um recurso efetivo), em conjunto com os arts. 3.º (proibição de tratamentos desumanos ou degradantes), 6.º (direito a um julgamento justo).

---

(334) As decisões não foram publicadas em sua totalidade, de modo que as informações foram divulgadas pelas mídias eletrônicas. Disponível em: https://runnersworld.com.br/caster-semenya-apela-a-decisao-do-tas/. Acesso em: 21 maio 2023.

A decisão da Corte de Estrasburgo de 11 de julho confirmou o pleito da atleta e concluiu que o Estado da Suíça não protegeu a atleta de ser discriminada, quando o Tribunal Federal da Suíça se recusou a revogar uma decisão do Tribunal Arbitral do Esporte que manteve as regras do Atletismo Mundial discriminatórias(335).

---

(335) Em matéria informativa no *site* da Corte Europeia de Direitos Humanos, veiculado em 11 de julho de 2023, desta que: "No acórdão da Câmara de hoje no caso Semenya v. Suíça (pedido n. 10934/21) o Tribunal Europeu dos Direitos Humanos considerou, por maioria (4 votos a 3), que houve: uma violação do Art. 14 (proibição de discriminação) em conjunto com o Art. 8 (direito de respeito pela vida privada) da Convenção Europeia dos Direitos Humanos, e uma violação do Art. 13 (direito a um recurso efetivo) em relação ao Art. 14 tomado em conjunto com Art. 8º da Convenção. O caso dizia respeito a um atleta de nível internacional, especializado em provas de meia distância, que reclamou de certos regulamentos da Associação Internacional de Federações de Atletismo (IAAF — agora chamada de Atletismo Mundial) exigindo que ela fizesse tratamento hormonal para diminuir seu nível de testosterona para poder participar em competições internacionais no feminino categoria. Tendo se recusado a fazer o tratamento, ela não pôde mais participar competições internacionais. Suas ações judiciais contestando os regulamentos em questão perante o Tribunal da Arbitragem do Esporte (CAS) e da Justiça Federal foram rejeitadas. O Tribunal concluiu, em particular, que o requerente não tinha recebido recursos institucionais e salvaguardas processuais na Suíça que lhe permitam que as suas queixas sejam examinadas de forma eficaz, especialmente porque as suas queixas diziam respeito a alegações fundamentadas e credíveis de discriminação como resultado de seu nível aumentado de testosterona causado por diferenças de desenvolvimento sexual (DSD). Isto seguido, especialmente no que diz respeito aos elevados riscos pessoais envolvidos para o requerente — nomeadamente, participando em competições de atletismo a nível internacional e, portanto, exercendo a sua profissão — que a Suíça ultrapassou a estreita margem de apreciação que lhe é concedida no presente caso, que dizia respeito à discriminação em razão do sexo e das características sexuais que exigiam "muito razões de peso" a título de justificação. Os altos riscos do caso para o requerente e para a estreita margem de apreciação concedida ao Estado respondente deveria ter levado a uma análise completa revisão institucional e processual, mas o requerente não conseguiu obter tal revisão. O Tribunal também concluiu que os recursos internos à disposição do requerente não podiam ser considerados eficaz nas circunstâncias do presente caso." Tradução livre de: "In today's Chamber judgment1 in the case of Semenya v. Switzerland (application no. 10934/21) the European Court of Human Rights held, by a majority (4 votes to 3), that there had been: a violation of Article 14 (prohibition of discrimination) taken together with Article 8 (right to respect for private life) of the European Convention on Human Rights, and a violation of Article 13 (right to an effective remedy) in relation to Article 14 taken together with Article 8 of the Convention. The case concerned an international-level athlete, specialising in middle-distance races, who complained about certain regulations of the International Association of Athletics Federations (IAAF — now called World Athletics) requiring her to take hormone treatment to decrease her natural testosterone level in order to be able to take part in international competitions in the female category. Having refused to undergo the treatment, she was no longer able to take part in international competitions. Her legal actions challenging the regulations in question before the Court of Arbitration for Sport (CAS) and the Federal Court were rejected. The Court found in particular that the applicant had not been afforded sufficient institutional and procedural safeguards in Switzerland to allow her to have her complaints examined effectively, especially since her complaints concerned substantiated and credible claims of discrimination as a result of her increased testosterone level caused by differences of sex development (DSD). It followed, particularly with regard to the high personal stakes involved for the applicant — namely, participating in athletics competitions at international level, and therefore practising her profession — that Switzerland had overstepped the narrow margin of appreciation afforded to it in the present case, which concerned discrimination on grounds of sex and sexual characteristics requiring "very weighty reasons" by way of justification. The high stakes of the case for the applicant and the narrow margin of appreciation afforded to the respondent State should have led to a thorough institutional and procedural review, but the applicant had not been able to obtain such a review. The Court also found that the domestic remedies available to the applicant could not be considered effective in the circumstances of the present case". Disponível em: https://www.coe.int/fr/web/execution/annual-reports. Acesso em: 11 jul. 2023.

A decisão é muito recente e ainda não há maiores desdobramentos. O Estado da Suíça, o TAS e a Federação Internacional de Atletismo ainda não se manifestaram. O caso é importante para a matéria analisada, e sobretudo para o esporte e os direitos humanos, por isso merece especial destaque, haja vista seu alto potencial de efetividade.

Vale ressaltar que a discussão jurídica se pauta na colisão de direitos e regras. Por um lado, há a igualdade desportiva, integridade da competição e imprevisibilidade do resultado, que sustentam a regra binária entre divisão entre categorias femininas e masculinas. Por outro lado, o direito de personalidade, inclusão, não discriminação, igualdade e dignidade da pessoa humana, que são direitos humanos.

A Declaração Universal de Direitos Humanos deve ser estritamente observada em todos os âmbitos nacionais e internacionais pelos países signatários. Ela consagra o direito à dignidade humana e à igualdade, enquanto proíbe a discriminação com base no sexo.

No entanto, é lamentável que a falta de respeito pela primazia da dignidade da pessoa humana sobre as regras e princípios das competições esportivas resulte na exclusão e discriminação de atletas transgêneros ou com disfunção hormonal. Essa situação acarreta prejuízos para a sociedade e representa um retrocesso para os direitos humanos. Nesse sentido, Andrei Kampff pontuou que:

> essa tem sido uma das grandes discussões do direito na área privada do esporte. Princípio da Igualdade x Direitos Humanos. Mas essa é uma falsa dicotomia. O esporte nasce tendo como base a proteção de direitos humanos. Além do que, o direito é um só e o universo esportivo não é mundo paralelo. E, mais, além desse compromisso destacado na Carta Olímpica e no Estatuto da Fifa, a Declaração Universal de Direitos Humanos traz princípios que precisam ser orientadores de todos os países signatários. E ela traz o direito à dignidade humana e à igualdade, bem como a vedação de discriminação da pessoa em razão do sexo.[336]

Embora o Brasil possua acordo de cooperação internacional desde 2016, do Superior Tribunal de Justiça com a Corte Europeia de Direitos Humanos, que visa a troca de informações e documentos de suas jurisprudências, este não implica em observância obrigatória do Brasil a decisão da Corte à Convenção Europeia de Direitos Humanos. Assim, para que um atleta em solo brasileiro, que tenha violado seu direito humano, no âmbito desportivo, somente poderá percorrer caminho até o TAS, o que impede que o Estado Brasileiro seja responsabilizado pela Corte Europeia de Direitos Humanos.

(336) Melo, 2023, p. 95.

Por outro lado, a internacionalização dos direitos humanos, embora tardios pelo Brasil, possuem enfoque e fundamento na dignidade da pessoa humana como caminho contrários a atentados autoritários, que nos permite entender o diálogo do direito interno com as fontes internacionais no estudo dos direitos humanos, como o uso da jurisprudência europeia, de modo que o diálogo com a Corte Internacional proporcionará debates mais maduros do tema do que pela OEA e o próprio Supremo Tribunal Federal, exatamente pela competência já tratada.

Considerações Finais

O desafio de compreender os diversos fenômenos sociais mundiais que o esporte enfrenta ressaltou a importância do presente estudo, sobretudo quando analisados os possíveis atritos com direitos humanos que levam às discriminações. Em face do sistema internacional e constitucional de proteção dos direitos humanos, emerge o processo de redefinição do alcance do sentido da igualdade no esporte. Neste processo de definição, destacam-se as seguintes conclusões.

A Declaração Universal dos Direitos Humanos destaca que as ações anteriormente conduzidas pelo homem em desprezo dos seus próprios direitos conduziram a atos bárbaros que revoltaram a consciência da humanidade, e, para a existência e permanência da humanidade, a comunidade internacional considerou direitos listados que permeiam e estruturam as diretrizes para alcançar os direitos humanos, justificando, assim, a existência da norma jurídica.

Dessa forma, pela edição realizada pelos Estados-membros da ONU, que identifica a proteção da humanidade como seu objetivo principal, a norma existente se torna válida, justa e necessária em sua imediata eficácia. A dignidade da pessoa humana, reconhecida por todos os seres humanos do planeta, torna as normas de direitos humanos inalienáveis, indissociáveis, imprescritíveis e condicionantes para a promoção da liberdade, igualdade, justiça, desenvolvimento equitativo e paz no mundo.

Nesse aspecto, a Carta de Direitos Humanos é a norma jurídica internacional mais importante na história da humanidade, por agregar e traduzir as ideias e as regras basilares de respeito a todos os seres humanos de maneira igualitária, contendo as principais disposições para a manutenção da paz e da segurança internacional, com prioridade ao estabelecimento das condições necessárias para efetivação da justiça e ao respeito às obrigações advindas da assinatura dos tratados que contam com a garantia das condições necessárias ao progresso humano e social e a melhoria das condições de vida das pessoas humanas.

A ONU declara o esporte e suas manifestações como direito humanos e, mais que isso, encontra no esporte ferramenta imprescindível para a promoção do desenvolvimento e da paz, isto porque, devido a distinta atenção da sociedade mundial destinada ao esporte e sua permeabilidade em todas as culturas, permite a educação aos direitos humanos.

E, de fato, o grande desafio da humanidade é o desenvolvimento, que se contrapõe à fenomenologia da estória da globalização, que pelo capital e pela informação, rompem com as fronteiras Estatais e relativizam as soberanias. Nesse cenário, o esporte é impulsionado pela globalização, ao mesmo passo que esta é impulsionada pela visibilidade e economia do espore.

Assim, dentro de sua missão, a qual a ONU convoca o esporte para auxiliar, cabe ao mundo esportivo assumir sua obrigação, buscando garantir a paz e o desenvolvimento como um ideário de equidade, solidariedade e democracia. Isso se torna ainda mais relevante diante de uma globalização desiquilibrada, que oferece entrave a uma organização equitativa, com uma nova ordem econômica internacional baseada na ética, igualdade entre os povos e o desenvolvimento integral.

Isto porque, o direito, enquanto desenvolvimento, é inalienável e o instrumento jurídico apto a estabelecer, por meio da normatividade, a nova ordem econômica internacional. De maneira que confere a toda pessoa humana e todos os povos a participação no desenvolvimento econômico, social, cultural e político, conforme dispõe o artigo inaugural da Declaração sobre o Direito ao Desenvolvimento de 1986.

Neste cenário, os direitos prestacionais são o conjunto de direitos que mais se sujeitam aos fluxos da globalização, servindo como vetor de interpretação. A ONU, desde 1970, quando implementou o Programa das Nações Unidas para o Desenvolvimento, estabeleceu um Pacto Global que engloba todos os organismos e pessoas do mundo, visando o cumprimento dos ODM — Objetivos de Desenvolvimento do Milênio e, posteriormente, dos ODS — Objetivos de Desenvolvimento Sustentável. Essa iniciativa busca a renovação e ampliação de compromissos pela sustentabilidade global, com o propósito de reduzir a desigualdade e alcançar a paz por meio do desenvolvimento integral.

É imperioso ressaltar que, dentro da sociedade de risco, as desigualdades são reforçadas, e, diante disso, a OIT em 2008 editou a Declaração da OIT sobre justiça social para uma globalização justa, fortalecendo o trabalho conjunto entre o capital e o social para alcançar as metas do desenvolvimento. Mais uma vez, o esporte se destaca, pois suas manifestações econômicas e do trabalho impulsionam e propagam a sociedade mundial almejada.

Nesse contexto, quando os Estados partes assumem o dever jurídico de respeitar, proteger e implementar os direitos que resguardam, garantindo uma mínima obrigação afeta aos direitos sociais, bem como o dever de promover a aplicação progressiva desses direitos, sendo vedado o retrocesso social, proteger o esporte e sua autonomia se torna uma regra a ser seguida.

A neutralidade que sustentou o esporte, baseada na instituição unipartidária da estrutura e organização do COI idealizada por Pierre de Coubertin, sob o receio de lidar com conflitos internos e o ceticismo em relação à democracia do século XIX, não se sustenta na sociedade de risco, globalizada e atual.

Isso pode ser verificado à luz dos paradigmas trazidos pelo esporte, o qual busca um adequado equilíbrio entre a proteção do direito da autonomia desportiva e os direitos sociais, como a saúde, a educação, o trabalho, o lazer, assegurados pelo Pacto Internacional dos Direitos Econômicos, Sociais e Culturais, pelos demais tratados internacionais de proteção dos direitos humanos e pela Constituição Brasileira.

Portanto, os regimes jurídicos de proteção do esporte nos âmbitos internacional e constitucional devem ser avaliados quanto ao impacto que produzem no campo dos direitos humanos.

Existem desafios em redefinir o esporte à luz da concepção contemporânea da igualdade dos direitos humanos, da indivisibilidade, interdependência e integralidade desses direitos, com especial destaque aos direitos econômicos, sociais e culturais e ao direito ao desenvolvimento, na construção de uma sociedade aberta, justa, livre e plural, pautada por uma democracia cultural emancipatória e igualitária. É inquestionável a influência da cultura cristã em matéria de direitos humanos, pois o direito é cultura, sujeito a consciência universal, conforme ensinamentos de Wagner Balera e Ricardo Sayeg.

Nesta ideia, se o sentido histórico da criação de uma constituição para a proteção da liberdade do indivíduo em face da autoridade pública não é lógico que a atividade estatal no plano internacional possa emanar normas restritas de direitos e garantias fundamentais. Além disso, a *lex esportiva*, dentro de seu sistema privado, não pode exercer atividades que violem princípios fundamentais que garantem a inviabilidade de toda pessoa humana, como exercício legítimo da autonomia que lhe afeta.

Ainda, verifica se que a própria Constituição federal em seu art. 217 3 torna imanente o princípio constitucional da igualdade efetiva no âmbito da legislação desportiva, chamando a sociedade como um todo para, fazer do esporte instrumento para promoção cultural, integração social, democratização e respeito aos direitos humanos.

De um lado, argumenta-se ser necessário conferir proteção ao investimento realizado pela economia do esporte; por exemplo, acaba-se por ser contrário ao próprio esporte considerar as barreiras criadas pela *lex esportiva* a médio e longo prazo, sob pena de sua morte.

Neste sentido, torna-se necessário compatibilizar os tratados de natureza econômica com os parâmetros protetivos mínimos consagrados pelos direitos humanos. Gradativamente, as dimensões e preocupações relacionadas à proteção dos direitos humanos têm sido incorporadas em toda a lex esportiva, uma vez que o conflito não envolve os direitos desportivos em relação aos direitos humanos da coletividade, mas sim a inobservância dos direitos humanos antes dos direitos econômicos, que são os grandes espetáculos esportivos.

Em linha com a Agenda 2030, proposta por Wagner Balera e Ricardo Sayeg, o capitalismo humanista, desenhado a partir da ética cristã, é uma resposta ao ideal de desenvolvimento que prestigie o crescimento econômico e os direitos humanos, valores importantes no esporte.

A transformação, portanto, dos Direitos Humanos em normas jurídicas significa o respeito a um processo de generalização, que traduz o reconhecimento da igualdade de todos perante a lei e que, ao mesmo tempo, convive com um processo de especificidade, que reconhece a necessidade de tratamento jurídico específico a grupos mais vulneráveis em todas as esferas dentro da sociedade mundial.

Desta forma, a *lex sportiva* e a *lex publica*, sobre todos os direitos humanos, são eficazes na promoção da igualdade nas relações do esporte, para evitar a discriminação e trazer a inclusão efetiva de todas as pessoas no desenvolvimento e na paz.

Por fim, a dignidade da pessoa humana precede qualquer valor vinculado ao esporte, e este tem a obrigação de se amoldar sempre à prevalência dos direitos humanos, visando a promoção do desenvolvimento e da paz.

Referências

ACNUR. Refugiados. *ACNUR* [*site*]. Disponível em: https://www.acnur.org/portugues/quem-ajudamos/refugiados/. Acesso em: 20 out. 2021.

ACQUAVIVA, Marcus Cláudio. *Notas introdutórias ao estudo do direito.* 2. ed. São Paulo: Ícone, 1990.

AIDAR, Carlos Miguel. *Curso de Direito Desportivo Sistêmico.* Aspectos normativos e retrospectiva histórica da legislação desportiva infraconstitucional. São Paulo: Quartier Latin, 2009.

ALMEIDA, William Douglas. Os atletas estrangeiros que representam o Brasil nas Olímpiadas. *Nexo*. 04 ago. 2021. Disponível em: https://www.nexojornal.com.br/academico/2021/08/04/Os-atletas-estrangeiros-que-representam-o-Brasil-nas-Ol%C3%ADmpiadas. Acesso em: 03 fev. 2022.

ANDREOTTI, Leonardo. O Princípio da Autonomia Constitucional Desportiva. *Instituto Brasileiro de Direito Desportivo — IBDD*, 2013. Disponível em: https://ibdd.com.br/o-principio-da-autonomia-constitucional-desportiva/?v=19d3326f3137. Acesso em: 24 mar. 2022.

ARAUJO, Luiz Alberto David. *Curso de direito constitucional.* 3. ed. São Paulo: Saraiva, 1999.

______. *A proteção constitucional das pessoas com deficiência*. 4. ed. Brasília: Corde, 2011.

______; NUNES JÚNIOR, Vidal Serrano. *Curso de direito constitucional.* 21. ed. São Paulo: Verbatim, 2017.

ARISTÓTELES. *Ética a Nicômaco*. 6. ed. São Paulo: Martin Claret, 2013.

ATALIBA, Geraldo. *República e Constituição.* São Paulo: Revista dos Tribunais, 1985.

BALERA, Wagner. A Dignidade das Pessoas e os Direitos Humanos. *Synthesis*, São Paulo, v. 43, 2006, p. 36-38.

______. *Comentários à Declaração Universal de Direitos Humanos e Jurisprudência. eBook Kindle.* São Paulo: Amazon, 2018.

______; SAYEG, Ricardo. *FATOR CapH* — Capitalismo Humanista. São Paulo: Max Limonad, 2019.

______. A dignidade da pessoa humana e o mínimo existencial. In: MIRANDA, Jorge; SILVA, Marco Antônio Marques da (Coords.). *Tratado Luso-Brasileiro da Dignidade Humana*. São Paulo: Quartier Latin, 2009, p. 476.

______; SILVA, Roberta Soares da. *Comentários aos objetivos de desenvolvimento sustentável.* São Paulo: Editora Verbatim, 2018.

______. *Declaração sobre o Direito ao Desenvolvimento Anotado*. Curitiba: Juruá, 2015.

______. *Noções preliminares de direito previdenciário*. 2. ed. São Paulo: Quartier Latin, 2010.

______. O Valor Social do Trabalho. *Revista LTr*, v. 58, n. 10, São Paulo, LTr, 1994.

DE MELLO, Celso Antônio Bandeira. *Curso de direito administrativo*. 30. ed. São Paulo: Malheiros, 2013.

BARACHO, José Alfredo de Oliveira. Teoria Geral Do Direito Constitucional Comum Europeu. In: ROCHA, Maria Elizabeth Guimarães Teixeira; MEYER-PFLUG, Samantha Ribeiro (Orgs.). *Lições de direito constitucional:* em homenagem ao professor Jorge Miranda. Rio de Janeiro: Forense, 2008b.

BARBOSA, Rui. *Oração aos moços*. 5. ed. Rio de Janeiro: Casa de Rui Barbosa, 1999.

BARRACCO, Roberto de Palma. *Contribuição para a sistematização do processo desportivo:* fundamentos da jurisdição desportiva. 2018. 352 f. Dissertação (Mestrado em Direito) – Faculdade de Direito, Universidade de São Paulo, São Paulo, 2018.

BARROSO, Luís Roberto. Diferentes, mas iguais: o reconhecimento jurídico das relações homoafetivas no Brasil. In: ROCHA, Maria Elizabeth Guimarães Teixeira; MEYER-PFLUG, Samantha Ribeiro (Orgs.). *Lições de direito constitucional:* em homenagem ao professor Jorge Miranda. Rio de Janeiro: Forense, 2008b. p. 114.

BARROSO, Luís Roberto. *Interpretação e aplicação da Constituição*. São Paulo: Saraiva, 1996.

BASTOS, Guilherme Augusto Caputo. *Direito desportivo*. 2. ed., rev. Brasília: Casa da Educação Física, 2017.

BEAUVOIR, Simone. *O segundo sexo:* fatos e mitos. 4. ed. São Paulo: Difusão, 2016. p. 357.

BELMONETE, Alexandre Agra. *Aspectos jurídico-trabalhista da relação de trabalho do atleta profissional.* Curso de direito desportivo sistêmico. V. II: Quartier Latin, 2010.

BENTO, Jorge Olímpio Bento; CONSTANTINO, José Manuel. A lei e o desporto. In: *O Desporto e o Estado.* Ideologias e práticas. Porto, Edições Afrontamento, 2009.

BERCOVICI, Gilberto. Constituição Econômica e Dignidade da Pessoa Humana. In: ROCHA, Maria Elizabeth Guimarães Teixeira; MEYER-PFLUG, Samantha Ribeiro (Orgs.). *Lições de direito constitucional em homenagem ao Professor Jorge Miranda.* Rio de Janeiro: Forense, 2008.

BEZERRA, Leonardo Mendes; SILVA, Marcos Nicolau Santos da. Por que os professores de filosofia deveriam ensinar o direito à igualdade na sala de aula? *InterEspaço:* Revista de Geografia e Interdisciplinaridade, v. 04, n. 13. Grajaú: Universidade Federal do Maranhão – UFMA, 2018.

BITTAR, Guilherme Assis de; BITTAR, Eduardo Carlos Bianca. *Curso de filosofia do direito.* 8. ed. São Paulo: Atlas, 2010.

BOBBIO, Norberto. *A Era dos Direitos*. Tradução Carlos Nelson Coutinho. Rio de Janeiro: Elsevier, 2004.

______. *Igualdade e liberdade.* Tradução Carlos Nelson Coutinho. 2. ed. Rio de Janeiro: Ediouro, 1997.

______. *Teoria Geral do Direito*. São Paulo: Martins Fontes, 2007. p. 5.

BORGES, José Souto Maior. *Lei complementar tributária*. São Paulo: Revista dos Tribunais, 1975.

BRASIL. Congresso Nacional. *Constituição Federal, de 05 de outubro de 1988*. Disponível em: http://www.planalto.gov.br/ccivil_03/constituicao/constituicao88.htm. Acesso em: 10 set. 2023.

______. *Decreto n. 678, de 6 de novembro de 1992*. Promulga a Convenção Americana sobre Direitos Humanos (Pacto de São José da Costa Rica). Disponivel em: https://www.camara.leg.br/proposicoesWeb/prop_mostrarintegra?codteor=315848#:~:text=DECRETO%20N%C2%B0%20678%2C%20DE%206%20DE%20NOVEMBRO%20DE,da%20Costa%20Rica%29%2C%20de%2022%20denovembro%20de%201969. Acesso em: 22 nov. 2022.

______. *Decreto n. 4.377, de 13 de setembro de 2002*. Promulga a Convenção sobre a Eliminação de Todas as Formas de Discriminação contra a Mulher, de 1979, e revoga o Decreto n. 89.460, de 20 de março de 1984. Disponível em: https://www.planalto.gov.br/ccivil_03/decreto/2002/D4377.htm. Acesso em: 10 jul. 2022.

______. *Decreto 10.650/2021*. Institui o Programa Integra Brasil e o Comitê Gestor do Programa Integra Brasil. Disponível em: https://www.planalto.gov.br/ccivIl_03/_Ato2019-2022/2021/Decreto/D10650.htm. Acesso em: 10 jul. 2023.

______. *Decreto-lei n. 1.056, de 19 de janeiro de 1939*. Institui a Comissão Nacional de Desportos. Disponível em: https://www2.camara.leg.br/legin/fed/declei/1930-1939/decreto-lei-1056-19-janeiro-1939-349204-publicacaooriginal-1-pe.html. Acesso em: 10 jul. 2022.

______. *Decreto-lei n. 3.199, de 14 de abril de 1941*. Estabelece as bases de organização dos desportos em todo o país. Disponível em: https://www2.camara.leg.br/legin/fed/declei/1940-1949/decreto-lei-3199-14-abril-1941-413238-publicacaooriginal-1-pe.html. Acesso em: 10 jul. 2022.

______. *Decreto-lei n. 5.342, de 25 de março de 1943*. Dispõe sobre a competência do Conselho Nacional de Deportos e a disciplina das atividades desportivas, e dá outras providências. Disponível em: https://www2.camara.leg.br/legin/fed/declei/1940-1949/decreto-lei-5342-25-marco-1943-415517-publicacaooriginal-1-pe.html. Acesso em: 10 jul. 2022.

______. *Decreto-lei n. 5.452, de 1º de maio de 1943*. Aprova a Consolidação das Leis do Trabalho. Disponível em: https://www.planalto.gov.br/ccivil_03/decreto-lei/del5452.htm. Acesso em: 10 jul. 2022.

______. *Decreto-lei n. 7.674, de 25 de junho de 1945*. Dispõe sobre [*sic*] a administração das entidades desportivas, especialmente sob o ponto de vista financeiro, e estabelece medidas de proteção financeira aos desportos. Disponível em: https://www2.camara.leg.br/legin/fed/declei/1940-1949/decreto-lei-7674-25-junho-1945-449991-publicacaooriginal-1-pe.html. Acesso em: 10 jul. 2022.

______. Congresso Nacional. *Lei n. 6.001, de 19 de dezembro de 1973*. Dispõe sobre o Estatuto do Índio. Art. 2º, inciso I. Disponível em: http://www.planalto.gov.br/ccivil_03/leis/l6001.htm. Acesso em: 10 jul. 2022.

______. Congresso Nacional. *Lei n. 9.394, de 20 de dezembro de 1996*. Estabelece as diretrizes e bases da educação nacional. Art. 4º. Disponível em: https://www.planalto.gov.br/ccivil_03/leis/l9394.htm. Acesso em: 10 jul. 2022.

______. Congresso Nacional. *Lei n. 9.615, de 24 de março de 1998*. Institui normas gerais sobre desporto e dá outras providências. Disponível em: https://www.planalto.gov.br/ccivil_03/leis/l9615consol.htm. Acesso em: 10 jul. 2022.

______. Congresso Nacional. *Lei n. 14.597/2023*. Disponível em: https: https://www.planalto.gov.br/ccivil_03/_ato2023-2026/2023/Lei/L14597.htm. Acesso em: 02 jul. 2023.

______. *Política Nacional de Assistência Social.* Brasília, 2023, p. 26. Disponível em: https://direito.mppr.mp.br/arquivos/File/politica-nacional-de-assistencia-social-2004.pdf. Acesso em: 02 fev. 2023.

BUTLER, Judith. *Problemas de gênero:* feminismo e subversão de identidade. Trad. Renato Aguiar. Rio de Janeiro: Civilização Brasileira, 2003.

CALIXTO, Vinicius. Lex Sportiva *e Direitos Humanos:* Entrelaçamentos transconstitucionais e aprendizados recíprocos. 2. ed. Belo Horizonte: Editora D'Plácido, 2018.

CANOTILHO, J. J. Canotilho. *Direito constitucional e teoria da Constituição*. Coimbra: Almedina, 1998.

CARRAZA, Roque Antonio. *Curso de direito constitucional tributário.* 13. ed. São Paulo: Malheiros, 1999.

CARVALHO, Paulo de Barros. *Direito Tributário, linguagem e método.* 6. ed. São Paulo: Noeses, 2015.

CARVALHO, Aurora Tomazini de. *Curso de teoria geral do direito:* o constructivismo lógico--semântico. São Paulo: Noeses, 2009.

CARVALHO, Luis Gustavo Grandinetti Castanho de. *O processo penal em face da Constituição:* princípios constitucionais do processo penal. 2. ed. Rio de Janeiro: Forense, 1998.

CASTANHATO, Camila. *Liberdade.* Tese de doutoramento apresentado na Pontifícia Universidade Católica de São Paulo em 2013. Repositório PUCSP. Disponível em: https://repositorio.pucsp.br/bitstream/handle/6307/1/Camila%20Castanhato.pdf. Acesso em: 28 maio 2023.

CASTELLS, Manuel. *Trabalho, economia e tecnologia:* novas perspectivas para a sociedade global. 2. ed. São Paulo: Tendenz; Bauru: Práxis, 2003.

______. *A era da informação:* A sociedade em rede. 6. ed. São Paulo: Paz e Terra, 2002.

CASTILHO, Cesar Teixeira, MARCHI JUNIOR, Wanderley. Esporte, Geopolítica e Relações Internacionais. In: BERTINNE, Marco (Org.): *Esporte e sociedade:* um olhar a partir da globalização. São Paulo: IEA-USP, 2019. Disponível em: https://www.livrosabertos.abcd.usp.br/portaldelivrosUSP/catalog/book/422a. Acesso em: 14 jul. 2022.

CASTRO, Flávia de Almeida Viveiros de. *Interpretação constitucional e prestação jurisdicional.* Rio de Janeiro: Lumen Juris, 2000.

CHAUÍ, Marilena. *Desejo, paixão e ação na ética de Espinosa.* 2. ed. São Paulo: Companhia das Letras, 2011. p. 138.

CINTRA, Antonio Carlos de Araújo; GRINOVER, Ada Pelegrini; DINAMARCO, Cândido Rangel. *Teoria geral do processo*. 13. ed. São Paulo: Malheiros, 1997.

COCCETRONE, Gabriel. Plano estratégico do COI em defesa dos direitos humanos é grande conquista. Uol Esporte. 13 set. 2022. Disponível em: https://www.uol.com.br/esporte/colunas/

lei-em-campo/2022/09/13/plano-estrategico-do-coi-em-defesa-dos-direitos-humanos-e-grande-conquista.htm. Acesso em: 24 ago. 2022.

COI. *Comitês Olímpicos Nacionais.* Disponível em: https://olympics.com/ioc/national-olympic-committees. Acesso em: 21 jun. 2022.

______. *Carta Olímpica.* Vigente a partir del 17 de julio de 2020. Regra 1.1, p. 15. Disponível em: https://stillmed.olympic.org/media/Document%20Library/OlympicOrg/General/ES-Olympic-Charter.pdf#_ga=2.248657799.1871592072.1592319729-1875299761.1583814696. Acesso em: 04 maio 2022.

COMPARATO, Fábio Konder. *Afirmação Histórica dos Direitos Humanos.* São Paulo: Saraiva, 2004.

______. *Ética:* direito, moral e religião no mundo moderno. São Paulo: Companhia das Letras, 2006.

COMPÊNDIO DA DOUTRINA SOCIAL DA IGREJA. Concílio Vaticano II, Declaração Dignitatis Humanae, 1. In: *AAS 58*, 1966, p. 929-930. Disponível em: https://www.vatican.va/roman_curia/pontifical_councils/justpeace/. Acesso em: 10 jul. 2022.

CORREIA, Marcus Orione Gonçalves. *Direito processual constitucional.* São Paulo: Saraiva, 1998.

COUBERTIN, Pierre de. *Le rétablissement des jeux olympiques.* Revue de Paris, 1894.

CRETELLA JÚNIOR, José. *Primeiras lições de direito.* Rio de Janeiro: Forense, 1997.

DALLARI JÚNIOR, Helcio de Abreu. *Teoria geral do estado contemporâneo.* São Paulo: Rideel, 2010.

DANTAS, Paulo Roberto de Figueiredo. *Curso de direito constitucional.* São Paulo: Atlas, 2012.

DE CICCO, Cláudio. *Direito, cidadania e justiça:* ensaios sobre lógica, interpretação, teoria, sociologia e filosofias jurídicas. São Paulo: Revista dos Tribunais, 1995.

DINIZ, José Janguiê Bezerra. *Direito constitucional.* Brasília: Consulex, 1998.

EUA. *Constituição dos Estados Unidos da América, 1787.* Disponível em: http://www.uel.br/pessoal/jneto/gradua/historia/recdida/ConstituicaoEUARecDidaPESSOALJNETO.pdf. Acesso em: 09 abr. 2023.

______. *Declaração de Direitos do bom povo da Virgínia, 1776.* Disponível em: https://www.al.sp.gov.br/repositorio/ilp/anexos/1788/YY2014MM11DD18HH14MM7SS42-Declara__o%20da%20Virginia.pdf. Acesso em: 09 abr. 2023.

FACHADA, Rafael Terreiro. *Direito Desportivo:* uma disciplina autônoma. Rio de Janeiro: Autografia, 2021.

FERNANDES, Antonio Scarance. *Os 10 anos da Constituição Federal:* temas diversos. São Paulo: Atlas, 1999.

FERREIRA, Aurélio Buarque de Holanda. *Novo Aurélio século XXI:* o dicionário da língua portuguesa. 3. ed. Rio de Janeiro: Nova Fronteira, 1999.

FEUZ, Paulo Sergio. Do importante veto presidencial na lei geral do esporte para garantia da justiça desportiva constitucional. *Lei em Campo* [*site*]. Publicado em 19 jul. 2023. Disponível em: https://leiemcampo.com.br/do-importante-veto-presidencial-na-lei-geral-do-esporte-para-a-garantia-da-justica-desportiva-constitucional/. Acesso em: 8 jul. 2023.

______; PENTEADO, José Tadeu Rodrigues. O Direito da Criança ao Esporte no Brasil. In: GIORDANI, Francisco Alberto da Motta Peixoto; GIORDANI, Manoel Francisco de Barros da Motta Peixoto (Coords.). *Direito Desportivo:* aspectos penais e trabalhistas atuais. São Paulo: LTr, 2017.

______. O esporte como um dos elementos da Dignidade da Pessoa Humana no Estado Democrático de Direito. In: VARGAS, Angelo (Org.). *Direito Desportivo:* diversidade e complexidade. Belo Horizonte: Casa da Educação Física, 2018.

______; MOURA, Alessandra Christine Bittencourt Ambrogi de. Análise do regime concentrado de execuções previsto na lei da sociedade anônima do futebol à luz dos direitos humanos do atleta. *Revista de processo*, v. 341, ano 48, p. 241-266, São Paulo, Revista dos Tribunais, jul. 2023.

FIFA. *FIFAs Human Rights Policy*. Disponível em: https://www.fifa.com/about-fifa/official-documents. Acesso em: 24 ago. 2022.

______. *Regulations*. Disponível em: https://digitalhub.fifa.com/m/d31f8046f6c6311/original/Regulations-on-the-Status-and-Transfer-of-Players-May-2023-edition.pdf. Acesso em: 30 maio 2023.

FIGUEIREDO, Lúcia Valle. *Partidos políticos e mandado de segurança coletivo*. São Paulo: Revista dos Tribunais, 1990.

FIGUEIREDO, Ivanilda; NORONHA, Rodolfo Liberato de. A vulnerabilidade como impeditiva/restritiva do desfrute de direitos. *Revista de Direitos e Garantias Fundamentais*, n. 4, 2008, p.129-146. Disponível em: https://dialnet.unirioja.es/servlet/articulo?codigo=8697373. Acesso em: 02 fev. 2023.

FUNARI, Pedro Paulo. *História da cidadania*. 2. ed. São Paulo: Contexto, 2003.

GARCIA, Maria. *Desobediência civil:* direito fundamental. São Paulo: Revista dos Tribunais, 1998.

GASPARINI, Diógenes. *Direito administrativo.* 2. ed. São Paulo: Saraiva, 1992.

GIANNATTASIO, Arthur Roberto Capella. Justiça, Política e Direitos humanos: As instituições Jurídicas e a Manutenção do Justo Meio na Esfera Pública. In: Associação Nacional De Pós-Graduação em Filosofia (ANPOF). *Anais do XVI Encontro Nacional da ANPOF-GT Filosofia e Direito*. São Paulo: ANPOF, 2015.

GONÇALVES, Maria Eduarda. *Direito da informação:* novos direitos e formas de regulação na sociedade da informação. Coimbra: Almedina, 2003.

GONZAGA, Alvaro de Azevedo. *O erro de Kelsen:* o prisioneiro da caverna platônica. Rio de Janeiro: Forense Universitária, 2020.

______; DE CICCO, Claudio. *Teoria Geral do estado e ciência política.* 8. ed. São Paulo: Revista dos Tribunais, 2020.

______; ROQUE, Nathaly Campitelli (Coords.). *Formação humanística*. 5. ed. Rio de Janeiro: Forense; São Paulo: Método, 2020.

______; ARAUJO, Luiz Alberto David. Igualdade: fundamentos filosóficos. In: CAMPILONGO, Celso Fernandes; GONZAGA, Alvaro de Azevedo; FREIRE, André Luiz (Coords.). *Enciclopedia jurídica da PUC-SP.* Tomo: Direitos Humanos. 1. ed. São Paulo: Pontifícia Universidade Católica de São Paulo, 2017. Disponível em: https://enciclopediajuridica.pucsp.br/verbete/536/edicao-1/igualdade:-fundamentos-filosoficos. Acesso em: 22 jun. 2022.

GOTTI, Alessandra. *Direitos Sociais:* fundamentos, regime jurídico, implementação e aferição de resultados. São Paulo: Saraiva, 2012.

GRECO FILHO, Vicente. *Manual de processo penal.* São Paulo: Saraiva, 1991.

GRINOVER, Ada Pellegrini; FERNANDES, Antonio Scarance; GOMES FILHO, Antonio Magalhães. *As nulidades do processo penal.* 4. ed. São Paulo: Malheiros, 1995.

GUERRA FILHO, Willis Santigo. Comentário ao preâmbulo. In: BALERA, Wagner (Org.). *Comentários à Declaração Universal dos Direitos Humanos e Jurisprudência.* 3. ed. São Paulo: KDP Amazon, 2018. p. 43.

______. *Processo Constitucional e Direitos Fundamentais.* 5 ed. São Paulo: RCS, 2007.

______; AQUINO, Márcia Regina Pitta Lope. Um estudo a respeito da Carta de Heidegger "Sobre o humanismo" (destacando algumas implicações para a Filosofia do Direito). *Cadernos da EMARF, Fenomenologia e Direito*, Rio de Janeiro, v. 6, n. 1, p. 1-151, abr./set. 2013. Disponível em: https://sfjp.ifcs.ufrj.br/revista/downloads/um_estudo_a_respeito_da_carta_de_heidegger.pdf. Acesso em: 03 jul. 2023.

HEIDEGGER, Martin. *Ser e Tempo.* 14. ed. Rio de Janeiro: Vozes, 2005.

HESSE, Konrad. Elementos de direito constitucional da república federal da Alemanha. Tradução por Luís Afonso Heck. Porto Alegre: Sergio Antonio Fabris Editor, 1998. In: SIQUEIRA JUNIOR, Paulo Hamilton; CAMPILONGO, Celso Fernandes; GONZAGA, Alvaro de Azevedo; FREIRE, André Luiz (Coords.). Princípio da igualdade no processo penal. *Enciclopédia jurídica da PUC-SP.* Tomo: Processo Penal. Marco Antonio Marques da Silva (Coord. de tomo). 1. ed. São Paulo: Pontifícia Universidade Católica de São Paulo, 2017. Disponível em: https://enciclopediajuridica.pucsp.br/verbete/445/edicao-1/principio-da-igualdade-no-processo-penal. Acesso em: 05 jun. 2022.

JOÃO XXIII, Papa. *Pacem in Terris.* Carta Encíclica. Vaticano: Libreria Editrice Vaticana, 1963. Disponível em: https://www.vatican.va/content/john-xxiii/pt/encyclicals/documents/hf_j-xxiii_enc_11041963_pacem.html. Acesso em: 28 nov. 2021.

JOÃO PAULO II, Papa. *Laborem Exercens.* Carta Encíclica. Vaticano: Libreria Editrice Vaticana, 1981. Disponível em: https://www.vatican.va/content/john-paul-ii/pt/encyclicals/documents/hf_jp-ii_enc_14091981_laborem-exercens.html. Acesso em: 28 nov. 2021.

KANT, Immanuel. *Fundamentação da metafísica dos costumes*. Lisboa: Edições 70, 2005.

KUNTZ, Rolf. *Locke:* liberdade, igualdade e propriedade. Clássicos do pensamento político. São Paulo: EDUSP, 1998.

LAFER, Celso. *A reconstrução dos direitos humanos:* um diálogo com o pensamento de Hannah Arendt. São Paulo: Companhia das Letras, 1988.

______. *Hannah Arendt:* Pensamento, persuasão e poder. 2. ed. rev. e ampl. São Paulo: Paz e Terra, 2003.

LASTRES, M. M. Helena; ALBAGLI, Sarita. *Informação e Globalização na Era do Conhecimento.* Rio de Janeiro: Campus, 1999.

LAVALLE, Adrián Gurza. Cidadania, igualdade e diferença. *Lua Nova*, n. 59. São Paulo: Centro de Estudos de Cultura Contemporânea (CEDEC), 2003.

LEAL, Roger Stiefelmann. Constituição e direitos do torcedor: apontamentos sobre a constitucionalidade da Lei n 10.671/2003 (Estatuto de Defesa do Torcedor). In: ROCHA, Maria Elizabeth Guimarães Teixeira; MEYER-PFLUG, Samantha Ribeiro (Orgs.). *Lições de direito constitucional em homenagem ao Professor Jorge Miranda*. 1. ed. Rio de Janeiro: Forense, 2008.

LEÃO XIII, Papa. *Rerum Novarum*. Carta Encíclica. Vaticano: Libreria Editrice Vaticana, 1891. Disponível em: https://www.vatican.va/content/leo-xiii/pt/encyclicals/documents/hf_l-xiii_enc_15051891_rerum-novarum.html. Acesso em: 28 nov. 2021.

LOPES, Ana Maria D'Ávila. A era dos direitos de Bobbio: Entre a historicidade e a atemporalidade. *Revista de Informação Legislativa*, Brasília, out./dez. 2011. Disponível em: https://www12.senado.leg.br/ril/edicoes/48/192/ril_v48_n192_p7.pdf. Acesso em: 24 nov. 2021.

______. *Os direitos fundamentais como limites ao poder de legislar*. Porto Alegre: Sergio Antonio Fabris, 2001.

LOSANO, Mario Giuseppe. *Informática jurídica*. São Paulo: EDUSP, 1976.

LOURO, Guaciara Lopes (Org.). *O corpo educado:* pedagogias da sexualidade. 3. ed. Trad. Tomaz Tadeu da Silva. Belo Horizonte: Autêntica, 2010.

LUCCA, Newton de; SIMÃO FILHO, Adalberto. *Direito & Internet:* aspectos jurídicos relevantes. Bauru, São Paulo: EDIPRO, 2000.

LYRA FILHO, João. *Introdução ao Direito Desportivo*. Rio de Janeiro: Pongetti, 1952.

MACHADO, Eduardo Heldt; SPAREMBERGER, Raquel Fabiana Lopes. Princípio da igualdade: evolução na filosofia jurídica e nas constituições brasileiras. *RI FURG – Repositório Institucional da Universidade Federal do Rio Grande*. Natal: Universidade Federal do Rio Grande do Norte – UFRN, 2014.

MACIEL, Adhemar Ferreira. O negro, a Suprema Corte e a Emenda Constitucional n. 13. *Boletim IBCrim*, ano 3, n. 28. 1995.

MASCARO, Alysson. *Introdução ao estudo do direito*. 4. ed. São Paulo: Atlas, 2013.

MARCÍLIO, Maria Luiza. *A Declaração Universal dos Direitos Humanos Sessenta Anos*. Sonhos e Realidades. São Paulo: Edusp, 2008. p. 36.

MARIVOET, Salomé. Desafio do Esporte para a Inclusão Social e Conscientização contra qualquer Discriminação. *Revista Estudos e Pesquisas: Física, Cultura e Esporte*, n. 63, v. 1, 2014, p. 3-11. Disponível em: https://sciendo.com/article/10.2478/pcssr-2014-0017. Acesso em: 25 jun., 2022.

MARQUES, José Frederico. *Elementos de direito processual penal*. Campinas: Bookseller, 1997. Vol. 1.

MARQUES, José Oscar de Almeida. Hobbes e a medida da desigualdade entre os homens. *Cadernos de ética e filosofia política*, v. 01, n. 14. São Paulo: Universidade de São Paulo – USP, 2009.

MARQUES, Garcia; MARTINS, Lourenço. Direito da informática. Coimbra: Almedina, 2000.

MARTINEZ, Wladimir Novaes. *Princípios de direito previdenciário*. São Paulo: LTr, 1985.

MARTINS, Adalberto. Trabalho da criança e do adolescente e o esporte. In: ZAINAGHI, Luís Guilherme Krenek; SÁ FILHO, Fábio Menezes de (Coords.). *Relações de Trabalho no Desporto:* estudos em homenagem ao prof. Domingos Sávio Zainaghi. São Paulo: LTr, 2018.

MEDINA, João Paulo; RIOS, Heloísa; LACERDA, Rafael. *Muito além da bola:* o futebol que transforma. São Paulo: Literare Books Internacional, 2022

MELLO, Celso Antônio Bandeira de. Igualdade. In: CAMPILONGO, Celso Fernandes; GONZAGA, Alvaro de Azevedo; FREIRE, André Luiz (Coord.). *Enciclopédia jurídica da PUC-SP.* Tomo: Direito Administrativo e Constitucional. 2. ed. São Paulo: Pontifícia Universidade Católica de São Paulo, 2021. Disponível em: https://enciclopediajuridica.pucsp.br/verbete/4/edicao-2/igualdade. Acesso em: 07 jul. 2023.

______. *O conteúdo jurídico do princípio da igualdade.* 4. ed. São Paulo: JusPodivm, 2021.

______. *Curso de direito administrativo.* 30. ed. São Paulo: Malheiros, 2013. p. 545.

MELO, Andrei Schmidt Kampff de. *Direitos humanos e esporte:* como o caso Jorge Floyd ajudou a transformar regras do jogo. São Paulo: Edições 70, 2023.

MELO, Marco Antônio Machado Ferreira de. *Direito, sociedade e informática:* limites e perspectivas da vida digital. Florianópolis: Fundação Boiteux, 2000.

MELO FILHO, Álvaro. Da Autonomia Desportiva no Contexto Constitucional. Revista do Curso de Mestrado em Direito da UFC, 2006, p. 33. Disponível em: https://edisciplinas.usp.br/pluginfile.php/5596840/mod_folder/content/0/DA%20AUTONOMIA%20DESPORTIVA%20NO%20CONTEXTO%20CONSTITUCIONAL.pdf. Acesso em: 04 mar. 2022.

______. *O Desporto na ordem jurídico-constitucional brasileira.* São Paulo: Malheiros, 1995.

MERCONE, M. *Direito processuale penale.* IX ed. Simone: Napoli, 2001.

MIRANDA, Jorge. *Manual de direito constitucional:* direitos fundamentais. 2. ed. Coimbra: Coimbra Editora, 1998. Tomo IV.

MIRANDA, Francisco Cavalcante Pontes de. *Tratado de Direito Privado*, tomo I. Atualizado por Vilson Rodrigues Alves. 1a ed. Campinas: Bookseller, 1999.

______. *Sistema de Ciência Positiva do Direito*, tomo I. Atualizado por Vilson Rodrigues Alves. 1 ed., Campinas: Bookseller, 2000, p. 138.

______. *Comentários à Constituição de 1967:* com emenda n. 1/69. 3 ed. São Paulo: Forense, 1987.

MONACO, Gustavo Ferraz de Campos; NICOLAU, Jean E. Nacionalidade, Imigração e Esporte. In: *Do Pós ao NeoOlimpismo:* esporte e movimento olímpico no século XXI. São Paulo: Képos, 2019.

MONTORO, André Franco. *Introdução à ciência do direito.* 23 ed. São Paulo: Revista dos Tribunais, 1995, p.381.

______. *Introdução à ciência do direito.* 26 ed. São Paulo: Editora Revista dos Tribunais, 2005. p. 175.

MORAES, Guilherme Campos. Integridade e accountability das organizações desportivas. *Revista Brasileira de Direito Desportivo*, v. 28, p. 63-89. Porto Alegre: Lex Magister, 2016.

MORAES, Alexandre de. *Direitos humanos fundamentais*. 10. ed. São Paulo: Atlas, 2013.

NEVES, Lúcia Maria Bastos Pereira das. *Corcundas constitucionais:* cultura política (1820-1823). Rio de Janeiro: FAPERJ, 2003.

NICOLAU, Jean Eduardo. *Direito Internacional Privado do Esporte*. São Paulo: Quartier Latin, 2018.

OEA. *Pacto de São José da Costa Rica*. Disponível em: https://www.cidh.oas.org/basicos/portugues/c.convencao_americana.htm. Acesso em: 15 jun. 2023

OIT. *Convenção n. 138 sobre Idade Mínima para Admissão*. Disponível em: https://www.ilo.org/brasilia/convencoes/WCMS_235872/lang--pt/index.htm. Acesso em: 03 out. 2021.

______. *Convenção n. 182 sobre Proibição das Piores Formas de Trabalho Infantil e Ação Imediata para sua Eliminação*. Disponível em: https://www.ilo.org/brasilia/convencoes/WCMS_236696/lang--pt/index.htm. Acesso em: 03 out. 2021.

ONU. *Elimination of all forms of intolerance and of discrimination based on religion or belief.* A/RES/61/161. Disponível em: https://documents-dds-ny.un.org/doc/UNDOC/GEN/N06/504/09/PDF/N0650409.pdf?OpenElement. Acesso em: 09 dez. 2022.

______. *International Covenant on Civil and Political Rights*. Doc A/RES/2200(XXI)A. Disponível em: https://www.un.org/en/about-us/universal-declaration-of-human-rights. Acesso em: 09 dez. 2022.

______. *International Covenant on Economic, Social and Cultural Rights*. Doc A/RES/2200(XXI) A. Disponível em: https://www.un.org/en/about-us/universal-declaration-of-human-rights. Acesso em: 09 dez. 2022.

______. *International Convention on the Elimination of All Forms of Discrimination against Women.* Doc A/RES/34/180. Disponível em: https://documents-dds-ny.un.org/doc/RESOLUTION/GEN/NR0/378/07/PDF/NR037807.pdf?OpenElement. Acesso em: 20 mai. 2023.

______. *International Convention on the Elimination of All Forms of Racial Discrimination.* A/RES/61/148. Disponível em: https://documents-dds-ny.un.org/doc/UNDOC/GEN/N06/503/31/PDF/N0650331.pdf?OpenElement. Acesso em: 09 dez. 2022.

______. *International Convention on the Rights of Persons with Disabilities.* A/RES/61/106. Disponível em: https://documents-dds-ny.un.org/doc/UNDOC/GEN/N06/500/79/PDF/N0650079.pdf?OpenElement. Acesso em: 09 dez. 2022.

______. *International Year of Sport and the Olympic Idealce.* Doc A/RES/48/10. Disponível em: https://documents-dds-ny.un.org/doc/UNDOC/GEN/N93/602/59/PDF/N9360259.pdf?OpenElement. Acesso em: 09 ago. 2022.

______. *Observance of the Olympic Truce.* Doc A/RES/48/11. Disponível em: https://documents-dds-ny.un.org/doc/UNDOC/GEN/N93/602/65/PDF/N9360265.pdf?OpenElement. Acesso em: 21 jun. 2022.

______. *Sport as a means to promote education, health, development and peace.* Doc A/RES/61/10. Disponível em: https://documents-dds-ny.un.org/doc/UNDOC/GEN/N06/495/03/PDF/N0649503.pdf?OpenElement. Acesso em: 09 ago. 2022.

______. *World Conference on Human Rights.* Doc A/RES/48/121. Disponível em: https://documents-dds-ny.un.org/doc/UNDOC/GEN/N94/080/24/PDF/N9408024.pdf?OpenElement.pdf?OpenElement. Acesso em: 19 abr. 2023

______. *Universal Declaration of Human Rights.* Doc A/RES/217 (III). Disponível em: https://www.un.org/en/about-us/universal-declaration-of-human-rights. Acesso em: 09 dez. 2022.

______. O Comité dos Direitos Económicos, Sociais e Culturais. *Ficha Informativa sobre Direitos Humanos, publicado pelo Alto Comissariado das Nações Unidas para os Direitos Humanos.* Delegação das Nações Unidas em Genebra. Disponível em: https://gddc.ministeriopublico.pt/sites/default/files/documentos/pdf/ficha_informativa_16_comite_dir_economicos_sociais.pdf. Acesso em: 08 mar. 2023.

______. *Esporte para o Desenvolvimento e a Paz:* Em Direção à Realização das Metas de Desenvolvimento do Milênio. Relatório da Força Tarefa entre Agências das Nações Unidas sobre o Esporte para o Desenvolvimento e a Paz, 2003. p. 7.

PAESANI, Liliana Minardi. *Direito e internet:* liberdade de informação, privacidade e responsabilidade civil. São Paulo: Atlas, 2000.

PEREIRA, Fernanda Linhares. *A história não contada da declaração universal dos direitos humanos:* os caminhos do protagonismo latino-americano entre 1946 e 1948. Tese de Doutorado. Orientação: Profa. Dra. Fabiana de Souza Fredrigo. Universidade Federal de Goiás, 2021.

PINSKY, Jaime. *História da cidadania.* 2. ed. São Paulo: Contexto, 2003.

PIOVESAN, Flavia. Ações afirmativas no Brasil: desafios e perspectivas. In: *Revista Estudos Feministas*, n. 16, v. 3, 2008a, p. 887-896. Disponível em: https://www.scielo.br/j/ref/a/JXPnmdcRhtfnnv8FQsVZzFH/?format=html. Acesso em: 28 jun. 2023.

______. *Direitos Humanos e o direito constitucional internacional.* 12 ed. São Paulo: Saraiva, 2011.

______; RODRIGUES, Viviane Mozine (Org). O Direito de Asilo e a Proteção Internacional dos Refugiados. In: *Direitos Humanos e Refugiados.* Curitiba: CRV, 2016.

______. Direitos Humanos e propriedade intelectual: proteção internacional e constitucional. In: ROCHA, Maria Elizabeth Guimarães Teixeira; MEYER-PFLUG, Samantha Ribeiro (Orgs.). *Lições de direito constitucional:* em homenagem ao professor Jorge Miranda. Rio de Janeiro: Forense, 2008b.

POZZER, Benedito Roberto Garcia. *Correlação entre acusação e sentença no processo penal brasileiro.* São Paulo: IBCCRIM, 2001.

PRAUM, Andrea. Gênero e Suas Relações de Poder. *Revista Húmus:* 2011 p. 55-65. Disponível em: https://core.ac.uk/download/pdf/233154981.pdf. Acesso em: 05 mai. 2023.

RAMOS, André Carvalho. *Curso de Direitos Humanos.* 3. ed., rev., atual. e ampl. São Paulo: Saraiva, 2016.

RAMOS, André de Carvalho. *Direitos humanos em juízo:* comentários aos casos contenciosos e consultivos da corte interamericana de direitos humanos. São Paulo: Max Limonad, 2001.

RAWLS, John. *Uma teoria da justiça.* São Paulo: Martins Fontes, 1997.

REALE, Miguel. *Paradigmas da cultura contemporânea.* 2. ed. São Paulo: Saraiva, 2005.

______. *Teoria do direito e do Estado*. 5. ed. São Paulo: Saraiva, 2000a.

______. *Cinco temas do culturalismo*. São Paulo: Saraiva, 2000b, p. 40.

______. *Teoria tridimensional do direito*. 5. ed. São Paulo: Saraiva, 1994.

______. *Noções Preliminares de Direito*. 27. ed. São Paulo: Saraiva, 2002, p. 23.

QUARESMA, Leonardo Galba Muylaert de Azevedo. O desporto como direito fundamental à luz do ordenamento jurídico brasileiro. *Repositório UNICEUB*. 2012. Disponível em: http://repositorio.uniceub.br/bitstream/123456789/570/3/20726801_Leonardo%20Quaresma.pdf. Acesso em: 21 dez. 2022.

REZENDE, José Ricardo. *Nova legislação de Direito Desportivo:* preparando o Brasil para a Copa 2014 e Olimpíadas 2016. São Paulo: All Print Editora, 2010.

RODRIGUES, Ana Paula da Fonseca. Violência Psicológica Contra a Mulher. In: *O Feminismo e o Direito na Contemporaneidade*, v. 2. Rio de Janeiro: Lumen Juris, 2021.

ROSSI JUNIOR, Renildo; SILVA, Roselene Cassia de Alcantara; PEREIRA, Antonio Manuel de Almeida. *Esporte inclusão social em contextos de vulnerabilidade:* uma abordagem etnográfica. São Paulo: Editora Dialética, 2020.

ROUSSEAU, Jean-Jacques. *O contrato social*. São Paulo: Russel, 2006.

RUBIO, Katia. Agenda 20+20 e o fim de um ciclo para o Movimento Olímpico Internacional. *Revista USP*, n. 108, 2016, p. 21-28. Disponível em: https://www.revistas.usp.br/revusp/article/view/118234. Acesso em: 20 jul. 2022.

SANCHES, S. D. F. N. Comentário ao Art. 24o. In: BALERA, Wagner; SILVEIRA, Vladimir O. da. *Comentários ao Pacto Internacional dos Direitos Econômicos, Sociais e Culturais*. São Paulo: Clássica, 2013.

SACHS, Ignacy. Desenvolvimento, direitos humanos e cidadania. In: PINHEIRO, P. S.; GUIMA-RÃES, S. P. (Orgs.). *Direitos humanos no século XXI*. Brasília: Ipri, Fundação Alexandre de Gusmão, 1998, p.156.

SANTO AMBRÓSIO (334-397); *De officii*, 1.1, c.28. Disponível em: https://www.scielo.br/j/rep/a/NpSLCqk5PcyDw8BxvtH4xnh/#:~:text=A%20Doutrina%20Social%20da%20Igreja%20(DSI)%20é%20um%20corpo%20doutrinário,e%20pol%C3%ADtica%20das%20sociedades%-20humanas. Acesso em: 09 jul. 2022.

SANTOS, Boaventura de Souza. *As tensões da modernidade*. Porto Alegre, 2001. Disponível em: http://www.susepe.rs.gov.br/upload/1325792284_As%20tens%C3%B5es%20da%20Modernidade%20-%20Boaventura%20de%20Sousa%20Santos.pdf/. Acesso em: 09 ago. 2022.

SANTOS, Jose Luiz. *O que é Cultura*. 11 ed. São Paulo: Brasiliense, 1983.

SANTOS, Moacyr Amaral. *Primeiras linhas de direito processual civil*. 18. ed. São Paulo: Saraiva, 1995, v.1.

SANTOS, Álvaro Gonçalves dos; MACEDO, Elias Menta. A justiça de Platão. *Revista científica do Centro de Ensino Superior Almeida Rodrigues*, ano 03, v. 03. Rio Verde: Faculdade Almeida Rodrigues – FAR, 2015.

SANTOS, Boaventura de Sousa. A construção multicultural da igualdade e da diferença. *Oficina do CES*, n. 135. Coimbra: Centro de Estudos Sociais, 1999.

SÃO TOMÁS. Cuestiones acerca de la justicia, II II, q. 58, a. 10; Vermeersch, p. 36-37; Faidherbe, La justice distributive, Capítulo IV.

SÃO TOMÁS DE AQUINO. *Suma Teológica*, II-II, Questão 61, A1, Ad. 2. Disponível em: http://www.documentacatholicaomnia.eu/03d/1225-1274,_Thomas_Aquinas,_Summa_Theologiae,_ES.pdf. Acesso em: 18 ago. 2021.

SARLET, Ingo Wolfgang. Comentários ao art. 1o, III. In: CANOTILHO, José Gomes; MENDES, Gilmar Ferreira.; SARLET, Ingo Wolfgang (Coords.). *Comentários à Constituição do Brasil*. São Paulo: Saraiva/Almedina, 2013.

SARMENTO, Daniel. *Dignidade da pessoa humana:* conteúdo, trajetórias e metodologia. São Paulo: Fórum, 2020.

SASSAKI, Romeu Kazumi. Inclusão: acessibilidade no lazer, trabalho e educação. *Revista Nacional de Reabilitação (Reação)*, São Paulo, ano XII, mar./abr. 2009, p. 10-16.

SCHIMITT, Paulo Marcos. *Curso de justiça desportiva*. São Paulo: Quatier Latin, 2007

SIGOLI, Márcio André. A história do uso político do esporte. In: *RBCM*, v. 12, jun. 2004.

SILVA, Roberta Soares da. Dignidade humana. *Enciclopédia jurídica da PUC-SP*. Tomo: Direitos Humanos. 1. ed. São Paulo: Pontifícia Universidade Católica de São Paulo, 2017. Disponível em: https://enciclopediajuridica.pucsp.br/verbete/507/edicao-1/dignidade-humana. Acesso em: 08 abr. 2023.

SILVA, José Afonso da. *Curso de direito constitucional positivo*. 38. ed. São Paulo: Malheiros, 2013.

SILVA, De Plácido e. *Vocabulário jurídico*. 17. ed. Rio de Janeiro: Forense, 2000.

SILVESTRE FILHO, Oscar. *Globalização e Direitos Humanos:* o Estado Constitucional Cooperativo como Política Instrumental Internacional à Efetivação do Direito Humano Ambiental. Tese de Doutoramento apresentado para obtenção do título de Doutorado na Pontifícia Universidade Católica de São Paulo. 2020.

SIQUEIRA JUNIOR, Paulo Hamilton. Princípio da igualdade no processo penal. Enciclopédia jurídica da PUC-SP. Celso Fernandes Campilongo, Alvaro de Azevedo Gonzaga; André Luiz Freire (Coords.). Tomo: Processo Penal. Marco Antonio Marques da Silva (Coord. de tomo). 1. ed. São Paulo: *Pontifícia Universidade Católica de São Paulo*, 2017. Disponível em: https://enciclopediajuridica.pucsp.br/verbete/445/edicao-1/principio-da-igualdade-no-processo-penal. Acesso em: 10 jul. 2022.

SOUZA, Diogo Ferreira B. Medeiros de; PIRES DE SOUZA, Gustavo Lopes (Coords.); RAMALHO, Carlos Santiago da Silva (Org.). *Direito Desportivo:* Primeiras Linhas. Belo Horizonte: Editora Expert, 2021. Disponível em: https://experteditora.com.br/wp-content/uploads/2021/08/DIREITO-DESPORTIVO.pdf. Acesso em: 02 fev. 2022.

TODT, Nelson; MIRAGAYA, Ana; FONTOURA, Fernando; MORENO, Carolina (Orgs.). *Reflexões olímpicas e dignidade humana.* Rio de Janeiro: Gama Assessoria Empresarial, 2021.

TUBINO, Manoel José Gomes. *Dicionário enciclopédico Tubino do esporte*. Rio de Janeiro: Editora Senac Rio, 2007.

TUBINO, Manuel José Gomes. *Manifesto mundial da FIEP 2000*. Rio de Janeiro: CONFEF, 2000.

UNIÃO EUROPEIA. *O Livro Branco sobre o Desporto.* Disponível em: https://sport.ec.europa.eu/index_en.html. Acesso em: 16 jul. 2022.

UNESCO. *Unesco in brief.* Disponível em: https://www.unesco.org//en/brief. Acesso em: 9 mai 2023.

______. *Carta da Educação Física e do Esporte.* 1978. Disponível em: https://www.mprj.mp.br/documents/20184/1330730/1978_cartainternacionaldeeducacaofisicaeesporte.pdf. Acesso em: 10 jul. 2022.

UNICEF. *Convenção sobre os Direitos das Pessoas com Deficiência e Protocolo Facultativo à Convenção sobre os Direitos das Pessoas com Deficiência.* Disponível em: https://www.unicef.org/brazil/convencao-sobre-os-direitos-das-pessoas-com-deficiencia. Acesso em: 10 jul. 2022.

VARGAS, Angelo. *Direito Desportivo.* Racismo, Homofobia, Bullying, Violência e Justiça Desportiva, Rio de Janeiro: Autografia, 2015.

______. O Desporto Como Amálgama em Tempo de (Des)Humanidade. In: ZAINAGHI, Domingos Sávio (Org.). *Direito Desportivo*. Leme: Mizuno, 2022.

VECCHIOLI, Demétrio. Esporte rasga cartilha, toma lado na guerra e boicota Rússia. *Uol.* 1º mar. 2022. Disponível em: https://www.uol.com.br/esporte/colunas/olhar-olimpico/2022/03/01/esporte-rasga-cartilha-toma-lado-na-guerra-e-busca-boicotar-russia.htm. Acesso em: 10 mar. 2022.

VEIGA, Mauricio de Figueiredo Corrêa da; SOUZA, Fabricio Trindade da. *A evolução do futebol e das normas que o regulamentam*. Aspectos trabalhistas-desportivos. 2. ed. São Paulo: LTr, 2014. p. 36.

______. *Autonomia desportiva não pode sofrer limitações*. Disponível em: https://www.conjur.com.br/2017-set-21/correa-veiga-autonomia-desportiva-nao-sofrer-limitacoes. Acesso em: 15 ago. 2021.

VILANOVA, Lourival. Teoria Jurídica da Revolução Anotações à Margem de Kelsen. In: *Revista Brasileira de Estudos Políticos*, Belo Horizonte: Universidade Federal De Minas Gerais, 1981.